Theodor Dreher

**Das Tagebuch über Friedrich von Hohenzollern**

Theodor Dreher

**Das Tagebuch über Friedrich von Hohenzollern**

ISBN/EAN: 9783741166150

Hergestellt in Europa, USA, Kanada, Australien, Japan

Cover: Foto ©Andreas Hilbeck / pixelio.de

Manufactured and distributed by brebook publishing software (www.brebook.com)

Theodor Dreher

**Das Tagebuch über Friedrich von Hohenzollern**

# Das Tagebuch

über

# Friedrich von Hohenzollern,

## Bischof von Augsburg

**(1486—1505),**

historisch erläutert und zum Lebensbilde erweitert

von

Dr. Theodor Dreher,

Gymnasial-Oberlehrer und Religionslehrer
zu Sigmaringen.

---

Sigmaringen.
Hofbuchdruckerei von M. Liehner.
**1888.**

## Inhalt.

| | | | Seite |
|---|---|---|---|
| 1. Kapitel. | Friedrichs Abkunft. Seine Studienjahre. Er wird Priester, wirkt als Dombechant zu Straßburg . . . Anfang des Tagebuchs. | | 1 |
| 2. | „ | Beschreibung, wie Friedrich, Graf von Zollern, Dombechant zu Straßburg, Bischof zu Augsburg geworden | 17 |
| 3. | „ | Friedrich zieht in Dillingen und Augsburg ein. Er wird vom Papste bestätigt. Ein Brief Geilers | 37 |
| 4. | „ | Friedrich geht dem Markgrafen Albrecht von Brandenburg zur Leiche. Besuch aus Straßburg . . . . . | 47 |
| 5. | „ | Huldigungsreise. Ein Brief von Geiler. Bischofsweihe. Eine Thätigung . . . . . . . . . . . . | 53 |
| 6. | „ | Das Begräbnis Werdenbergs . . . . . . . . . | 65 |
| 7. | „ | Geistliche und weltliche Geschäfte . . . . . . . | 91 |
| 8. | „ | Friedrich erhält die Regalien; er verliert die Markgrafschaft Burgau. Werdenbergs Jahrtag. Kathedralsteuer | 96 |
| 9. | „ | Die Karwoche des Jahres 1487 . . . . . . . . | 101 |
| 10. | „ | Der Reichstag zu Nürnberg 1487 . . . . . . . | 104 |
| 11 | „ | Rückblick auf den Reichstag. Briefe. Erholung. Ein Kommissariat. Hoffeste . . . . . . . . . . | 114 |
| 12. | „ | Des Bischofs Vater stirbt. Blicke auf dessen Leben. Sein Begängnis. Bischof Friedrich reist nach Innsbruck zum Kaiser. Eitelfriedrich zu Dillingen. Ein Kriegszug | 132 |
| 13. | „ | Friedrich reist ins Bad, in die Heimat. Rückkehr nach Dillingen . . . . . . . . . . . . . . | 139 |
| 14. | „ | Friedrich übernimmt das Kloster Ottenbeuren. Er reist nach Innsbruck zu Sigmund. Er feiert mit Geiler die Kirchweih zu Augsburg, visitiert Ottenbeuren. Geiler predigt zu Augsburg . . . . . . . . . . | 148 |
| 15. | „ | Bischof Friedrich macht bei Kaiser Friedrich III. zu Ulm einen Besuch. Visitationen. Geiler kehrt nach Straßburg zurück. Friedrich empfängt den König Maximilian zu Ulm. Er reist mit demselben nach Innsbruck Hoher Besuch zu Augsburg. Finanzielles . . . . . . Ende des Tagebuchs. | 160 |

|   |   |   | Seite |
|---|---|---|---|
| 16. Kapitel. | Friedrichs Hilfsbischöfe | | 187 |
| 17. | „ | Bischof Friedrichs priesterliche Wirksamkeit | 191 |
| 18. | „ | Die wunderbare Hostie zum hl. Kreuz. Streit über sie. Bischof Friedrich in diesem Streite | 197 |
| 19. | „ | Friedrichs Kirchenverwaltung. Allgemeine Reformen. Stiftungen. Regesten | 209 |
| 20. | „ | Fortsetzung. Bischof Friedrich und die Klöster | 217 |
| 21. | „ | Friedrichs Verhältnis zu Kaiser und Reich. Regierung des Hochstiftes in weltlichen Angelegenheiten | 224 |
| 22. | „ | Friedrichs Stellung zur Stadt Augsburg | 232 |
| 23. | „ | Friedrich als Glied der Zollerischen Familie. Stiftungen in der Heimat | 242 |
| 24. | „ | Bischof Friedrichs Tod und Begräbnis. Urteile der Zeitgenossen über ihn. Ein Gedicht von ihm. Friedrichs Gestalt | 247 |

Das fürstbischöflich-augsburgische Archiv zu Dillingen bewahrte bis in den Anfang dieses Jahrhunderts ein altes Manuskript auf, welches den Titel trug: „1486. Beschreibung, wie Friedrich Graf von Zollern, Domdechant zu Straßburg, Bischof zu Augsburg geworden." Es ist hier jener Sprosse des schwäbischen Hauses Hohenzollern gemeint, welcher das Augsburger Bistum von 1486—1505 regierte. Der ehemalige fürstbischöfliche Archivar Landes zu Dillingen nahm mit Kenntnis und Treue eine Abschrift von diesem schätzbaren Denkmale und hinterließ sie dem um die Geschichte der Diözese Augsburg hochverdienten Placibus Braun, Benediktinermönch zu St. Ulrich in Augsburg, welcher dieselbe für seine „Geschichte der Bischöfe von Augsburg" benützte. Seit dem Tode Brauns ist diese Abschrift unter anderen Braun'schen Sammlungen im Archive des bischöflichen Ordinariats zu Augsburg hinterlegt. Im Jahre 1848 wurde sie vom jetzigen Herrn Erzbischof von München, Dr. von Steichele, welcher damals Domkapitular zu Augsburg war, im Drucke herausgegeben.[1]

Der Verfasser dieses alten Schriftstücks war Friedrichs Hofkaplan; dies geht aus zahlreichen Stellen seiner Schrift hervor. Er nennt den Bischof Friedrich „meinen gnädigen Herrn" und erscheint bei allem, was er erzählt, in der Umgebung dieses Bischofs. Wahrscheinlich versah er dieses Amt schon bei Friedrichs Onkel und Vorgänger, dem Bischof Johannes von Werdenberg.

Nach ihrem Inhalte reicht die Schrift weit über den Titel hinaus. Nachdem der Verfasser nämlich dem Titel gemäß erzählt hat, „wie Friedrich von Zollern Bischof von Augsburg ward", ver-

---

[1] In den Beiträgen zur Geschichte des Bistums Augsburg, Anhang zu Merkles Archiv für Pastoralkonferenzen. Augsburg 1848.

zeichnet er die wichtigeren Handlungen und Ereignisse aus den drei ersten Regierungsjahren seines Herrn geradezu journalmäßig und fügt als Anhang noch ein Verzeichnis der Güter, welche Friedrich für das Hochstift angekauft, der Kirchengeräte, welche er angeschafft, der Gebäude, die er aufführte, hinzu. Aus diesem Grund hat schon Dr. Steichele dem Aktenstücke, welches die Zeit vom 23. Februar 1486 bis März 1489 umspannt, den passenderen Titel: „**Tagebuch über die drei ersten Regierungsjahre des Bischofs Friedrich von Zollern**" gegeben.

Die Aufzeichnungen des Hofkaplans sollten lediglich Memoiren für ihn selbst sein. „Was sich bei Bischof Friedrich, meinem gnädigen Herrn, jetzo Bischof von Augsburg gemacht und verloffen hat, wie er gehalten ist, wie er gebauet, gestiftet und zu dem gestifte wiederbracht hat, das will ich hie **für mich selbs** verzeichnen auf das kürzest, inmaß als hernach geschrieben stat, als viel mir dann eingedenk und wissend ist. Wer das bessern, mindern oder mehren will, der mag das auch thun." Diese private Bestimmung machen die Memoiren für uns doppelt kostbar. Weil von keinem Nebenzweck geleitet, gibt uns der Verfasser ein umso treueres Bild seines Herrn, ein Bild, wie uns aus dem 15. Jahrhundert kaum ein ähnliches erhalten ist.

So wichtig nun auch unser Tagebuch für die Kirchen- und Profangeschichte ist, so hat es doch seit seiner Veröffentlichung wenig Beachtung gefunden. Dies klagt Freiherr von Stillfried im Jahre 1877,[1]) und Janssen findet sich neuestens veranlaßt, auf das „sehr beachtenswerte" Tagebuch über Friedrich von Zollern abermals hinzuweisen.[2]) Die Ursache der Verschollenheit dieses Schriftdenkmals mochte wohl auch das schwierige Verständnis mancher Stellen, sowie die Abgerissenheit vom historischen Hintergrunde sein, welche ihm anhaftet. War ja dem Kaplan, der für sich selber schrieb, alles selbstverständlich, alles, wovon er sprach, bekannt, während sich jetzt, vier Jahrhunderte später, für uns die Sache anders verhält.

Aus diesem Grunde, um dem Tagebuch seine Geltung zu ver-

---

[1]) Stillfried, Freiherr von, Kloster Heilsbronn, Berlin 1877, S. 137.
[2]) Joh. Janssen, Geschichte des deutschen Volkes seit dem Ausgang des Mittelalters. Freiburg 1881. I, 566.

schaffen, unternahmen wir es, dasselbe durch einen fortlaufenden historischen Kommentar in ähnlicher Weise zu **erläutern**, wie wir das bei einem anderen Text über Bischof Friedrich in unserer kleinen Schrift „Zollerisches aus Füssen"[1]) gethan haben.

Mit den fortgesetzten Studien wuchs uns das Material. So glaubten wir noch weiter gehen zu sollen. Demgemäß **reihen wir an das kommentierte Tagebuch nach vor- und rückwärts alles an, was uns über Bischof Friedrich bekannt geworden ist, so daß sich unser Tagebuch zum vollen Lebensbilde und wohl auch zum Zeitbilde ausgestaltet.**

Der Bischof, um den es sich hier handelt, scheint uns der eingänglichsten Forschungen würdig. „Er war ein heller Stern am Himmel der deutschen Kirche; ihm sind an Tugend und edlem Gemüte von den Tagen des hl. Ulrich an wenige gleich gekommen; keiner hat ihn hierin übertroffen."[2]) Dieses Urteil des bedeutendsten Forschers der augsburgischen Bistumsgeschichte bestätigt sich uns mit jeder neuen historischen Entdeckung.

Sodann dürfte es überhaupt verdienstlich sein, im 15. Jahrhundert zu arbeiten. Die Spezialgeschichte desselben ist wenig bebaut. So gibt es beispielsweise kaum von dem einen oder andern der mit Friedrich gleichzeitigen deutschen Bischöfe eine Monographie.[3]) Dasselbe gilt von den weltlichen Fürsten, mit welchen der Bischof in Beziehung trat. Auch von des Bischofs Vater und Bruder fehlen noch geordnete Regesten.

Der Grund dieser litterarischen Defekte ist wohl vorzüglich die Schwierigkeit der Sache. Das geschichtliche Material des 15. Jahrhunderts, soweit es sich uns noch erhalten, ist sehr zerstreut worden und harrt, in den Archiven geborgen, noch vielfach der Publikation.

---

[1]) Festschrift zur goldenen Hochzeit des Fürsten Karl Anton von Hohenzollern und Seiner Gemahlin Josephine, veröffentlicht vom Kgl. Gymnasium zu Sigmaringen 21. Okt. 1884.

[2]) Dr. Anton Steichele, Archiv für die Geschichte des Bistums Augsburg I, 143.

[3]) Die Litteratur bei Potthast, Wegweiser durch die Geschichtswerke des europ. Mittelalters. Berlin 1862, und Janssen 1. Bd. Über Friedrich ist die von Braun (siehe unten) verfaßte Lebensskizze die einzige größere Schrift.

Das Publicierte ist in den verschiedenen Sammelwerken mühevoll zusammen zu suchen. Mit diesen Umständen wollen wir auch die Bitte um nachsichtige Beurteilung unserer Schrift, welche nicht ohne Lücken sein und oft die Regestenform haben wird, begründen, wiewohl wir uns bewußt sind, noch andere Gründe für diese Bitte zu haben.

Die Quellen unserer Schrift sind der von Dr. Steichele ebierte [1]) Catalogus abbatum Monasterii SS. Udalrici et Afrae von Wilhelm Wittwer, Benediktiner zu St Ulrich in Augsburg, daselbst gestorben 1512, sodann die Briefe Geilers von Kaisersberg, ebiert von Dacheux, [2]) einige weitere von Dr. Steichele veröffentlichte [3]) Schriftstücke, die Lucubratiunculae des Straßburger Humanisten Peter Schott, [4]) endlich Chroniken, Mitteilungen in Zeitschriften, ungedruckte Archivalien.

Als Hilfsmittel benützten wir für die Zeit, da Friedrich zu Augsburg wirkte, die Werke des für die Augsburger Bischofsgeschichte so verdienten P. Placidus Braun,[5]) sowie die Beschreibung des Bistums Augsburg von Dr. Steichele [6]); für die Zeit, da Friedrich zu Straßburg lebte, die Schrift Dacheux's über Geiler von Kaisersberg.[7]) Andere Autoren sind an ihrer Stelle erwähnt.

Bei unserer Arbeit kamen uns die Vorsteher der Bibliotheken und Archive in der freundlichsten Weise entgegen, wofür wir ihnen an dieser Stelle unseren Dank aussprechen.

[1]) Im Archiv für die Geschichte des Bistums Augsburg III. Band. Augsbg. 1860.
[2]) Dacheux, Die ältesten Schriften Geilers. Freiburg 1882.
[3]) Im Archiv für Geschichte ꝛc. I. Band.
[4]) Petri Schotti Argentinen. Patricii, Iuris utriusque doctoris consultissimi, Oratoris et Poëtae elegantissimi graecoeque linguae probe aeruditi. Lucubraciunculae ornatissimae. 4.
[5]) Placidus Braun, Geschichte der Bischöfe von Augsburg, chronologisch und diplomatisch verfaßt. 3 Bde. Augsbg. 1813. Bischof Friedrich im III. Bande S. 89—151.
Derselbe, Historisch-topographische Beschreibung der Diözese Augsburg in drei Perioden. Augsbg. 1823. 2 Bde.
[6]) Dr. Steichele, Das Bistum Augsburg historisch und statistisch beschrieben. Augsbg. v. 1861 an.
[7]) Dacheux, Un réformateur catholique à la fin du XV. siècle. Jean Geiler de Kaysersberg, étude sur sa vie et son temps. Strasbourg 1876.

## 1. Kapitel.

**Friedrichs Abkunft. Seine Studienjahre.
Er wird Priester, wirkt als Domdechant zu
Straßburg.**

Friedrich, Graf von Zollern, wurde im Jahre 1450 geboren. Sein Vater war der Graf Jost Niklas von Zollern, damals der einzige Stammhalter der schwäbisch-zollerischen Linie, seine Mutter die Gräfin Agnes von Zollern, eine geborne Gräfin von Werbenberg. Friedrichs Taufpate war Kaiser Friedrich III.

Die Geburt Friedrichs fällt in eine für die Zollerische Familie traurige Zeit. Die Stammburg[1]) war im Jahre 1423 zum Schutthaufen niedergelegt worden und sollte ein solcher bleiben, denn der Kaiser Sigismund hatte das Verbot des Wiederaufbaus ausgesprochen. Eine Bruderfehde zwischen dem Großvater und Großonkel Friedrichs hatten dieses Unglück herbeigeführt.

Doch diese Acht wurde bald wieder gehoben. Im Jahre 1453 bewilligte Kaiser Friedrich III., „daß Graf Joß Niklaus zu Zoller, den Berg Zollern, das Burgstall und den Stock darauf, wenn und zu welcher Zeit er wolle, zu seiner Notdurft ungefährlich bauen möge, auch er und seine Erben Grafen zu Zollern denselben Berg und Schloß Zollern mit ihrer Zugehörung innhaben und besitzen mögen unverhindert männiglichs." [2]) Am 21. Mai 1454 wohnte Friedrich als vierjähriger Knabe der Grundsteinlegung des neuen Schlosses bei.

Wie einige Autoren sagen, wurde Friedrich am Hofe des Kaisers erzogen. Obwohl Erstgeborner, entschloß er sich zum geistlichen

---

[1]) Die Stammburg liegt bei dem Städtchen Hechingen. Das Schloß zu Sigmaringen, welches jetzt die Residenz der schwäbisch-zollerischen Familie ist, gehörte damals mit der umliegenden Grafschaft den Grafen von Werbenberg.

[2]) Stillfried und Märcker, Hohenzollerische Forschungen, Berlin 1847, S. 264.

Stande und erhielt frühzeitig ein Kanonikat am hohen Stifte zu Straßburg und ein gleiches zu Konstanz. An ersterer Kirche lebten ein väterlicher Oheim, Friedrich, sowie ein mütterlicher, Heinrich, als Domherrn. Ein anderer mütterlicher Oheim, Johannes von Werbenberg, war Kanonikus zu Augsburg und wurde später Bischof daselbst. Zum weiteren Oheim von der Mutter her und weltlichen Standes, hatte Friedrich den Grafen Hugo von Werbenberg, Geheimen Rat des Kaisers.

Am Vorabend von Allerheiligen 1468 wurde Friedrich an der Universität zu Freiburg immatrikuliert.[1]) Im Jahre 1470 erscheint er als Rektor der Universität Erfurt,[2]) im Jahre 1477 in gleicher Würde zu Freiburg.[3]) Damals wurden die Rektoren der Universitäten nicht selten aus den vornehmen Studenten gewählt, wobei dann Prorektoren die Geschäfte besorgten. Als Rektor zu Freiburg

---

[1]) Die Matrikel weist den Eintrag auf: An. 1468 in vig. OO. SS. Fridericus comes in Hohenzollern et dominus in Kostnitz (!) canonicus cathedralium ecclesiarum Argentinensis et Constantiensis. Nach Schreiber, Geschichte der Universität Freiburg I, 31, wurde auch Friedrichs Bruder Eitelfritz gleichzeitig immatrikuliert, und ist der aufnehmende „Meister" Konrad Arnolt von Schorndorf gewesen.

[2]) Die Matrikel der im Jahre 1392 gestifteten Universität zu Erfurt enthält in ihrem ersten Bande fol. 176 ein kostbares Denkmal dieser Ehre. Dasselbe besteht in einer Miniaturmalerei mit Inschrift. Man sieht den Hohenzollerischen Wappenschild mit dem Brackenhelm, der von zwei schwebenden Engeln gehalten wird. Ein weißer Bracken, auf grünem Grund gelagert, trägt den Schild. Darunter findet sich die Inschrift: Karactere hoc armifero praeradianti allucentibusque aliis litteralibus innotescet, ipso die sancti Luce evangeliste anno Domini MCCCCLXX in rectoratus monarchiam electum fore generosum ac magnificum Fridericum Comitem in Zolr et dominum in Rozinz, Argentinensis et Constanciensis kathedralium ecclesiarum canonicum. Sub cuius praesidencia matriculati sunt subscripti. Eine Kopie dieses herrlichen, mit Arabesken reich verzierten Blattes befindet sich in der Fürstl. Hohenzollerischen Bibliothek. Friedrich heißt Herr in Räzüns, weil sein Vater diese Grafschaft Graubündtens besaß. Später vertauschte Eitelfritz II., Friedrichs Bruder, Räzüns mit Haigerloch.

[3]) An. 1477 in Vig. Phil. et Jac. Fridericus comes de Hohenzollern. Recensio Rectorum Academ. Albertinae bei Riegger, Amoenitates litt. Frib. p. 2.

führte Friedrich ben Titel magnificus, ben vor ihm kein anderer Rektor dieser i. J. 1457 gegründeten Hochschule gehabt hatte.

Zu Freiburg schloß Friedrich sich an Geiler von Kaisers=
berg an, welcher an dieser Universität Theologie lehrte. Dieser fromme, aber strenge Priester, fünf Jahre älter als Friedrich, gewann über ihn eine Herrschaft, die auf innige Freundschaft gegründet war. Diese Freundschaft setzte sich zu Straßburg fort, wohin später beide, zuerst Geiler als Prediger am Münster, dann Friedrich als Domherr übersiedelten.

Eine Frucht dieses Freundschaftsbundes sind die Monita Ioannis Geileri ad Fridericum, comitem de Zollern, ein Schriftstück, das uns noch heute vorliegt. Die Abfassung des=
selben fällt wohl in das Jahr 1477, in welchem Geiler nach Straß=
burg voranging. Geiler schreibt darin dem jungen Grafen auf dessen ausdrückliche Bitte Lebensregeln vor. Wir geben dieselben hier zum ersten Mal in vollständiger Übersetzung.[1])

„Dem Herrn Grafen Friedrich von Zollern, gleich ebel durch Stamm und Sinn, wünsche ich ein gewissenhaftes Befolgen der Ge=
bote Gottes."

„Was du von mir verlangst, das sollte dir eigentlich ein abge=
klärter Geistesmann bieten, nicht ich, in welchem noch manche Hefe gährt. Mein Blut ist noch so heiß als das deinige, und ich habe, weil fast dieselben Jahre, auch noch dieselben Fieber wie du, wie kann ich dein Arzt sein? Ich suche mich selbst nach einem um, finde aber keinen. Das laß ich mir aber nicht zur Entschuldigung sein, und so suche ich in Gottes Namen zwischen Furcht und Hoffnung mein Heil zu wirken. Weil du aber mich nicht nur einmal, sondern oft um das Recept ge=
beten hast, so will ich bir's, um dich nicht abzuweisen, verschreiben. Ich thue das, nicht weil ich es für so wirksam halte, sondern weil ich's für ein gutes Werk vor Gott ansehe; denn darüber besteht bei mir kein Zweifel, daß du es wirklich zu gebrauchen im Sinne hast."

„Laß das Talent zum Guten, das dir Gott geschenkt, nicht brach liegen, sondern brauche, was du von Gott hast, auch für Gott, so

---

[1]) Der lateinische Text wurde zum ersten Mal von Steichele, Archiv I, 143, später von Dacheux, Die ältesten Schriften Geilers ꝛc., edirt.

wirst du schon hinieden ein hochgeehrter Graf — doch darauf sollst
du nicht ausgehen — im jenseits aber noch mehr werden."

„Vor allem bilde dir nicht ein, du müssest es der Welt, das
heißt bei dir deinen Standesgenossen, nachthun. Von solchen Rittern,
welche mit dem Standesbrauch wie mit einem Walle ihre Sünden
verteidigen, sagt Paulus einfach: Nolite conformari huic saeculo!¹)
Ich wenigstens würde meine eigene Verwerfung für sicher halten, wenn
ich sähe, daß ich dem großen Haufen ähnlich wäre."

„Sei also zu allererst ein Christ, dann kannst du auch noch ein
Graf sein. Vor allem mußt du als Christ fürs ewige Vaterland
mannhaft kämpfen, dann verwehrt dir niemand auch den Grafen her=
auszukehren. Ich will sagen: Wenn du meinst, du müssest etwas
von Adels wegen thun, so mag es gehen, wenn es dem höheren
Stande, dem du als Christ angehörst, nicht zuwider ist."

Nach diesen einleitenden Bemerkungen geht Geiler zum Prak=
tischen über; er fährt also fort:

„Meide die Gesellschaft der Jünglinge, besonders derer, die noch
keinen Bart haben, so viel du nur kannst. Die du aber um dich
haben mußt, halte im Zaum. Zeige dich ihnen gemessen, wenn nicht
ernst. Sie sollen dich nie anders sehen, als im vollen Anzug. Sie
sollen vor dir allzeit wie vor einem Grafen erscheinen, auch wenn du
allein bist, und sich weder in Wort noch in That einen Spaß er=
lauben, und ein finsteres Gesicht von dir soll jedem ein derartiges
Unterfangen verderben."

„Sei mit wenigen vertraut, allen zugänglich. Dulde nicht, daß
in deiner Gegenwart die Ehre anderer abgeschnitten wird. Willst du
etwas sagen, so laß es zweimal durch den Kopf gehen, bis es einmal
aus dem Mund geht."²)

„Der Anstand in Sitte und Kleidung, welchen du selbst pflegst,
soll auch an deinen Dienern sichtbar sein. Aus der Dienerschaft wird
auf den Herrn geschlossen."

Geiler geht auf die Tugend der Keuschheit über. Er beginnt
mit Worten, welche ein hohes Lob enthalten:

---

¹) Röm. 12, 2.
²) Cum loqui volueris quid, prius ad limam quam ad linguam fac
ut perveniat.

„Den Schatz,¹) den du durch Gottes Gnade noch besitzest, halte hoch in Ehren und sicher verwahrt zur Ehre Gottes, damit nicht ein anderer die Krone erhalte, die für dich bestimmt ist.²) Mögest du nicht seinen Wert aus dem Verluste kennen lernen. Meide also jede Unterhaltung mit Weibern, sonst, glaube mir, wirst du nicht sicher sein; ein Augenblick wird dir entreißen, was das ganze Jahr dir nicht entriß. Nicht bloß Jünglinge, auch Männer sind gefallen, die in meinen Augen wie Hieronymus und Ambrosius dastanden."

„Wenn du bei solchen Unterredungen auch keine Regungen der Sinnlichkeit spürst, stütze dich nicht auf diesen Stock, denn er ist ein Strohhalm. Das ist eben des Teufels List, daß er dir ein Gefühl der Sicherheit in solcher Lage einflößt, um dich dann bei Gelegenheit zu stürzen. Du kannst ja andere Unterhaltungen haben, als bei den Skorpionen. Du kannst nicht der Welt und dem Herrn zugleich dienen. Die Liebe zu Gott ist ungemischt, Gott will in unserm Herzen allein Herr sein. Ich will dir's frei heraussagen. Gestattest du dir müßiges Gerede mit Frauenzimmern und Junkern, so wird es bald heißen: „Neumodische Frömmigkeit!" Dasselbe wird auch deine Dienerschaft von dir sagen, wenn auch nicht vor dir. Stehe also fest hin! Wenn du in diesem Punkt Sieger bleibst, wirst du wie eine Sonne strahlen, für alle zum Beispiel und zur Bewunderung sein."

„Gehe niemals müßig, sondern habe den Tag eingeteilt und für jede Arbeit ihre Zeit. Was der Müßiggang an Unheil anrichtet, ist nicht zu sagen. Er ist der größte Feind der Keuschheit, der Mörder der Tugenden. Arbeite also immer etwas, damit der Teufel dich niemals unbeschäftigt finde."

„Sobald du erwachst, bleibe nicht mehr im Bette, sondern stehe sogleich auf, damit du nicht in schlechte Gedanken hineinkommst und

---

¹) Die Worte: Thesaurum, quem habes, domini dono appreciare et tute pro Dei gloria conserva, ne alius tuam coronam accipiat, darf man nicht mit Braun vom „Vermögen" verstehen. Die folgenden Worte: Cave ne primum, postquam amiseris ipsum, quam carus fuerit habendus, sero consideres, setzten den Sinn außer Zweifel, auch wenn nicht folgte: Fuge omnem quarumcumque mulierum confabulationem.

²) Off. 3, 11.

Gott beleidigeſt. Und biſt du aufgeſtanden, ſo demütige dich vor Gott, beuge die Kniee und ſtrecke die Hände zum Himmel nach deinem Schöpfer aus, und lobpreiſe ihn, wie er es würdig iſt, als deinen König. Sprich das Credo in Deum etc., das Pater noster, Ave Maria und bezeichne dich mit dem Kreuze in nom. P. et F. et Sp. S., dann erhebe dich. Darauf bereite dich vor, die kanoniſchen Tag= zeiten zu beten. Du kannſt den Kopf auf die Hände geſtützt, dich zu Sammlung und innerer Ruhe bringen, Gott bitten, daß er die Gnade dazu gebe, oder ſonſt über Gott nachdenken, wie es der Herr dir gerade eingibt. Dann fang an, mit ſolcher Würde zu beten, wie wenn alles Volk zugegen wäre. Gewöhne dich daran, das Brevier zu beten nicht im Fluge, ſondern ernſt und aufmerkſam, wie wenn die ganze Ewigkeit daran allein hängen würde. Eile nicht mit dem Gebete, um zum Studieren zu kommen, ſondern thu' das zuerſt recht. Iſts recht gethan, dann kannſt du etwas anderes anfangen."

In dem angeführten Paſſus erſcheint Friedrich als Diakon, welche Weihe zum Breviergebet verpflichtet. Da ſich Geiler, wie er unten ſagt, Friedrich demnächſt als Prieſter vorſtellt, ſo war er min= deſtens 24 Jahre alt, als er die Monita erhielt. Er war aber wahr= ſcheinlich ſchon älter, wie wir oben angedeutet haben.

„Das ſei dir überhaupt für alles zur Regel. Sei es Kleines oder Großes, mach alles ſo gut wie möglich, als wie wenn dein Heil, die Ehre Gottes und die ganze Welt an dieſer einzigen Sache hingen, wie wenn du nie mehr daran kämeſt, und das deine letzte Arbeit wäre. Du weißt ja wohl, daß, wenn wir dabei ſchon wieder anderes im Sinn haben, der Trieb nach dem anderen uns das Obliegende ſtört und entleidet; z. B. wenn wir am Beten ſind und unter demſelben ans Schreiben zu kommen gedenken, ſo ſollte das Gebet ſchon wieder fertig ſein, ehe es recht angefangen iſt, und es geſchieht gar nichts recht, weil unſer ganzes Thun dann aus Überſpringen von einem aufs an= dere beſteht. Haſt du alſo einmal etwas angegriffen, ſo denke, du könneſt jetzt nichts Beſſeres als das thun."

„Laß keinen Tag vorübergehen, ohne die hl. Meſſe zu hören, und, wenn du dafür Lieblingsgebete haſt, ſo verrichte ſie andächtig. Denke, hier ſei dein Heiland zugegen, und Ähnliches."

„Bei Tisch halte die Geistessammlung fest und denke, man esse zum Leben, nicht zur Lust."

„Brich nicht in unmäßiges Lachen aus, stilles Lächeln genügt. Aber auf Unschamhaftes oder Ehrenkränkendes lache überhaupt nicht, sondern zeige ein bitteres Gesicht, welches solche Zungen vertreibt, wie der Wind die Wolken, oder auch, wenn es angeht, kämpfe mit Worten dagegen. Sprich wenig bei Tisch und ernst. Das lange Sitzenbleiben bei der Mahlzeit kann ich nicht gutheißen, weil die Zungen sich gewöhnlich zu Späßen und Klatsch lösen; zuträglicher ist es, irgendwohin spazieren zu gehen."

„Es ist angemessen, die Non nach dem Mittagessen zu beten, nicht früher, außer an Fasttagen, die Vesper zur bestimmten Zeit, die Komplet sogleich nach dem Nachtessen. Willst du dann schlafen gehen, so bete wieder wie nach dem Aufstehen Credo, Pater noster, Ave auf den Knieen. Lege dich so züchtig zu Bett, daß alle dich sehen dürften. Nur müde sollst du zu Bett gehen.[1]) In diesen Sachen mußt du selbst finden, was für dich das Rechte ist. Ich weiß, daß es für einen, der guten Willens ist, nützlich ist, in der Ascese sich mit Maß zu üben, und daß man ohne solche selten zu Vollkommenem emporsteigt."

„Bezüglich der Beicht und Kommunion weiß ich nicht, wie du es damit hältst, schreibe auch nichts davon, da du, wie ich glaube, doch demnächst dich zum Priester wirst weihen lassen. Was für ein Vorteil aber das oftmalige Beichten und Kommunizieren ist, weiß nur, der es erfahren hat, und welche Gefahr das Unterlassen dieser Übungen birgt, weiß der, welcher die Erfahrung mit seinem Falle bezahlt hat."

„Nimm dich zusammen und laß dich nie gehen. Hüte dich, Wort oder Werk eines anderen im Scherz oder Ernst, sei er dabei oder nicht, zu tadeln, sondern, wenn du es nicht loben kannst, schweige, ausgenommen du seiest der Ansicht, durch Sprechen nützen zu können."

„Habe immer ein Auge auf das, was du sagst oder thust.

---

1) Hier folgen die Worte: Te morigerate componens, non resupinus iacens nec genua elevando calcaneos iungas ad nates et tibias. Non nudus iacere, sed vestitus honestissimum esset, et homo ad surgendum expeditior; saltem ne camisia exueretur.

Brauche die Verstandeswage, so wirst du leicht finden, was gut oder böse ist."

"Besonders merke das: Thue alles, so gut du es weißt, und der Herr wird dir gewiß eingeben, was du nicht weißt. Wer das Gute, das er erkennt, nicht thut, verdient nicht, daß ihn Gott weiteres Gutes erkennen lasse; nur wer mit seinem Talent Geschäfte macht, verdient, daß ihm noch mehr Kapital gegeben werde."

"Das, edler Graf, viellieber Bruder in Christo, habe ich dir zusammengeschrieben, wie es mir in die Feder kam, wenn du es annehmen willst, wie du denn nicht mußt. Und wollte ich mich bei meinem Raten lieber einfältig als unwillfährig zeigen. Gefällt es dir, gut; wo nicht, so kannst du es ja ins Feuer werfen. Lebe wohl und bete für mich! Entschuldige, daß ich dir nicht deinem Range entsprechend geschrieben habe, stehe alles als heimlich ins Ohr gesagt an. Willst du das Übrige als wie nicht gesagt ansehen, so verachte wenigstens die beiden Stellen nicht, welche ich mit einer Hand versehen habe." [1])

Im Jahre 1479 erhielt Friedrich von seinem Paten, dem Kaiser, die reiche Pfarrei Rusbach in der Diözese Passau und vom Bischof von Forli, Alexander, die Pfarrei Offenburg in Baden.[2]) Um diese Zeit hat ihn das Kapitel zu Straßburg zu seinem Dechanten gewählt. So vereinigte Friedrich, der, wie wir oben hörten, auch Domherr zu Konstanz war, nun vier Kirchenstellen der verschiedensten Orte auf sich. Solche Häufungen waren damals, wiewohl von der Kirche verboten, bei vornehmen Geistlichen ganz allgemein. Man verschaffte sich unschwer Dispens dafür. [3])

---

[1]) Singula, quae ac si nihil dicta sint, habere si volueris, duo tamen manibus signata cave ne spernas. Wir haben die Stellen, welchen Geiler eine ☞ beizeichnete, im Drucke gesperrt. [2]) Braun, Bischöfe III, 98.
[3]) Friedrichs Mitbürger zu Straßburg, Sebastian Brandt, verurteilt die Häufung der Kirchenstellen in seinem Narrenschiff mit den Versen:

"Der ist ein narr, wer hat eyn pfruon,
Der er alleyn kum recht mag tuon,
Und labt noch uff so vil der seck,
Biß er den esel gantz ersteckt.
Mancher vil pfruenden besitzen buot,

Zu Straßburg bekam Friedrich mehrere **neue Freunde**. Geiler war vorzüglich durch die Bemühungen der frommen Gemahlin des Peter Schott, Ammeisters zu Straßburg, zur Predigerstelle am Münster gelangt. In diese Familie führte er nun auch den jungen Grafen ein. Der **Sohn** des Ammeisters, welcher den Namen seines Vaters trug, wurde bald mit Friedrich um so vertrauter, als er gleichfalls ein geistlicher Schüler Geilers war. Derselbe hatte zu Bologna, Ferrara und Paris die Rechtswissenschaft und Theologie studiert. Zehn Jahre jünger als Friedrich, empfing er 1482 zu Straßburg die Priesterweihe und erhielt bald darauf ein Kanonikat an Neu-St. Peter, einem Stifte dieser Stadt. **Peter Schott der Jüngere** war nicht nur ein frommer Priester, sondern zugleich ein feiner Humanist. Die Briefe desselben, welche Wimpheling sammelte und unter dem Titel: Lucubrationes ornatissimae herausgab, sind ein Zeugnis seiner sittlichen und wissenschaftlichen Tüchtigkeit.[1]) Auch der

> Der nit wer zuo eym pfruenblin guot,
> Dem er allein wal recht möcht tuon.
> Der bestelt, buscht, loufft so manig pfruon,
> Das er verirrt dick an der zal,
> Und buot jm also we bie wal,
> Uff welcher er doch sytzen well.
> Merk! wer vil pfruenden haben well,
> Der letzten wart er jnn der hell.
> Do wurt er synden eyn present,
> Die me buot, dann hie sechs absentz."

[1]) Ein Brief, welchen der sechzehnjährige Jüngling von Bologna aus an seine Schwester Anna, Dominikanerin zu St. Margarethen in Straßburg, schrieb, kennzeichnet den Freund Friedrichs und die ganze Schott'sche Familie. Er schreibt:

„Min libe Swester! ich han empfangen brief von bir mir geschriben, in bennen ich bine swesterliche trüwe und lieb, bie bu zu mir hast gar wol hab mögen vernemen. Wen ob mich gantz kein anbere lere uff ben rechten weg wisse, mocht ich boch genugsamklich uß biner geschrifft min wesen unterrichten. „In einen stat (Stand) ber miner selen in keinen weg könne schaben": Darumb wer es nit nott gewesen, min getrüwe swester, bas bu geschriben hetteft umb vergebniß, ob mir ettwaß von bir mir geschriben mißvellig wer. Dan mir on zweifel kein miß val uß binen leren ist entsprungen, sunder gezigniß und erkantniß sunderer und grosser Begierd, bie bu hast zu nutz miner selen unb zu miner seligkeit. Umb bes willen sag

Münsterpfarrer Johannes Rot gehörte zu dem Schott'schen Zirkel, welcher für Straßburg einen Herd der Frömmigkeit und der kirchlichen Gesinnung bildete. Rot hatte mit Peter Schott zu Paris

ich dir gar groffen Danck und hoff der allmechtige gotte fol mir verliehen ein erwelen des ftattes, inne welchen ich imme mit gröffern verbienen mög wolgevallen, und auch mine wercke in finen lob und ere entlichen mög ge= fchicken.

Als bu mich gebetten haft, min liebe fwefter, das ich dich entphelen fol binem Vatter Sancto Dominico, Wiff das ich noch in gebethnisz hab verfprechnisze, die ich dir in minem abfcheib bette, wan ich fflsz mich das ich bine nimmer vergisz, wann ich zu finem Grab kume, das ich zu manichem mal in binem namen hab geküffet. Wolte gott, das es imme geneme wer.

Das bu aber, min liebe fwefter, kunft der Rechten dorechte (thörichte) kunft nenneft, kan ich dir nitt wol recht geben. Dann geiftliche Rechte alle genummen find usz den heiligen Evangelien und der heiligen lerer bücher und beftetiget von den heiligen bepften, die man nitt minner ift fchuldig zu halten dan das heilige Evangelien, und die weltlichen Recht alle vor ougen haben gerechtikeit, durch die man einem jeglichen das imme zu höret fol ver= liehen, von velchen gefchriben iftj: Justi autem in perpetuum vivent, etc. Et rursus: justorum anime in manu Dei sunt, etc. Et iterum: justus ut palma florebit, etc. Et denuo: Os justi meditabitur sapientiam, etc. Denique: ju- stum deduxit dominus per vias rectas et ostendit illi regnum dei. Und in gar vil andern enden, in bennen gefchriben find verbienft und lon der die die gerechtikeit den mönfchen erzeigen. Ouch fanctus Paulus, indem er fprichet, ein jegliche mönfchliche kunft fie ein borheit gegen göttlicher wisz= heit, hat nit gewelt fprechen der nach, als bu es vernimmeft. Sunder fine meinung ift gewefen, das gott in allen bingen ficherer und offenbarlicher wiffen hat, dan die mönfchen, fo vaft das mönfchliche wiszheit ein borheit gegen göttlicher wiszheit ift zu fchätzen. Dann, min liebe fwefter, ift nitt zwifel kunft, die man von Gott in der heiligen gefchrifft hatt, vil köftlicher ift, dan ein jegliche andere mönfchliche kunft.

Beviel mich ouch, min liebe fwefter, in anbath miner Erfammen fromen muter priorin und irrer wirbikeit minen bienft, und allen andern mit= fweftern, die mich kennent, und fag innen banck in minem namen von irem gebett: und bitte auch den allmechtigen Gott für unfere stat, die als du mir gefchrieben haft, in großen forgen ift des krieges halben, und ouch für un= fern lieben vatter und alle unfere fründ.

Ich bitte dich ouch, fchrieb mir, wen bu kanft, und in funderheit von biner lere, vie gelert bu jetz figeft, wan mir barusz freud wurd entfton. Und ob du nun zu mol in einem andern klofter bift, fo geb dir Gott der allmechtige glück und heil, und welle es fchicken, das ich dich mit freiben ge= funt an fel und lip mög fünden. Ritt me, dan barmherzikeit des himelifchen

ſtubiert, 1478 ben Magiſtergrab erhalten. Später (1491) trat er in ein Karthäuſerkloſter ein.¹) 

Die Hoffnung, welche Geiler in ſeinen Monitis ausgeſprochen hatte, daß Friebrich bemnächſt die Prieſterweihe annehmen werde, er= füllte ſich nicht. Der junge Graf ließ ſich erſt, man weiß nicht aus welchem Grunde, im Jahre 1485 zu bieſer Würde orbinieren. Er feierte an Lichtmeß bieſes Jahres ſeine erſte Meſſe. Auf bieſelbe ſchrieb Peter Schott ein zierliches Feſtgebicht, von welchem uns noch das folgende Bruchſtück erhalten iſt:²)

Magnifico et generoso D. Friderico de Zolre, Decano ecclesiae Argen. sacrificium incontaminatum offerenti IV. nonas Februarii Anno MCCCCLXXXV
      Petrus Schottus Elegiacum cecinit.

Quae superant hominem, Comes inclyte, munia tentas:
Non nisi celestis te modo vita decet.
Nobile te populis prefert genus, agnita virtus
Te vocat, ut cleri regia colla regas.
Magna haec; sed merito tibi debita, te quia dignum
Sollerti species cum probitate facit.
At modo quod nequeas meritis pensare, deorum
Rector comparet ad tua verba Deus.
Mira fides! sed certa tamen. Nam creditur ille
E coelo in sacras saepe venire manus.
Nec manet in manibus; penetralia lustrat, et in se
Vertere te cupiens, fit prius esca tibi.
O immensus amor, quod nec sperare licebat!
Sponte dedit sese; quid, rogo, maius habet?
Quicquid salvificum secum fert: crimina cessant,
Surgunt virtutes, gloria summa venit.

---

vatters und junckfrowelicher ſchirm ſiner reinen muter Marie wel uch und uns alle behüten vor allem übel in allem gutem. Amen. Geben uff den erſten tag der heiligen vaſten zu Bononie in dem jar von Chriſti geburt 1476." Anna Schott war ſelbſt Schriftſtellerin. Sie empfing den Kaiſer Maximilian, als er nach Straßburg kam, mit einer lateiniſchen Rede. Da-choux, Un reformateur etc., p. 425 ff. ¹) Ebendaſelbſt, p. 411.
²) Lucubratiunculae fol. 166.

Ergo precipuum cultor conductus in agrum
Tabere obscoeno ne patiare situ,
Sed magis assiduos fructus decerpere cura.
Sic foelix poteris populoque tibique salubres
Atque Deo placitos accumulare dies.

In den ersten Versen seines Liebes sagt der Dichter dem gefeierten Freunde die bischöfliche Würde vorher. Man wird wenigstens das cleri regia colla regere, zu dem er Friedrich, der doch schon Domdechant war, berufen findet, nicht anders deuten können:

„Himmlisches strebest Du an, erlauchtester Sprosse der Zollern,
Aber dem heiligen Amt ziemet auch heiliger Sinn.
Adel des Bluts ziert Dich, doch mehr noch Adel der Tugend,
Doppelt zeichnet Dich Gott, Lenker der Kirche zu sein.
Hohes, erhabenes Amt, doch Dir gebührt es vor allen:
Sein und Scheinen an Dir, kündigt den Fürsten uns an."

Darauf geht der Dichter auf die Würde des Priestertums über, welche sich aus dem katholischen Dogma ergibt, daß auf das Wort des Priesters der höchste Gott, — Schott nennt ihn nach der Weise der Humanisten rector deorum, — aufs neue geheimnisvoll, aber wirklich in seiner Menschheit gegenwärtig wird. Er singt also:

„Was dem Seraph selbst nie ziemte gegeben zu werden,
Wird Dir zu teil: Auf Dein Wort steiget vom Himmel Dein Gott.
Wunder so neu als treu! ja festiglich stehet der Glaube:
Aus dem Himmel der Herr steigt in geweihete Hand."

Die nun folgenden Verse handeln von der hl. Kommunion. Der Dichter singt:

„Aber was nützt es der Hand: Dein Herz erwählt er zum Throne;
Um zu vergöttlichen Dich, gibt er zum Mahle sich Dir.
Siehe der Lieb' Abgrund, den sterbliches Auge nie misset,
Liebend schenkt er sich Dir; konnte er Höh'res verleihn?"

In den folgenden zwei Zeilen faßt er dann die Wirkungen der hl. Kommunion treffend zusammen; er sagt:

„Quelle des Heils ist der Heiland Dein; es schwinden die Laster,
Tugenden blüh'n Dir zum Kranz, welcher im Himmel Dich schmückt."

Zum Schlusse wünscht Dr. Schott seinem Freunde ein segensvolles und langes Wirken im Weinberge des Herrn:

„Drum wohlauf, mein Freund, in Gottes heiligem Garten,
Jäte und pflanze getreu zum Paradiese das Feld.
Daß bald der Früchte Gold von jeglichem Zweige Dir winke,
Wirke, beglückend Dich ‚selbst und des Volkes heilige Scharen.
Dazu möge der Herr Jahre an Jahre Dir reih'n."

Für einen Prälaten, welcher, wie Friedrich, Geiler, Schott und Rot zu Freunden hatte, konnte die Stellung zu Straßburg nicht angenehm sein. Das Kirchenwesen dieser Diöcese lag schwer darnieder. Bischof Robert aus dem Hause Baiern (1439—1478), mehr weltlicher Fürst als Bischof, las nie die Messe, sondern empfing am Grünen Donnerstag die Laienkommunion mit seinem Hofgesinde in seiner Kapelle.[1]) Roberts Nachfolger und Vetter, Albert, celebrierte an hohen Festtagen und während der Fastenzeit in seiner Kapelle zu Zabern, aber nie in der Domkirche. Stab und Mitra waren seit langer Zeit abhanden gekommen.[2])

Im Münster sah es entsprechend aus. Man konnte da nicht selten weltliche Herren, ja die Mitglieder des Hochstiftes in Jagdkleidern, den Falken auf der Faust, mit einer Meute von Hunden erblicken. Die Richter, denen ein besonderer Platz reserviert war, gaben da den Bürgern Audienz und sprachen Recht. Man spazierte und plauderte selbst während des Chordienstes. Um den Umweg zu sparen, wurden Lasten jeder Art, selbst junge Schweine durch die Kirche getragen.

Zu den herbsten Dingen gehörten der „Roraffe" und „das wilde Weib von Geispoldsheim". Ersterer war eine an der Orgel angebrachte hohle Maske, welcher durch einen verborgenen Mechanismus während des Gottesdienstes die lächerlichsten

---

[1]) Zuweilen stellte dieser Bischof doch auch in der Kirche seinen Mann. So als im Jahre 1471 die Domherren der Pest halber aus Straßburg geflohen waren, verfügte sich Robert ganz eigens in die Stadt, um am Feste der Lichtmeß des Kantors Stelle im Chore einzunehmen, damit der Gottesdienst nicht gehindert würde. Alsatia, Jahrbuch für elsäßische Geschichte ꝛc., herausgegeben von August Stöber, Mühlhausen 1852. S. 201. Auch ist anzuerkennen, daß Robert die Domprädikatur für Geiler errichtete, für welche freilich der Ammeister Peter Schott jährlich aus seiner Tasche ein Bedeutendes zuschoß.

[2]) Lindemann, Geiler ꝛc. S. 82.

Grimaffen gegeben wurden, so daß sie die Augen aller auf sich zog. Aber auch für das Ohr war gesorgt. Denn durch den Mund des Roraffen rief eine lustige Person die tollsten Späße in die Kirche herab.¹) Selbst das Chorgebet stockte, wenn von der Orgel her gerade ein interessantes Pasquille erscholl. Denn daß zuweilen sogar ein Geistlicher den Roraffen bediente, behauptet Geiler dem Stadtmagistrat gegenüber steif und fest.²) Das wilde Weib von Geispolbsheim war ein vermummter Umzug. Beider Art Unfug wurde besonders am hl. Pfingstfeste geübt, wo das Landvolk zur Firmung in das Münster kam, so daß das Ärgernis um so größer war.³)

In seinen Kämpfen gegen solche Übelstände hatte Geiler den Friedrich zum Genossen. Und diese Hilfe war erfolgreich, weil der Graf als Dechant des Kapitels etwas zu sagen hatte. Als solcher stellte er das „wilde Weib von Geispolbsheim" für immer ab und setzte den erneuerten Bitten des Stadtrates, den Brauch wieder aufleben zu lassen, kräftigen Widerstand entgegen. Geiler schreibt darüber:

„Von denen (nämlich den Ratsherrn) ist bit gelangt an myn gnebigen herrn vom Kapittel, das sie wollen gestatten, das das wilb wyp von Geispoltzheim wiberumb lüff, und also unberstanden die alt uppigkeit, so durch myne iezt genanten gn. herrn vom Kapittel, zu den ziten do iezt myn gn. her von Auspurg bechan waß, löblich und christlich abgeleit ist, wieder uff

---

¹) Nebulo quispiam se post illam imaginem occultans incomptis motibus, voce sonora, profana et indecora cantica eructans venientium hymnis (es sind die Prozessionen gemeint) obstrepit eosque subsannando irridet; ita ut non solum illorum devotionem in distractionem, gemitus in cachinnos vertat, sed et ipsis clericis divina psallentibus sit impedimento. Petri Schottii, Lucubrat. fol. 117. „Do werben Pfruonden wol verdient, so man dem Roraffen zuo gyent." Sebastian Brandt.

²) „Sonder hat man sich nit lassen begnügen mit eyner laiischen Person die bisher solches geschrey zu üben gespulcht hat, aber einen Priester uffgeworfen, den in den roraffen gestellt, das da nit geschehen ist ohne Verachtung priesterlicher Würdigkeit und geistlichen Stands Verkleinerung." In den XXI Artikel bei Dacheux, Un reformateur etc. Art. XIV.

³) „Le jour de la Pentecôte après le service, un homme travesti en cerf et un autre représentant ce qu'on appelait la femme sauvage de Geispolsheim, parcouraient l'église et égayaient l'assistance par leurs gambados et leurs vociférations." Histoire littéraire de l'Alsace à la fin du xv. et au commencement du xvi. siècle. Paris 1879. I, 350.

zu richten. Habend aber solliche ungebührliche gebet (als iren gnoben zymt) nit erhört, sunber also lassen bliben, bas vor beschlossen waß." [1])

Der Roraffe wurde nicht bezwungen; er fristete seine Existenz noch über hunbert Jahre. Sein zähes Leben verbankte er vielleicht bem Umstanb, baß er auch als Sittenrichter auftrat unb mit seinem Unfug anberen bekämpfte.

Als Dombechant hatte Friebrich bas Chorgebet zu leiten unb bie würbige Verrichtung beßselben zu überwachen. Wie er biese Pflicht erfüllte, erhellt aus einem Strafbriefe, welchen Geiler an Friebrichs Nachfolger im Dechanat, ben Grafen Hoyer von Barby, welcher aus Menschenfurcht neue Unwürdigkeiten abzustellen sich scheute, gerichtet hat. Geiler schreibt baselbst von Friebrich: „Unsere Kirche war verwaist, wir waren Kinder ohne Vater, es war keiner, ben man fürchtete, welcher ben Gottesdienst in seiner Würbe aufrecht erhielt. Da erbarmte sich Gott unser unb schickte uns einen Hirten nach unserem Herzen, einen eifervollen, ber auf bie Herbe acht hatte, besonbers in Sachen bes Kults. Der rief balb ben einen, balb ben anbern auf bie Seite, bat, ermahnte, beschwor opportune, importune, wie ihm ber Herr bie Gnabe gab. Aber wir waren eines solchen Hirten nicht wert, barum hat ihn Gott hinweg versetzt." [2])

Geiler besaß zu ben Vorwürfen, bie er bem Dechanten Hoyer machte, noch ein besonberes Recht. Der Bischof Friebrich hatte bei seinem Abgange von Straßburg sich sein Kanonikat baselbst reserviert in ber Absicht, basselbe später einem Mitgliebe seiner Familie zu überlassen. Der neue vom Papste zum Dechant ernannte Graf Hoyer aber genoß kein Kanonikat zu Straßburg. Da man nun glaubte, er besäße aus biesem Grunde zu wenig Autorität in seinem Amte, so

---

[1]) Dachoux, Die ältesten Schriften Geilers, bie XXI Artikel, S. 34.

[2]) Fuit ecclesia nostra annis multis vidua: eramus orphani sine patre; nemo erat, quem timebamus, nemo erat, qui cultui preesset, eum erigeret aut conservaret. Tandem Dominus nostri misertus dedit optatum nobis pastorem zelosum et vigilantem super gregem suum, in his precipue, que divinum respiciunt cultum; iam hunc, iam alium ad partem vocavit rogans, obsecrans, admonens et arguens, opportune et importune, secundum quod Dominus sibi gratiam dederat, et ecce indigni tali pastore iterum orbamur. Epistola Ioannis Geileri ad Hoyer, comitem de Barby, Decan. Argentin. bei Dachoux, Die ältesten Schriften Geilers, p. 97.

suchte Geiler den Bischof Friedrich zu bestimmen, um der heiligen Sache willen, unter Hintansetzung seiner Verwandten, sein Kanonikat zu gunsten Hoyers abzugeben. Friedrich willigte ein, nachdem er sich zuvor die Tüchtigkeit Hoyers hatte versichern lassen und auch die Einwilligung seines Bruders Eitelfriedrich, der sich damals zu Nürnberg aufhielt, eingeholt hatte. [1])

Noch ein unbedeutender Handel ist uns aufbewahrt, in welchem Friedrich als Dombechant genannt ist. In einem Briefe vom 9. Februar 1484 bittet Peter Schott den Geiler, bei dem Dombechant Friedrich Fürsprache einzulegen für seinen Paten. Dieser hatte nämlich einen Diener Friedrichs beleibigt. Der Vater des Beleibigers hatte der Familie des Verletzten zwar schon Satisfaktion angeboten, dieser aber wollte nichts ohne die Genehmigung seines Herrn, des Dechants, thun. Deswegen bat man Schott, seinen Freund Geiler ins Mittel treten zu lassen. Man weiß nicht, wie die Sache ausging. Aus dem Ganzen geht hervor, daß Friedrich unter seinen Dienern strenge Zucht hielt und in Ehrensachen schwierig war. [2])

Nachdem wir mit dem Erzählten über das Leben Friedrichs zu Straßburg alles gegeben haben, was wir darüber aufzutreiben imstande waren, gehen wir nunmehr zu den Ereignissen, welche Friedrich als Bischof erlebte, über. Hier schließt das Tagebuch an. Friedrich war 36 Jahre alt und ein Jahr Priester, als er zum Bischof von Augsburg erwählt wurde.

---

[1]) Querit Episcopus Augustensis, si talis sis, propter quem debeat cedere canonicatui et tibi tradere, aliis sibi sanguine iunctis posthabitis? Liber respondi quod sic eo intuitu solo et nullo alio, quia haud dubium, quin perfecturus esses et consummaturus fores opus hoc in choro in reformatione, quod sua Reverendissima inchoasset Paternitas. Mittit Nurenbergam (ad) fratrem suum germanum, consulit, si prebendam filiolis suis reservari velit, an ut tibi tradatur, qui a me tam sibi commendatus fuerat pro bono rei christiane. Concluditur, ut prebende cedatur, procurator constituor, redeo letus, paratus fui confestim resignare, sicut et feci, nullo pacto hesitans, quoniam id futurum esset, ob quod tam libere Dominus illo Reverendissimus ob Dei amorem et personarum huius chori salutem pureque cessit; plane non ob hoc cessit, ut e vestigio demoliri inciperentur, que ipse labore magno et sollicitudine ex fundamento extruxerat. Ibid. 98.

[2]) Dacheux, Un reformateur, p. 304.

## 2. Kapitel.

## 1486.

Beschreibung, wie Friedrich Graf von Zollern, Dombechant zu Straßburg, Bischof zu Augsburg geworden.

1. Anno Dnj Taufent vierhundert vnd in dem Sechs vnd achtzigoften Jaren, an dem Abent des heiligen zwelfpoten fant Mathie, der da was am Dornstag vor dem Suntag Oouli, beschloß der Hochwürdig Fürst vnd Her Her Johans Bischoff ze Augspurg, geborner Graf von Werdenberg seinen letzten tag hie inn Zeit ze Morgens gen tag, zwischen der britten vnd vierden Stund, in der Statt ze Frankfort auff dem kayfferlichen tag, als erwelt ward Maximilianus ein Erzherzog ze Oesterreich vnd ein fun kaifer Friderichs zu einem Römischen kunig an dem funtag Reminiscere.

Unser Autor versetzt uns auf den Fürstentag nach Frankfurt, woselbst am 16. Februar 1486 Maximilian, der Sohn Kaiser Friedrichs III., zum deutschen König gewählt wurde. Diese Wahl, welche hauptsächlich durch die Bemühung Hugos von Werdenberg zustande kam, beschreibt ein Augenzeuge wie folgt:

„Item auf bonnerstag (16. Febr.) find die obgenannten Kurfürsten mit der kaiferlichen Majestät und anderen Fürsten in die Pfarrkirchen zu St. Bartholomäus in den Chor zu 8 Uhren des morgens kommen. Und gingen die kaiferliche Majestät mit den Kurfürsten und seiner Gnaden Sohne Herzog Maximiliano in die Libery und thaten ihre Pontifikalia an und gingen wieder heraus bis an den Altar auf derselben Seiten. Da war ein Sitz bereit, vier ober fünf Treppen hoch. Da faßen die kaiferl. Majeftät zu oberft und auf der rechten Hand der Bifchof zu Mainz, darnach der Pfalz= grave und Herzog Maximilian, auf der linken Hand der Bifchof zu Köln, Herzog von Sachfen und Markgrav von Brandenburg. So faß der Bifchof von Trier auf einem erhöhten Stuhle, überort gegen der kaiferlichen Majeftät über, und hielte der von Pappenheim das bloße Schwert, der von Weinsberg den Scepter . . . den Apfel. Und wurden die Chorthore zugethan, und die Kirchenthore blieben denfelben Morgen zu und mit viel Gewappneten verhütet, und warb denfelben Morgen keine Metten gefungen."

„Da huben die Pfaffen auf dem Lettner an zu fingen: Veni ste spiritus und darnach das Officium de Sto spiritu, und fpielte auf der Orgel ein Blinder, war bei dem Pfalzgrafen zu Hofe, faft lieb= lich zu hören. Und fang der Weihbifchof zu Mainz die Meffe, und gingen die kaiferl. Majeftät mit den Kurfürften zu Opfer. Da das Evangelium gelefen warb, nahm der Bifchof von Trier das Buch und bracht das der kaiferl. Majeftät zu küffen. Und vor dem Pacem kehret fich der Weihbifchof über dem Altar um und las etliche Kol= lekten und befchloß darauf: Per omnia saecula saeculorum, Pax domini etc. Und bracht der Bifchof von Trier der kaiferl. Majeftät das Pacem, ein gulden Kreuz, zu küffen."

„Und als die Meffe gefungen und aus war, hub der succentor an: Veni ste spiritus, und gingen die Kurfürften vor den Altar und fchworen auf das Evangelium nach Laute der gulbenen Bullen. Darnach gingen die kaiferl. Mt. und die Kurfürften allein in die Liberey, einen König zu kiefen, des fie vorhin eins waren, als die Sage war. Und als fie eine gute Weile darin geweft waren, kam Markgraf Jakob von Baden und hatt einen weißen Stab in der Hand und rief etlichen Fürften und Grafen in die Liberey zu gehen. Als die auch eine gute Weile darin waren, warb Herzog Maximi= liano, der an dem Sitze allweil allein ftund, und feine Fürften und Herren um ihn, auch hineinzukommen berufen. Was und wie darin gehandelt warb, bin ich nit bei geweft."

„Über kurz barnach gingen die Fürften und Herrn aus der Li= berey, und führten Herzogen Maximilianum der Bifchof von Mainz und Köln vor den Hohen Altar hart daran, und ftunden die andern

Kurfürsten um ihn und der Kaiser hart vor ihm, und erhuben ihn auf den Altar. Von Stund an sang man: Te Deum laudamus. Da das ausgesungen war, huben sie ihn wieder herab und setzten ihn gegen den Altar über, dabei die kaiserl. Mt. und die Kurfürsten um ihn, und las der Weihbischof etliche Kollekten und warf das Weihwasser über ihn. Darnach stieg Dr. Pfeffer, des Bischofs von Mainz Kanzler, auf den Stuhl, darauf der von Trier gewesen war, und rief aus den durchlauchtigen, hochgebornen Fürsten und Herrn, Herrn Maximilianum, Erzherzogen zu Österreich und Burgundien, der kaiserl. Mt. Sohne, zu einem römischen Könige und zukünftigen Kaiser mit fast weiteren Worten, und las dabei einen Brief, von Kaiser Friedrichen ausgangen, was der inhielt, konnte ich nicht hören."

„Item als die Kurfürsten den König wieder von dem Altar huben, da waren Herr Engelbrecht von Nassau, Propst zu St. Bartholomäus, der Schulmeister und zween Kanoniken, auch der oberst Glockner und thaten dem König den obersten Rock aus, der war rotsammt mit weißem Gefutter, der gebuhrt dem Glockner, als von Alter Herkommen ist."

„Item als der König gekoren ward, da waren auf dem Lettner des Kaisers, des Königs, Herzogen von Sachsen und Pfalzgraben Trommeter und Pfeifer und bliesen alle durcheinander eine Weile und abermals. Ich stund darbei und war halb bummelicht worden, denn es lutet fast wunderlich durcheinander."

„Erst wurden die Kirchthore aufgethan, da gingen die Fürsten von bannen, das währte von 8 Uhr bis auf halb 10 Uhr, und es war ein klarer lustiger Tag."

„Nach Essens um die 4 Uhr kamen vier auf den Berg und rannten mit scharpfen Glieven."

„Dies Vorgeschriebene han ich Johannes Kremer, die Zeit des Stadtschreibers Diener, als ich mit des Rats Freunden in der Pfarr auf dem Lettner war, und das ungevehrlich gesehen, beschrieben und zu einem Gebächtnis hierin verzeichnet auf Donnerstag nach dem Sonntag Invocavit 16. mensis februarii 1486." [1])

Nach der Quartierliste [2]) war Bischof Johannes von Werben=

---

[1]) Dr. Joh. Janssen, Frankfurts Reichskorrespondenz nebst anderen verwandten Aktenstücken. Freiburg 1863. II, 436. [2]) Ebenda 428.

berg zu Frankfurt erschienen mit 40 Pferden, „bracht mit ihm diese Herrn: Herrn Ulrich von Fronsberg und Jörg von Absberg, lagen zu Herberg bei seiner Gnaden zum Silgen." Der Bischof überlebte die Wahl Maximilians nur 7 Tage, denn er starb den 23. Februar.

**2.** Vnd sein Jngewayd vnd Herz begraben ist ze Frankfort zu vnsrer lieben frawen Brübern in dem Chor vor dem heiligen Sacrament, vnd sein Leyb herauf geführt mit aller Er vnd Wirdigkaytt gen Augspurg vnd begraben in vnser lieben Frawen kirchen hinder dem Chor neben des Cardinals Grab.

„Unsrer Lieben Frauen Brüder" sind die Karmeliter. „Unsrer Lieben Frauen Kirche" zu Augsburg ist die Kathedrale. Der Karbinal, neben welchem Bischof v. Werbenberg beigesetzt wurde, ist Peter von Schaumburg, Bischof von Augsburg von 1424—1469. Beide Bischöfe liegen in der Kapelle des hl. Vitalis hinter dem östlichen Chore begraben.

**3.** So er in Zit, als er gelept hat, ein getrewer Hirt vnd vorgeer gewesen ist seinem volk vnd ein merer seines Stifts, wel im Got gnebig vnd barmherzig sein in ewiger sälikayt.

Johannes von Werbenberg wurde 1463 von Pius II. zum Koadjutor an der Kirche von Augsburg bestellt. Er erhielt dieses Amt „in Rücksicht auf seine Gelehrsamkeit, seinen guten Wandel, seinen Eifer in geistlichen und seine Einsicht in zeitlichen Sachen." Im Jahre 1469 wurde er Nachfolger seines Bischofs. Als solcher war er ein sehr energischer Hirt. Als Reichsfürst wurde er mit mancher Ehre betraut. Kaiser Friedrich übergab ihm auf einige Zeit seinen Sohn Maximilian zur Ausbildung. Im Jahre 1480 wird er mit seinem Schwager Jost von Zollern von reichswegen an Ludwig XII. von Frankreich geschickt, um die Mißhelligkeiten wegen Burgund beizulegen.[1]

---

[1] Braun, Bischöfe v. Augsburg. III, 62 ff.

Die Heimat des B. Johannes von Werbenberg ist das Schloß zu Sigmaringen. Hier ließ sich dessen Vater Hans von Werbenberg mit seiner Gemahlin Elisabeth von Württemberg um's Jahr 1430 häuslich nieder. Auf diesem Schlosse erlosch mit dem Neffen des Bischofs, Christoph von Werbenberg, im Jahre 1534 das Werbenbergische Geschlecht. Die Kirche zu Trochtelfingen, wo das Erbbegräbnis der Familie war, bewahrt einen von Bischof Johannes unterzeichneten Ablaßbrief auf. Derselbe trägt das Datum Trochtelfingen den 8. Januar 1478.[1])

4. Item als der egenant bischoff Johannß starb, durch aygne Bewägnuß schikt vnser gnädigster Her der Kaiser, Kaiser Friderich sein Rat vnd Bottschaft, auch der Römisch künig Maximilian sein Rat vnd bottschaft vnd all kurfürsten Ir bottschaft, außgenomen der Pfalzgraf, gen Augspurg für ein Capitel mit Credentz vnd fürdernuß mit sampt anderer fürsten fürpitten vnd fürdernuß, als besunder des Erzherzog Sigmunds von österreich, Bischoffs von Babenberg, der ein geborner Graf von Henneberg ist, Bischoffs von Eychstet, Graf Eberharts von Wirtenberg, des eltern, zu erwelen begern vnd bittent ein Capitell den Erwirdigen vnd wolgebornen Hern Graf Friderich von Hochenzoller, der zu der Zeit Tomher vnd Dechant war des hochen Stifts ze Straßburg, des vorgenannten Bischoff Johannsen selig schwester sun, ze einem Bischoff ze Augspurg.

Der Dombechant Friedrich von Zollern war selbst in Frankfurt, wo er als Wahlkommissär fungierte. Die von Janssen mit-

---

[1]) Veröffentlicht von Sylv. Müller, Beiträge zur Beleuchtung der älteren Geschichte der hohenzollerischen Lande. Sigmaringen, 1863. Trochtelfingen ein Städtchen im hohenzollerischen Oberamt Gammertingen.

geteilte [1]) Quartierliste der Reichstagsmitglieder enthält die Aufzeichnung: „Dem hochgebornen Fürsten und Herrn Herr Albrecht, Markgraf zu Brandenburg ward Herberg verfangen auf 100 Personen und 16 Pferde für seine und seiner Gnaden Grafen und Herrn, mit Namen Graf Jost von Hohenzollern, Graf Friedrich von Zorne, Graf Itelfritze zu Herberg zum Wedel." Im Gefolge Maximilians, welcher mit 900 Pferden zu Schiff nach Frankfurt gekommen war, ist noch ein anderer Grav „Friedrich von Hoenzorne" aufgeführt, welcher bei Lorentzen, dem Schneider, Wohnung nahm.[2]) Dies ist wahrscheinlich der Bruder des Jost Niklas, der Domherr zu Straßburg.

Der Kaiser wollte mit seinem Schritte, den er zu Gunsten Friedrichs von Hohenzollern bei dem Domkapitel zu Augsburg that, ohne Zweifel die Bemühungen belohnen, welche der mütterliche Oheim Friedrichs, Hugo von Werdenberg, für die Wahl Maximilians aufgewendet hatte. Ohnehin war Hugo von Werdenberg unter Friedrich eins und alles.

Von den Fürsten, welche dem Wunsche des Kaisers beitraten, werden mit Namen aufgeführt: Erzherzog Sigismund von Österreich, Sohn Friedrichs mit der leeren Tasche, Geschwisterkind Kaiser Friderichs, Besitzer von Tyrol († 1496), der Bischof von Bamberg, Philipp von Henneberg, der Bischof von Eichstädt Wilhelm von Reichenau (1464—96) und Graf Eberhart im Bart von Württemberg († 1496). Der Pfalzgraf bei Rhein hatte sich der Agitation der Wittelsbacher zu gunsten eines Familiengliedes angeschlossen, von welcher der Chronist weiter unten erzählt. Das Domkapitel war

5. versamet bickermals zu ermessen, welcher vnd wer dem Stifft nütz würde sein zu einem Bischoff, vnd solche samung pey vierzehen tagen all tag zum Münster ainsmals zusamen komen.

Inzwischen hatte auch Geiler zu Straßburg den Tod Werdenbergs vernommen und erkannte sofort, daß er nunmehr seinen Freund und Mitarbeiter, den Grafen Friedrich, verliere. Seine Besorgnis darüber legt er in einem etwas verwirrt geschriebenen Briefe nieder, der

---

[1]) Frkf. Reichskorrespondenz II, 425.  [2]) Ebenda 418.

uns noch erhalten ist. In demselben spricht er zunächst den Gedanken: "Wir sind in Straßburg mit unseren Reformen ruiniert" mit biblischen Bildern aus: "Ich weiß nicht," sagt er, "ob der Hirte geschlagen ist, gewiß aber ist, daß die Schafe sich zerstreuen[1]); der glimmende Docht erlischt.[2]) Was gut und heilig ist, geht ein, weil's keinen mehr gibt, der Halt gebietet. Was gepflanzt wurde, reißt man elendiglich aus." Dann fährt er mit weiteren biblischen Anklängen also fort:

"Ich schreie also zu Dir, mein Vater, erhöre mich, komm laß Dich wieder sehen, richte ein, was gebrochen ist. Daß der Strudel Dich nicht verschlinge, der Abgrund sich nicht über Dir schließe, so daß Du zuletzt noch weniger zu Dir selber kommst, als zu uns."

"Bleibe immer Ich, und laß Dich nicht zum Ich anderer machen.[3]) Du warst hier ein Edelbaum und bist's, glaube ich, auch noch. Wie leicht ist es möglich, daß man Dir so nach und nach ein Wildreis um das andere aufsetzt."

"Du wirst sagen: "Diese Bilder verstehe ich nicht." Ich meine so: Aquae multae populi multi.[4]) Ich fürchte, sie umgarnen Dich und schleppen Dich mit fort, daß Du auch einer von ihnen werdest. Salvum me fac Deus, quoniam aquae intraverunt usque ad animam meam,[5]) wär's doch nur das zeitliche, nicht das ewige Leben. Damit ist genug gesagt."

"Höre immer auf das, was der Herr zu Dir spricht, nicht was Fleisch und Blut Dir zusprechen. Denn: Inimici hominis domestici[6]) eius. Den Vater, der Dich für den Himmel wiedergeboren hat, darfst Du nicht aus Rücksicht auf den Vater, der Dich nur für die Erde erzeugt hat, verlassen."[7])

Nachdem Geiler darauf an die Kürze der Zeit und die Nähe der Ewigkeit erinnert hat, rückt er mit Folgendem heraus: "Dann

---

[1] Mt. 14, 27. [2] Mt. 12, 20. [3] O utinam tuus animus tuus esset, et animus tuus aliorum animis non formaretur! [4] Off. 17, 15. [5] Ps. 68, 2. [6] Mt. 10, 36.

[7] Deum, qui te regenuit, pro eo, qui carnem tuam in corruptionem generavit, cave ne derelinquas. So Steichele, Archiv I, 159. Mit Dacheux (Die ältesten Schriften Geilers ꝛc.) "pro eo quod carnem tuam incorruptibilem generavit" zu lesen, gibt keinen Sinn. Auch spielt Geiler sofort mit: Utinam ad Augustensis ecclesie remum ab eo patre traharis, de quo filius dixit: Nemo potest venire ad me, nisi pater traxerit eum unverkennbar auf den leiblichen Vater Friedrichs an.

hör' ich auch, daß Du vom Ruder der Straßburger Kirche an das Steuerruder der Augsburgischen hinüber gezogen wirst. Möge das doch durch jenen Vater geschehen, von welchem der Sohn sagt: „Niemand kann zu mir kommen, wenn der Vater ihn nicht zu mir zieht." (Jo. 6, 44.)

Offenbar nahm Geiler an, oder hatte es erfahren, daß Friedrichs Vater Jost Nikolaus, der ja, wie wir oben hörten, auch in Frankfurt war, seinem Sohne zur Annahme des Bistums zuspreche. Er fährt fort: „Ich bedaure es, daß ich, so lang ich noch hier lebe, Deinen Umgang nicht weiter genießen kann. Ich hatte gehofft, Du werbest, was Du hier angefangen, auch hier vollenden. Ich glaubte, daß wir unter Dir, durch Dich und mit Dir in den Hafen der ewigen Ruhe einlanden könnten. Doch vielleicht bist Du zu Höherem berufen, indeß fürcht ich sehr. Der Wille des Herrn geschehe. Vertraue nur Deine Seele denen nicht an, die nicht einmal für ihre eigene sorgen. Die Liebe Christi drängt mich, Dir dieses zu sagen, damit nicht der Diener Jesu Christi ein Diener des Teufels werde. Lebe wohl, edler Graf, Herr und Vater in Christo!"

„Straßburg am Dienstag nach Oculi (28. Febr.). Geschrieben gleich nach der Predigt, mit noch zitternder Hand."

Wenden wir uns wieder nach Augsburg. Der Kaplan erzählt:

**6. In dem komen in aygner Person vnd mit vil Volks die Herzogen von Bayern als Herzog Ott, Herzog Albrecht, Herzog Jörg, Herzog Christoph, vnd giengen all ohn Herzog Christoph für ein Capitel mit sampt des pfalzgrafens Botschafft vnd baten ernstlich mit hoch erbietung gen einem Capitel für Herzog Hannsen von Bayern der zu der Zeyt Tomher vnd propst was des Stifts zu Augspurg, Jn zu erwälen zu einen Bischoff zu Augspurg.**

Während die Kanoniker 14 Tage hindurch Vorbesprechungen hielten, kamen die Baiern. Witwer,[1] welcher die baierische Agi=

---

[1] Catalogus abbatum Monasterii SS. Ulrici et Afrae in Steicheles Archiv für die Geschichte des Bistums Augsburg, III, 336.

tation auch erzählt, nennt als Herzoge, „welche in dem Hause des Dompropstes Johannes von Neuenmarkt zusammenkomen", den Herzog Georg von Landshut, den Herzog Otto von Neuenmarkt, die Herzoge Albrecht und Wolfgang von München. Von Herzog Christoph sagt er nichts, vermutlich, weil dieser fromme Held, wenn er seine Brüder auch nach Augsburg begleitet hatte, doch an der Agitation nicht teil nahm, was ja unser Chronist ausdrücklich bemerkt.

Baiern war damals in mehrere Herzogtümer geteilt. Herzog Georg ist Georg der Reiche von Landshut, Stifter der Universität Ingolstadt († 1503). Albrecht, Christoph [1]) und Wolfgang waren Brüder aus der Münchener Linie, Otto II. von Neuenmarkt und der Dompropst Johann aber Brüder aus der pfälzisch-mosbachischen Linie, welche zu Neuenmarkt residierte. Der vom Chronisten nicht genannte Pfalzgraf ist Kurfürst Philipp († 1508). Diese Fürsten ritten am Vorabend des Palmsonntags (den 18. März) mit vielen Officialen und 234 Reitern, welche ihnen der Stadtmagistrat entgegengeschickt hatte, nach Augsburg ein. [2])

7. Also mit groser Vorbetrachtung etlich tag bedacht sich ein Capitel vnd yetlicher tomher daselbs besunder, welcher tugenlich were zu solcher Hochwirdigkayt, vnd was ze tun were auf söllichs fürbitten. Vnd auff Afftermontag nach dem Palmtag versamet sich ein ganz Capitel, so sy vor gepeycht vnd empfangen hetten das hochwirdig sacrament, mit . . . Aydt auff das Heylig Evangelium gesworen, erwelten sy einhelliklich all mit einander vnd yetlicher besunder den Erwirdigen wolgepornen Hern Graff Friderich von Zoller, Dechant zu Straßburg, meinen gnebigen Herren, zu einem Byschoff

---

[1]) Es ist dies derselbe Christoph, von welchem in der Residenz zu München noch die bekannten Denkmäler der Kraft gezeigt werden, der Sprungnagel und der große Stein.

[2]) Khamm, Hierarchia Augustana. I, 529.

ze Augspurg in seinem Abwesen, wan er nye gewesen ist thomher ze Augspurg.

Das Nähere ist dieses. Der Dechant des Kapitels, Ulrich von Rechberg, hatte als Wahltag den Mentag nach dem Palmsonntag (den 20. März) festgestellt und auf diesen Termin auch die auswärtigen Kapitulare berufen. Die Versammlung wurde unter Veranstaltungen abgehalten, welche an das römische Konklave erinnern. Der Augsburger Patricier Bartholomäus Räm übte die militärische Bewachung des Kapitelssaals als ein verbrieftes Familienrecht aus.[1] Der Weihbischof Ulrich Geißlinger und der Abt zu St. Ulrich, Johannes von Giltlingen, waren Skrutatoren. Das Volk stand draußen und wartete. Aber vergebens, denn erst am folgenden Tage wurde die Wahl, nachdem sich das Kapitel wieder versammelt hatte, von dem Weihbischof Ulrich von der Kanzel des Domes verkündet. Demnach scheint man Störungen befürchtet zu haben.

Die Wahl Friedrichs führt Wittwer zurück auf die Politik des Kapitels, welches in einem noch später zu erwähnenden Streite mit der Stadt Augsburg durch diese Wahl den römischen König auf seiner Seite erhielt.[2] Von Friedrich heißt es nun weiter:

8. Auff die Zeit was er bey dem römischen konig ze Frankfort, vnd als Im Bottschaft kom, daß sein Gnab erwelt wer, het er nit ganzen willen, das Bistumb anzenemen, so sein Gnab vormals Erwirbigkayt vnd Nutzung genug hett.

---

[1] Clausis ianuis, civibus de progenie Räm ante ianuas vigilantibus, ne eis aliqua violencia contingeret, quibus eciam incumbebat ex officio et privilegio emptis ab episcopis. Adstricti sub iuramento eis assistere usque ad mortem, si opus fuerit. Et illud officium exercebat pro tunc Bartholomaeus Räm cum aliis sibi adiunctis. Wittwer ad h. ann.

[2] Causam habuerunt sufficientem, tum propter regem Maximilianum, qui intercessit pro Domino Friderico, tum etiam propter discordiam, quam idem canonici habuerant contra Augustenses, in qua rex Romanorum Maximilianus promovebat negotium canonicorum Augustensium in curia et ubique. Ideo postulatus forte fuit Fridericus.

Die Unschlüssigkeit Friedrichs ist wohl die Wirkung eines neuen Schreibens, das er von Geiler erhielt. Dasselbe lautet:

„Wenn ich mir Deine Lage denke, so kommst Du mir vor, wie ein Schiff auf hohem Meer, das von den Fluten dahin und dorthin geschleudert wird. Außen beglückwünschen Dich Deine Verwandten und freuen sich, ihr Fleisch und Blut auf dem Stuhle des Moses sitzen und geehrt zu sehen. In Deinem Innern aber sieht es wahrscheinlich anders aus. Sieh, das sind Proben von den Süßigkeiten, welche im neuen Stande auf Dich warten. Wenn es in den Flitterwochen schon so zugeht, was wird erst später kommen?"

„Ich weiß es, wenn Du hier wärest, würdest Du zu mir sagen: „Was meinst du? rate mir! Soll ich die Bürde aufnehmen, die sogar für Engelschultern bedenklich ist?" Da sag' ich dann vor allem, was der hl. Bernhard zu einem in gleicher Lage sagte: „Das überlaß ich Deinem Gewissen." Ich sage gar nichts, weil hier das Wort Jesu zutrifft: „Wenn ich es auch sage, werdet ihr's doch nicht glauben und doch nicht bleiben lassen."[1]) Wenn Du's aber um jeden Preis wissen willst, nun dann will ich nichts verschweigen. So höre: „Wenn Du in die Fußstapfen der Bischöfe unserer Tage trittst, und die Zahl der Pferde Dir eine wichtige Sache ist, so wird das kommen, was Du schon oft von mir gehört hast. Ferner wenn Du die Weise der Weltlinge nachahmst, Einladungen und fürstliche Vergnügungen liebst, die Diözese nicht visitierst, nicht die Laster beim Volke ausreißest, den Armen nicht auswirfst, was ihnen gehört, nicht für Dich das Geistige nimmst, das Irdische den anderen lässest, und ihnen nur das Ordinieren überlässest und andere Bischofsgeschäfte, wenn Du nicht so bald als möglich unter den anderen Bischöfen ein Wunder, ein Phönix — bekanntlich ein seltener Vogel — werden wirst, so wäre es besser für Dich, Du wärest gar nicht geboren."

Geiler, der deutsche Savonarola, hatte kein Verständnis für die Autorität, welche der irdische Glanz verleiht. Er bedachte zu wenig, daß in einem Jahrhundert, in welchem alle Ideen in möglichst drastischer Weise versinnbildet wurden, die Bischöfe, da sie nun einmal Fürsten waren, des Glanzes nicht entbehren konnten. Zudem wurde durch den Fürsten auch der Bischof unterstützt. Dr. Schott, der nicht

---

1) A. 22, 67.

weniger kirchlich gesinnt war, als Geiler, zeigt mehr Verständnis für
diese Dinge. „Du wirst den Fürsten gebrauchen, um Gottes Willen
zu thun", schrieb er über diese Sache. In der That, die Ritter,
d. h. das deutsche Volk, achteten Macht und Recht ziemlich als das=
selbe, und eine geistliche Gewalt, die sich nicht in Macht und Besitz
äußerlich ankündigte, wäre ihnen schwer verständlich gewesen.

Auch verwechselt Geiler die Amtstüchtigkeit zuweilen mit der
Heiligkeit. Erstere kann auch bei menschlichen Gebrechen da sein.
Wollte man Geilersche Bischöfe, so müßte man sie aus den Engeln
nehmen. Es gibt eben zwischen Heiligkeit und Pflichtvergessenheit
Tausende von Stufen und auf diesen befinden sich, wie die meisten
Christen, so auch die meisten Bischöfe. St. Paulus stellt an einen
Bischofskandidaten mäßigere Anforderungen.[1]) Geiler fährt fort:

„Deine Pflichten werden künftig folgende sein: vor allem die
Strengheiten gegen den Leib, dann reichliches und fortgesetztes Al=
mosen; damit sei verbunden die Übung des Gebetes und der Umgang
nicht mit feinen Herrn, sondern mit heiligen Männern. Ein solches
Leben mußt Du anfangen, willst Du im neuen Stande gerettet werden.
Ich habe es zwar, wenn ich mich recht erinnere, noch bei keinem Bi=
schof so gesehen."

Geiler urteilt hier viel zu hart. Die Entrüstung über die
Straßburger Verhältnisse reißt ihn hin. Man sieht die Heiligen zu
allen Zeiten selten. Dabei bleibt freilich wahr, daß nur Heilige in
den Himmel kommen, aber ebenso ist wahr, daß die meisten heilig in
diesem Sinn erst im Jenseits werden. Zum Schlusse heißt es:

„Ich kann für Dich nichts weiter thun, als beten, daß der Herr
Dich zu seiner Ehre und zu Deinem Heile lenke. Und auch Du selbst
erhebe, wie einer der auf hoher See im Schifflein sitzt, Deine Hände
und rufe aus Herzensgrunde: „Herr rette uns, wir gehen unter!"[2])

„Entschuldige, daß ich den Brief nicht korrigiert habe; ich hatte
nicht Zeit und wollte überhaupt nicht schreiben, weil ich wohl weiß,
daß Du jetzt schon von allen Seiten her so überlaufen wirst, daß Du
kaum zum Lesen kommst. Du schreibst, Du werdest nochmals zu uns
kommen, aber ich besorge, Du werdest es nicht ausführen können,
sondern gegürtet und hingeführt werden, wohin Du nicht willst.[3])
Der Herr behüte Deine Wege; er sei gepriesen in Ewigkeit."

[1]) 1. Tim. 3, 2. [2]) Mt. 8, 25. [3]) Jo. 21, 18.

**9.** Item mit grossem vnwillen vnd braworten schieben die Herzogen von Bayren ab von Augspurg, so die tomhern nit hetten erwelt Herzog Hannsen. vnd also in dem Vnwillen, ee das mein gnediger Her, der erwelt Bischoff Friderich, in die possez kam, nam Herzog Jörg von Bayern das Kloster vnd gut porung ein durch Her Ludwig von Hasperg on abkundung vnd wider alle billichayt, so das kloster mit aller Zuhörung ganz vnderworffen solt sein vnd ist dem stifft ze Augspurg, mit Vogtey vnd aller Gerechtikaytt zugehörig.

Die „Drohworte", unter welchen die baierischen Herzöge Augsburg verließen, wurden bald zu Thaten. Das ansehnliche Reichsstift Ottenbeuren,[1]) denn dieses Kloster ist unter dem Worte „Porung" unseres Autors zu verstehen, unterstand der Schutzherrschaft des Hochstiftes Augsburg. Doch dies war nicht ganz unbestritten, und die alten Ansprüche, welche die baierischen Herzoge machten, wurden nun aus Rache wieder hervorgeholt. Aber auch der Kaiser hatte Gewaltstreiche vorgesehen und aus diesem Grunde dem Vater des erwählten Bischofs die Administration des Bistums unter dem Schutze des Herzogs von Österreich, des Markgrafen von Brandenburg, des Grafen Eberhart von Württemberg und der Reichsstädte Ulm und Augsburg übertragen.[2]) Die Unterhandlungen, welche diese Commission betrieb, zu erzählen, wäre ermüdend. Das Ende war, daß im Jahre 1488 das Schirmrecht über das Kloster bem Grafen Eitelfritz von Hohenzollern, als dem Vertreter des Bischofs, seines Bruders, von den Baiern wieder herausgegeben wurde.[3])

Der Dompropst Johannes machte, nachdem die Bischofswahl für ihn so ungünstig geendet hatte, eine Wallfahrt in das hl. Land. Hier starb er zu Jerusalem den 4. Oktober und wurde bei den Franziskanern auf dem Berge Sion begraben.[4])

[1]) Ottenbeuren, Abtei und Reichsfürstentum von ca. 5 Quadratmeilen, an der Günz unfern von Memmingen. [2]) Braun, Bischöfe III, 91.
[3]) Feierabend, Annalen des Reichsstiftes Ottenbeuren II, 724.
[4]) Wittmer ad h. a. nennt ihn miles christianissimus.

**10.** Vnd also nach dem heyligen Ostertag hat sich ein erwirdigs Capitel vereinigt vnd geschickt Hern Hainrich von Liechtenaw, tomher vnd Vicari des Stifts zu Augspurg, zu erfordern vnd berueffen den Hochwirdigen fürsten vnd Herrn, Herrn Fridcrichen, erwelten Bischoff ze Augspurg.

Das Osterfest des Jahres 1486 fiel auf den 26. März.

Heinrich von Lichtenau, der letzte seines Geschlechtes und 10 Jahre älter als Friedrich, hatte seine Studien zu Pavia gemacht, dann als Domherr zu Augsburg das Amt eines Scholasters bekleidet. Unter Werdenberg wurde er Generalvikar und behielt dieses Amt auch unter Friedrich bis zu dessen Tode bei. Dann wurde er Friedrichs Nachfolger auf dem bischöflichen Stuhle. Er wird von den Zeitgenossen als ein wahrhaft apostolischer Mann geschildert. Schon am dämmernden Morgen betete er die Matutin und mit großer Sorgfalt vollendete er die Horen. Kein Geschäft, es mochte noch so wichtig sein, konnte ihn von der Erfüllung dieser Pflicht abhalten. Es verging auch kein Tag, an dem er nicht eine Messe las, oder hörte.[1)]

**11.** hat er sein Gnad gefunden in der Stat ze Ach

---

[1)] Von Heinrich sagt Dr. Eck in der Leichenrede, die er auf ihn hielt: Friderico de Zolrn indefesso semper labore, maturo consilio belli pacisque temporibus vigilantissime inservivit. Er beruft sich auf das Kapitel als Zeugen, indem er fortfährt: Exploratum haberent eius laborem in negociis, fortitudinem in periculis, in agendo industriam in conficiendo celeritatem, consilium in providendo. Ad haec multa erat in viro gratia, multa humanitas, in omnes benevolens, clemens ac iustus, superbiae ac fastus expers apud omnes homines amplissimam acquitatis et integritatis opinionem est consecutus. Er sagt weiter: Adeo linguam suam a turpiloquio adservavit, ut nihil molle, nihil effeminatum aut lascivum ab eo audiretur unquam. Omnia, quae loquebatur, honestatis iucunditatis ac iustitiae plena erant, ut nec bonum offenderet, nec malum defenderet; a detractione quoque tam vacuus erat, quam detractoribus invisus. — Oratio funebris habita per Ioannem Eckium Augustae in exequiali pompa Reverendissimi D. Henrici episcopi Augustensis M. D. XVII. Impressum in officina Otmari. Vgl. auch Braun, Bischöfe III, 175.

pey der krönung des Römischen küngs, als er dan da ist gewesen anstat des kurfürsten Margraff Albrecht von Brandenburg, seiner Gnaden öheim. Der in der Palmwochen, da nechst vor gewesen, verschiden was in der statt zu Frankfort, dem gott genedig wel sein.

Heinrich traf den Neugewählten nicht mehr in Frankfurt, sondern in Aachen, wohin sich die Reichsfürsten zur Krönung Maximilians begeben hatten. Bei dieser Festlichkeit, welche den 9. April stattfand,[1]) trug Friedrich statt seines Vetters Albrecht Achilles, Markgrafen und Kurfürsten von Brandenburg, welcher nicht in der Palmwoche, wie unser Chronist sagt, sondern schon 8 Tage früher (den 11. März) zu Frankfurt gestorben war, dem neuen Könige das kurfürstliche Szepter vor.

12. So mein gnediger Her erwelt vernam die Botschaft vnd werbung ains Capitels ze Augspurg, hat sich mein gneb. Her darauff wellen gedenken vnd Rat begert des Römischen kaysers, küngs, vnd der korfürsten. haben sy Jm das geraten vnd darpey zugesagt, Jm Helff, Rat vnd Beistand thon vnd guten willen beweyssen einem ganzen stifft, Jr frayhayt vnd alt löblich herkumen hant habent, als liebhabent fürsten cristenlicher kirchen.

Inzwischen hatten sich auch die beiden anderen Straßburger Freunde, Dr. Schott und Pfarrer Rot gerührt, und erhielt Friedrich von beiden Briefe, welche ihn, ähnlich wie die Geilers, an die Bischofspflichten erinnerten.

Schotts Brief ist überaus liebenswürdig gehalten. Wir übersetzen denselben, indem wir die Fülle der Wendungen etwas beschneiden. Der bescheidene Priester schreibt:

„Ich gratuliere Dir, hochwürdigster Vater, daß Du ohne Dein Wissen und Wollen auf den Thron der Kirche von Augsburg berufen worden bist, und das nicht so fast durch die einstimmige Wahl

---

[1]) Ulmann, Kaiser Maximilian I. Stuttgart 1884. I, 8.

der dortigen Kanoniker, als vielmehr durch die einmütige Stimme von ganz Deutschland; das hat Dir Dein heiliger Ernst, Dein Fleiß, Dein Wissen, Deine Rechtlichkeit eingetragen."

„Doch wie ich Dich kenne, freust Du Dich weniger über die Würde, in der Du als Bischof strahlst, als Du Dich gedrückt fühlst von der Bürde, welche das Bischofsein Dir auflegt."

„Und das ist der Grund, warum ich weniger Dir, Hochwürdigster Vater, als vielmehr der ganzen Kirche und dem Bistum Augsburg aufrichtig gratuliere, daß sie in Dir einen Bischof bekam, welcher nicht im Fürstenglanze sich sonnen wird, welcher vielmehr den Fürsten nur gebraucht, um den Willen Gottes zu erfüllen."

„Mögest Du also sein, was Du nunmehr heißest, ein Bischof, d. h. ein Hochwart Deiner Unterthanen in Sachen des Glaubens und der Sitten."

„Als Angebinde empfange meinen Wunsch, daß Dir Deine heiligen Grundsätze durch keinen Sirenengesang weggeschmeichelt werden mögen. Ich sage Dir dasselbe, was Cicero dem Curio:[1]) Stehe auf eigenen Füßen, und laß Dich nicht fortreißen. Es kann Dir niemand besser raten als Du Dir selbst. Du fällst nicht, wenn Du auf Dich hörst. Das darf man freilich nicht jedem sagen, Dir aber wohl, denn ich kenne Dich durch und durch. Ich weiß gewiß, Du thust nichts Feiges, nichts Thörichtes, wenn Du Dich selber Meister sein läßst."

„Das hab ich nun angebracht, wohlgeneigtester Vater, weder um den Ratgeber noch den Lehrer zu spielen, was beides gleich unbescheiden von mir wäre. Ich wollte nur, gestützt auf Deine herablassende Freundlichkeit, da alles an Dich hinredet, Dich zwischenhinein wieder zu Dir selber reden lassen, damit nicht sich die Führerschaft derer einschleiche, welche nicht die Sache Christi, sondern sich selber im Auge haben. Denn wie etwas den Anfang genommen, so geht es gewöhnlich weiter."

„Um schließlich alles kurz zu sagen: Du wirst nie fehl greifen, wenn Du von der Bahn nicht abgehst, welche Du Dir in der Schule des Geiler von Kaisersperg vorgezeichnet hast."

„Ich danke bestens dafür, daß Du die Bitte, die mein Vater

---

[1]) Man vergleiche Cicero ad familiar. II, 7.

für den Herrn Magister, meinen Lehrer de primariis precibus an Dich gerichtet, gnädig aufgenommen hast. Mögest Du, hochwürdigster Vater, die Sache durchführen, sobald sich dazu Gelegenheit gibt; ich bitte darum recht dringlich. Und ebenso wenn die Predigerstelle an der Straßburger Kirche, die noch immer auch die Deinige ist, durch Deine Wohlthätigkeit aufgebessert werden könnte, so weißt Du ja selbst, wie angewendet da eine Gabe wäre."

„Meine Eltern lassen sich Dir beide empfehlen und wünschen desgleichen, es möge Dir Dein Bischofamt zum ewigen Heile gereichen. Lebe wohl! Straßburg den 30. März ann. 1486."[1])

Das Schreiben des Pfarrers Rot ist ernster gehalten und ähnlicht mehr den Ausführungen Geilers. Der Pfarrer, welcher sich am Schlusse als einen Greis kennzeichnet, der bald abgehen will, durfte sich gegen den jugendlichen Bischof auch eine mehr väterliche Sprache erlauben. Er schreibt:

„Ich höre, Du seiest auf das Bistum Augsburg berufen worden, und will hoffen, daß Gott Dich berufen hat: Denn ich glaube nicht, daß Du es wagtest, Dir diese Stelle herauszunehmen, wenn Du nicht von Gott berufen wärest wie Moses und Aaron. Im Bischoffein sieht der Ehrgeiz eine Ehre und strebt nach ihr, die Kinder des Lichtes aber erblicken in diesem Amte mehr eine Bürde als eine Würde und ziehen es vor, lieber weiter unten zu bleiben, als in tabernaculis peccatorum zu wohnen. Du verstehst mich."

„Du bist also vom Herrn berufen; nun darf der Knecht Gottes auch nicht nein sagen. Er hat Dich zum erhabenen Amte gerufen, um den Pflug fest anzufassen ohne nach rückwärts zu schauen, und so das Reich Gottes zu verdienen. Du hast Dir nun Christus, das Ideal des Hirten zum Vorbild zu nehmen, der seine Schäflein kennt und für sie das Leben hingab. Treulich mußt Du wachen über die anvertraute Herde, auf daß nicht das Blut der Unheiligen, die Du zu bessern versäumt hast, von Dir gefordert werde."

„Ahme unsern Herrn und Meister nach, welcher gekommen ist

---

[1]) Lucubratiunculae fol. 48. Der Magister, für welchen Schott sich verwendet, ist ein gewisser Johannes Müller. Früher Lehrer Schotts, war er damals Erzieher des Markgrafen Jakob von Baden.

zu dienen, nicht sich bedienen zu lassen. Er hat Dir das Vorbild der Demut gegeben. Wie er gethan, umgürte Dich mit der Schürze zur Arbeit und zur geheimnisvollen Fußwaschung der Deinigen, ich meine zur Spendung der Sakramente, durch welche die Gläubigen rein werden. Denn Bischofsarbeit ist die Pastoration."

„Ahme diejenigen nicht nach, die sich nur Bischöfe nennen lassen, ihre Schafe aber gar nicht kennen, weil ihnen der Geist der Liebe fehlt, welche ihrer Herde das Futter zum geistlichen Leben nicht reichen, welche die verirrten Schäflein nicht suchen, die ihre Herde nicht weiden, sondern scheeren, denen der Fürst alles ist, der Bischof aber das Wenigste. Diese nennt der Prophet nicht Hirten, sondern Puppen von Hirten.[1]) Das sind jene, welche auf ihren Adel pochen, welche ihre Vettern und Basen mit den Gütern des Heilandes ausstaffieren, in deren Palästen eine Schar frivoler Ritter steht, während geistliche Einfachheit verbannt ist. Doch das Leben solcher Karikaturen muß man eher beweinen, als beschreiben. Ahmst Du sie nach, so wird der Fluch über Dich kommen, welchen der Herr bei Ezechiel ausspricht: „Wehe den Hirten Israels, welche sich selber geweidet haben. Was schwach gewesen, habt ihr nicht gefestigt; was krank war, habt ihr nicht geheilt; was gebrochen war, habt ihr nicht eingerichtet; was verirrt war, habt ihr nicht zurückgeführt; was verloren war, habt ihr nicht gesucht. Zerstreut sind meine Schafe, weil kein Hirte war, und sind zur Beute der wilden Tiere geworden."[2]) Das wird der Herr jenen Bischöfen vorhalten, welche Gott vergessen."

„Aber mit Gottes Gnade siehst Du gegen das alles Dich vor, so daß Du im Bischofamte nicht Deine, sondern Gottes Ehre suchst, nicht darauf ausgehst, mit dem Kirchengut Deine Verwandten zu bereichern, sondern die Armen zu erquicken. Du wirst die Kirchenstellen nicht nach blinder Gunst verteilen, sondern nach der Befähigung der Personen und dem gebietenden Fall. Du wirst nicht eine Kompagnie Soldaten ordinieren, sondern eine Schar klerikaler Männer, wirst Dich nicht Pastor nennen, sondern einer sein."

„Um aber den Bischofsspiegel allzeit vor Augen zu haben, lies häufig mit Nachdenken die beiden Briefe Pauli an den Timotheus

---

[1]) Zach. 11, 17. [2]) Ez. 34, 2 ff.

und den Brief an Titus. Es wäre auch mein Wunsch, daß Du Dich zu fest angesetzten Stunden mit der Lektüre verschiedener Bücher beschäftigtest, auch über Tisch Dir vorlesen ließest nach der Weise der hl. Väter. Denn das wäre Dir sehr nothwendig. Der Herr hat Dich nämlich über seine Familie gesetzt, damit Du ihr Speise zur rechten Zeit reicheft, Waizenkorn ohne Spreu; ich verstehe darunter die lautere Lehre. Sie wird wirksamer, wenn sie durch Deinen Mund erschallt."

„Laß es Dir nicht einfallen, die erhabenen Handlungen des bischöflichen Amtes durch bezahlte Stellvertreter zu üben, und Dich dafür mit den gemeinen Praktiken weltlicher Händel zu befassen. Beschwere Dich (oder vielmehr die Armen Christi) nicht mit dem Trosse vieler Pferde, mit Herren von der Waffe, laß Dich nicht ein in solche Gesellschaft, und Du wirst glücklich sein."

„Deine Gesellschafter seien die Geistes= und die Glaubensmänner, die Gottesfürchtigen. Aus diesen wähle Dir einige Hausgenossen, die Dir nicht schmeicheln, sondern in Liebe Dich korrigieren, wenn Du einen Fehler gemacht hast. In unserer Zeit gehen manche Prälaten zu Grunde, weil sie durch hinterlistiges Schmeicheln verführt werden."

„Die Gnade, welche Du durch die Priesterweihe empfangen hast und die Du in noch reicherem Maße in der Bischofsweihe empfangen wirst, laß nicht in Trägheit oder Weltgeschäften erlöschen, sondern nähre die heilige Flamme durch häufige Meditation, fromme oder heilige Lektüre, auch durch die Feier der heiligen Geheimnisse, damit Du durchglüht von der göttlichen Gnade die Herde des Heilandes weise zu pastorieren und Deinem Herrn viele Seelen zu gewinnen vermögest. So wirst Du, wenn er kommt, die Worte hören: „Wohlan, Du guter und getreuer Knecht! Weil Du über weniges getreu gewesen bist, werde ich Dich über vieles setzen, gehe ein in die Freude deines Herrn." [1]

„Vieles, nicht wahr? und nicht sehr fein. Da kannst Du meine Taktlosigkeit sehen, aber auch die große Liebe, mit der ich für Deine Seele eifere, die ich um so aufrichtiger schätze, je klarer ich immer erkenne, daß Christus der Herr sie zu seiner besonderen Braut er=

---

[1] Mt. 25, 11.

loren und mit den reichsten Gnaden ausgesteuert hat. Mißbrauchst Du letztere nicht, so wird Deine Seele jene Braut sein, welche in der Schrift des Königs Tochter heißt und die ihr Geschmeide im Herzen trägt, zu welcher der königliche Bräutigam also spricht: „Höre meine Tochter, neige dein Ohr zu mir!"[1]) Was will er ihr denn sagen? Ohne Zweifel diese goldene Lehre: „Vergiß dein Volk und das Haus deines Vaters, d. h. deine leiblichen Verwandten. Denn die Feinde des Menschen sind seine Hausgenossen; die verführen seine Seele, daß sie herumbuhlt mit den Liebhabern der Welt." Solchen fleisch= lichen Freunden, welche nicht was Gottes ist, sondern das Ihrige suchen, weiche allzeit aus, damit Du für Christus heilig leben kannst und, wenn er kommt zur Stunde, die Du nicht weißt, Du bereit seiest, zur Hochzeit des Himmels mit ihm einzugehen. Dann werden Dir die Schäflein folgen, welche Du als treuer Hirte herangezogen hast durch die Predigt des Wortes Gottes, durch Dein tadelloses Vorbild, durch heilbringende Verwaltung der Sakramente. Dann wirst Du der „gute und getreue Knecht des Herrn" genannt werden."

„Ich schreibe zu viel. Wenn ich bei Dir wäre, so würde ich, sagte ich was immer, jedenfalls weniger sagen. Auf diese Weise aber glaube ich zum letzten Mal mit Dir zu sprechen, wie ein Sohn, von welchem der geliebte Vater scheidet, welchen ich vielleicht auf dieser Welt nicht wieder sehen werde. Doch die Hoffnung bleibt mir, Dich im Lande der Seligen wieder zu sehen."

„Indeß, wenn Du einmal Deine Herde zu pastorieren angefangen hast und ich mittlerweile vom Pfarramte frei geworden bin, werde ich als Reisender in Deine Diöcese kommen, um Dein heiliges Regi= ment mit Augen zu sehen und beim Anblick Deiner Werke Gott zu preisen, der Dich zu solchem berufen hat."

„Herr Dr. Schott bittet, der Empfehlung eingedenk zu sein, welche sein Vater, als er bei Dir in Frankfurt war, für den Magister Johannes Müller Dir vorgetragen hat. Lebe wohl und immer in der Furcht Gottes! Straßburg an der Osteroktav (2. April) des Jahres Christi 1486."[2])

---

[1]) Pf. 44, 11.  [2]) Der lateinische Brief bei Stetchele Archiv I. 167.

## 3. Kapitel.

**Friedrich zieht in Dillingen und Augsburg ein. Er wird vom Papste bestätigt. Ein Brief Geilers.**

Geiler hatte recht gehabt, als er an Friedrich schrieb: „Du schreibst, Du werdest nochmals zu uns kommen, aber ich besorge, Du werdest es nicht ausführen können." Friedrich kehrte nicht mehr nach Straßburg zurück, sondern trat, begleitet von der Deputation des Kapitels und seinem Vater, sofort von Aachen aus sein Bistum an. Der Chronist fährt also fort:

13. Item mein gnediger Her ritt von Ach herauff mit des Capitels botschafft. vnd als er kam gen Vlm, versammeten sich die Rätt vnd das Hoffgesind meines gneb. Hern Bischoff Johannsen sälig vnd riten Im engegen piß gen Vlm. also kam er gen Dillingen mit dem wolgeporn Hern Graff Joß von Hochenzollern, seiner gnad. Vater, an des heyligen Creutz erfindungtag, der da was am abent der Auffart vnsers Herren.

Das Entgegenkommen war ein weites, denn von Dillingen nach Ulm sind es c. 8 Stunden. Das Städtchen Dillingen an der Donau bildete die zweite Residenz der Bischöfe von Augsburg. Dasselbe wurde samt der gleichnamigen Grafschaft im Jahre 1258 von Hartmann, Bischof von Augsburg und Grafen von Dillingen, dem letzten Sprossen dieses Geschlechts, der augsburgischen Kirche geschenkt.[1]) Seit dem Anfang des 15. Jahrhunderts zogen die Bischöfe es vor, fast ausschließlich in Dillingen zu wohnen, da sie mit Augsburg unzufrieden waren. Zu Dillingen hatten sie die weltlichen Beamten für das Hochstift, während das Ordinariat von Augsburg aus die Diözese in geistlichen Sachen regierte. Friedrichs Einzug zu Dillingen fällt auf den 3. Mai.

---

[1]) Braun, Bischöfe. II. S. 312.

14. ward er empfangen von den Räten vnd allen Hofgesind, auch von einem erbarn Ratt vnd gemain mit gar grosen frewden vnd begeren, demnach so gar vil tugent vnd erwirdigkayt von Im gesagt wart, ee dan er zu der Hochwirbikayt erwelt warb, auch so er von dem vorigen Plut Werdenberg geporen was, wann sein Muter selig was ein geporne Gräfin von Werdenberg gewesen.

Friedrich wurde empfangen „von den Räten und allem Hofgesind." Als Reichsfürst hatte der Bischof von Augsburg vier Hofchargen, einen Marschall, einen Truchseß, einen Mundschenk und einen Kämmerer. Diese Ämter, zu welchen der Ritterstand erforderlich war, vererbten sich in den Familien als Lehen. Das Marschallamt besaß damals die Familie von Hohenreichen, das des Mundschenks die der Welben. Auch die Westerstetten, Hohenrechberg, von Stein erscheinen als Ministerialen des Hochstiftes Augsburg am Ende des 15. Jahrhunderts.

Von dem günstigen Rufe, der dem Grafen von Zollern vorangegangen war, berichtet auch Wittwer.[1] Auch stellen die bisher mitgeteilten Briefe, die gewiß nicht von Schmeichlern geschrieben sind, dem Grafen von Zollern ein günstiges Zeugnis aus.[2] Friedrichs Charakter erscheint schon dadurch groß, daß Männer wie Geiler und Rot sich sicher hielten, mit der Sprache, die sie gegen ihn führten, ihn nicht zu verletzen. Friedrich war wohl in Dillingen, sowie in Augsburg persönlich bekannt, da er seinen Oheim den Bischof v. Werbenberg sicher oft besuchte.[3]

15. An bem Auffertag nach dem Ampt ryt mein

---

[1] „Vir eque vita famaque integerrimus ac sciencia insignis" sagt er von Friedrich. Catalog. Abbat. ed. Steichele im Archiv. III. 335.

[2] In einem Briefe an seinen Lehrer Müller schreibt Peter Schott über Friedrich: „Er ist ein Mann, wie es wenige gibt." Dacheux, Un reformateur etc. 355.

[3] Wittwer nennt ihn Werbenbergs amicus fidelissimus.

gneb. Her gen Augspurg, warb auch ba von einem er=
wirbigen Capitell vnb Ratt ze Augspurg wirbiklich vnb
löblich empfangen. Im warb auch ein geben bie Possess
mit aller löblichayt an alle Jrrung.

Zur Zeit Friebrichs stanb Augsburg in seiner Blüte. Dessen=
ungeachtet hatte biese Stabt nicht über 20000 Einwohner. Eine
im Jahre 1497 vorgenommene Volkszählung ergab 12569 über 16
Jahre alte Personen.[1]) Seiner Verfassung nach war Augsburg, als
freie Reichsstabt, eine unter bem Kaiser stehende Republik, von zwei
jährlich gewählten Bürgermeistern verwaltet.

Die beiben Bürgermeister von Augsburg waren im
Jahre 1486 Sigmunb Gossenbrot zum zweiten unb Nikolaus
Schaller zum vierten Mal.[2]) (Ersterer, ber letzte seines Stammes, war
miles aureatus, b. h. er hatte sich am hl. Grabe zu Jerusalem zum
Ritter schlagen lassen. Die Chroniken berichten von ihm, er sei ein
„baumstarker" Mann gewesen, ber ein Pferb mit einem Stock im
Laufe habe aufhalten können. Seine martialische Gestalt in voller
Rüstung ist auf bem Grabmonument zu sehen, welches sich in ber
Kapelle bes hl. Magnus zu Füssen befinbet.

Friebrichs Einzug war, wie ber Chronist sagt, „ohne alle Jrr=
ung." Eine solche hatte es, worauf er hinzublicken scheint, beim
Einzug Werbenbergs 17 Jahre früher gegeben. Dieser hatte
bem Stabtmagistrate anzeigen lassen, baß er mit 1800 Reitern er=
scheinen werbe, worauf ber Rat sofort alle Maurer= unb Zimmerleute
aufbot, um bie Nebengäßchen ber Stabt zu versperren. Wirklich er=
schien Werbenberg in Begleitung von brei Herzogen, bem Grafen von
Württemberg unb noch anberen 28 Grafen, im ganzen mit 1900
Pferben. Er fanb ben Magistrat vor ben geschlossenen Thoren.
Nach gegenseitiger Verständigung öffnete sich bie Stabt, worauf ber
Bischof im geistlichen Ornate einzog. Des anberen Tages ging
Werbenberg unter bem Klange ber Sturmglocke auf bas Rathaus,

---

1) Abam Buff, Augsburg. S. 3.
2) Werlich, Chronika ber weltberühmten kaiserl. Reichsstabt Augsburg.
Frankfurt 1595. S. 241.

wo er der Stadt und die Stadt ihm gelobte, sich gegenseitig bei den Gerechtigkeiten und Privilegien zu lassen.¹) So kriegerisch war offenbar Friedrichs Einzug nicht, denn unser Chronist, welcher die Herzoge und Grafen sonst nie vergißt, erwähnt beim Einzug Friedrichs keinen einzigen. Ohne Zweifel wurde er nach gebührender Anrede durch die schmucke Stadt begleitet, nach damaliger Sitte auf den Altar der Kathedralkirche gesetzt und ihm hier vom Klerus gehuldigt.

Von großer Freudigkeit beim Empfange Friedrichs zu Augsburg meldet übrigens der Chronist nichts. Die Stimmung der Stadt scheint der Benediktiner Wittwer zu St. Ulrich ziemlich getroffen zu haben, als er in sein Tagbuch den Eintrag schrieb, es wären auch aus dem Augsburger Domkapitel Leute befähigt gewesen, die Inful und das Szepter des Hochstiftes zu tragen, wenn es Gottes Wille gewesen wäre, sie ihnen zu geben.²)

Zu Augsburg stellte sich dem neuen Bischof das Domkapitel vor. Dasselbe hatte 40 Kanonikate, dazu die beiden Dignitäten des Propstes und des Dechants. Aus den einfachen Kanonikern wurden die Ämter des Archidiakons oder Generalvikars, des Scholasticus, des Cellarius und des Custos besetzt. Der Generalvikar vertrat den Bischof in Sachen der geistlichen Regierung, der Scholaster war Rektor der mit dem Dom verbundenen höheren Schule, der Custos hatte Kirche und Kirchenschatz unter sich, der Cellarius die Verwaltung des Kapitelsvermögens. Mehrere Kanonikate waren auch hier an auswärtige Geistliche vergeben, welche dann nur mit ihrem Namen, ihrem Vikar und Rentmeister zu Augsburg waren. Umgekehrt hatten viele Kanoniker noch Kanonikate an anderen Kirchen nebenbei.³)

Der Dompropst Johannes von Baiern war beim Einzuge Friedrichs nicht anwesend. Seine Stelle wurde nach seinem Tode zur Aufbesserung hoher kirchlicher Würdenträger benützt, die nie in Augsburg residierten. Dieser Zustand dauerte über die Amtsverwaltung Friedrichs hinaus.⁴)

Das Dombekanat hatte zur Zeit, als Friedrich einzog, Ul-

---

¹) Braun, Geschichte der Bischöfe von Augsburg. III, S. 74.
²) Catal. Abbat. ad h. ann.
³) Khamm, Hierarchia I, 23; vgl. auch p. 550.
⁴) Ebendaselbst I. 531.

rich von Hohenrechberg inne. Als Doctor ber Decretalen war er mit 17 Jahren Canonicus, mit 25 Jahren Dechant geworden. Er war durch seine Schwester Barbara ber Oheim des berühmten kaiserlichen Generals Georg von Fronsberg. Die Stiftung einer jährlich zweimal im Dome abzuhaltenden Anbacht zum hl. Sakramente zeugt noch heute von seiner Frömmigkeit.[1]) Er starb, 61 Jahre alt, 1501 unb erhielt Wolfgang von Zillenhart zu seinem Nachfolger.

Als Kanoniker, die Friedrich antrat, mögen weiter genannt sein: ber Scholastikus Konrab Harscher († 1493), aus einer Ulmer Familie, ferner Heinrich Groß von Trockau, gestorben 1501 als Bischof von Bamberg, Johannes Gossolb DD. Licent., unter Werbenberg eine Zeit lang Generalvikar († 1506), Friedrich Graf von Oettingen, ein Sohn des Grafen Wilhelm von Oettingen unb ber Beatrix Skaliger aus Verona, gestorben 1490 als Bischof von Passau, Heinrich Graf von Montfort, Geschwisterkind Bischof Friedrichs († 1512), Vitus Nieberthorer († 1531), Ulrich von Westerstetten († 1505)[2]) unb Georg Neithart, pontificii iuris Doctor, ein Ulmer († 1530), mit 22 Jahren Kanonikus.

16. Item am freytag vor pfingsten schikt ain Capitel zwen thomhern auß Jnen erwelt gen Rom zu vnserm heylgosten Vater bem babst Innocentio bem achtenden, zu confirmieren vnb bestettigen ben egemelten meinen Hern von Jn erwelt, vnb warb geschickt Her

---

[1]) Khamm sagt von ihm: Vir omni laude celebratus et singulari religiositate commendatus. Hierarchia I, 546.

[2]) Die Grabschrift auf Ulrich von Westerstetten im Kreuzgang des Domes lautet:

„In des römischen Königs Hof war ich
Unb biente Fürsten unter anberen inniglich:
Von männiglich warb ich hoch geehrt,
Was ist mir aber nun bescheert?
Da lieg ich in Erbreichs Mulben
Unb hoff, ich hab vergolten
Meine Schulb burch ben bitteren Tob,
Meine Seele befehl ich hiemit Gott."

Hainrich von Liechtenaw Vicarius generalis Aug. vnd her Vlrich von Fraintsperg, der yetz Bischoff ist zu tryent.

Die beiden Domherren Heinrich von Lichtenau und Ulrich von Fronsberg waren zur Mission nach Italien schon deswegen geeignet, weil sie ihre Studien in diesem Lande gemacht hatten. Von Heinrich war oben die Rede. Ulrich von Fronsberg, der Sohn des Ritters Ulrich von Fronsberg[1]) und der Barbara von Rechberg und Bruder des oben genannten Feldhauptmanns Georg von Frons=berg, hatte seinem Vater schon im Jahre 1475 ein Geschäft bei dem Papste Sixtus IV. besorgt. Er war nicht lange unter Friedrichs Hirtenstab, denn er trat schon im Jahre 1487 das Bistum Trient an. Sechs Jahre darauf (1493) starb er zu Flaimbs in Tyrol. Bei seinem Abgange nach Trient ließ Ulrich sich im Kreuzgang der Kathedrale ein Kenotaph mit einer Inschrift setzen, welche einen from=men Sinn bekundet.[2])

17. vnd wurden von vnserm Heylgosten Vater dem babst gar gnedichlich vnb balt verhört vnd verfertiget, mit aller frayhayt vnd bullen, die zu solchen sachen bienen. Het auch sein Heylikeyt ein frewd gehapt von wegen sölcher aintrechtiger wall.

Friedrichs bischöfliche Amtsverwaltung fällt unter die Pontifikate Innozenz' VIII. (1484 – 92), Alexanders VI. (1492—1503) und Julius' II. (1503—13). Innozenz, welcher den Augsburger

---

[1]) Fronsberg (eigentlich Freundsberg) ist ein Schloß mit Herrschaft bei Schwatz in Tyrol. Die Fronsberg waren aber zur Zeit Bischof Fried=richs Besitzer der Herrschaft Mindelheim. Gesch. der Stadt und Herrschaft Mindelheim von Brunnemeier. Mindelheim 1821. S. 251 ff.

[2]) Diese Inschrift, von Wittwer mitgeteilt und heute noch erhalten, lautet: „Qui Tibi canonicus Virgo non defuit unquam,
Iste Tridentinus praesul adesse cupit.
Pro meritis igitur solita pietate faveto,
Periuste populum quo regat ipse suum."
Wittwer nennt diesen Prälaten Vir doctus et discretus et mansuetus, omni honore dignus. Steichele, Archiv III, 337.

Domherrn seine Freude über die einträchtige Wahl ausspricht, ist bekanntlich ein getadelter Papst, noch mehr Alexander VI. Auch Julius war mehr Diplomat als Hirte. Von dem Besuche der Gräber der Apostelfürsten, zu welchem das kanonische Recht jeden neugewählten Bischof verpflichtet, scheint Friedrich dispensiert worden zu sein. Die „Freiheit", welche Bischof Friedrich von Innocenz erhält, ist die Erlaubnis, sich von einem selbstgewählten Bischof konsekrieren zu lassen.¹)

**18. Item am Mittwoch vor Viti ward ze Rom confirmirt mein gnediger Her der erwelt von Augspurg, doch ward es meinem Herrn verkunt gleich vor sant Jakobstag, wann groß krieg waren desmals pey Rom.**

Die Bestätigung Friedrichs, welche „am Mittwoch vor Viti", b. i. am 14. Juni, zu Rom erfolgte, wurde zu Augsburg erst „vor Jakobi" (25. Juli) bekannt, da ein „großer Krieg" die Verbindungen unterbrach. Unter diesem Krieg ist wohl die Belagerung Roms durch König Ferdinand von Neapel zu verstehen.

Um diese Zeit, b. h. um Veitstag, erhielt Friedrich wieder einen Brief von Geiler, als Antwort auf einen eigenen, in welchem er die Straßburger Freunde bringend zu sich eingeladen hatte, um sich mit ihnen über eine neue Lebensordnung zu besprechen. Von Geiler hatte er den schriftlichen Entwurf einer solchen verlangt. Das schöne Schreiben des letzteren, datiert vom 9. Juni, lautet:

> „An den Herrn Grafen von Zollern, hochgeboren aus Vater und Mutter, noch höher geboren aus dem hl. Geist, dem hochwürdigen Herrn und Vater in Christo, Herrn Herrn Friedrich der Augsburger Kirche wachsamstem Hirten, erwähltem Bischofe, seinem allergnädigsten Herrn!"

„Dein Schreiben, hochwürdiger edler Graf, habe ich dieser Tage empfangen, wie ich glaube, am Montag vor Absendung des gegenwärtigen Briefes. Es hat mir, ich kann nicht sagen, wie viel Freude gemacht; so viel, daß ich endlich entrüstet zu mir selbst sagte: „Aus welchem Grunde freust du dich denn so eitel? Was reißt dein Herz

---

¹) Braun, Bischöfe. III, 104.

so mit sich fort?" Darauf antwortete ich mir dann selbst: „Das ist wahrlich keine eitle, keine unheilige Freude. Darüber darf man sich freuen, daß der Grund bei Dir bis so tief hinunter gut ist." So sagte ich zu mir selbst."

„Dann kam mir etwas anderes. Ich dachte: „Ja, es ist noch gutes Erbreich, aber wer wird's bebauen? Ein guter grund ist do, wer buwet in? ungebuwet feist und gut grund bringent bester böser und feiger nesslen." Aber es gab auch in Augsburg fromme Leute!

Geiler fährt fort: „Wie gesagt, es hat mir gefallen, daß Dein Brief so guten Grund zeigte. Nun flüstert's mir ins Ohr: „Der Herr wird Segen, die Erde ihre Frucht geben."[1] Unter diesen Gedanken vergehen mir die Tage."

„Ich eröffnete dem Herrn Doktor Peter Schott und dem Magister Johannes Deinen Wunsch. Sie wollen überlegen, wann und wie? Wir sind alle auf dem Sprung gewesen zu kommen, aber Dein Diener sagte, daß Du am Vitustag ich weiß nicht nach Franken reisest zur Leiche des Markgrafen. So beschlossen wir, die Reise zu verschieben bis nach der Straßburger Messe, d. h. wir wollen sie antreten am Tage nach der Oktav Mariä Heimsuchung. Wenn Dir dies aber zu spät ist, so laß es mir sagen, und ich werde auf der Stelle allein zu Dir eilen. Doch bring ich dann die Lebensregeln, die Du verlangst, nicht mit."

„Du kennst meine Derbheit, wonach ich wie der Fuhrmann die Reisenden auf der Landstraße zu fahren gewohnt bin und von Weglein nichts wissen will, auf denen man zwischen dem Wasser und dem Land noch gehen zu können glaubt. Mein diesfallsiger Rat kommt immer auf so etwas hinaus, daß auch der Einfältigste mir zum Schluß sagt: „Den Weg habe ich auch schon vorher gewußt, da hätte ich nicht um Rat zu fragen gebraucht, den hätte mir der nächste beste Fuhrknecht zeigen können." In dieser meiner Einfalt rate ich nun Dir und mir, daß Du immer reiflich ans Ende denkest und Dir die Frage vorlegst: „Warum bist du denn eigentlich auf der Welt?" Du bist nicht wegen Deiner auf den Bischofsstuhl gesetzt, auch nicht um zeitliches Gut anzuhäufen, sondern um Dein Volk durch Lehre und

---

[1] Pf. 66, 5.

Vorbild im Christentum zu unterweisen. Was also dafür Wert hat, das fasse an und Du thust keinen Fehlgriff. Nun erwäge, was viele Pferde, eine zahlreiche Dienerschaft, ein prunkvolles Auftreten da und dort zu diesem Zwecke taugen. Nichts, natürlich."

„Ich sage, was ich früher sagte, nochmals frei heraus: Wenn Du keine anderen Sitten annimmst, als jene haben, wirst Du mit jenen verloren gehen. Darum mach auf der Schwelle Halt, wie ein heiliger Mann [1]) sagt, und:

„Widerstrebe mit Ernst dem Beginn; zu spät ist die Heilung, Wenn durch langen Verzug mächtig das Übel schon ward."
Vertrau Dich nicht jedem an, der Dir in Sachen der Moral einen Rat geben will. Hüte Dich, wie vor den giftigsten Schlangen, vor den Schmeichlern, die das Ungute gut heißen, und wenn du's dann glaubst, dich am Gängelband herumführen, wie die Amme das Kind."

„Was spreche ich so vieles von diesem und jenem? Du mußt Dein eigener Herr sein. Ich kenne Deinen Charakter, kein Zureden wird Dich mit dem verführen, daß er sagt, man müsse sich nach den Leuten richten, es sei nicht möglich, das auszuführen, was Dein Verstand Dir vorschreibt, und was sonst solche Sprüche sind, wie ich sie oft im Privatgespräche und in der Predigt behandelt habe."

„Summa summarum, stelle Dir das christliche Ende vor Augen und handle darnach. Es ist ein bekannter Satz der Philosophie, daß wer das Ziel will, auch die Mittel wollen muß."

„Heute morgen war ich in der Kapelle der hl. Katharina, als die Messe gesungen wurde (dort wird nämlich jetzt der Gottesdienst gehalten, weil am Chore gebaut wird), ich war also da, sage ich, wie gewöhnlich, morgens 6 Uhr, da kam mir so recht das Wort in den Sinn: „Wenn ich von der Erde erhöht sein werde, so werde ich alles an mich ziehen." (Jo. 12, 32.) Da gedachte ich Deiner, wie so eins das andere gibt. Ich sagte bei mir selbst: „Wie wahr! Wenn einer sich über die Erde erhöht durch die heilige Meinung und nichts im Auge hat als Gott und den Nächsten, so zieht er freilich alles an sich, sonst aber nicht."

---

[1]) Diese Verse Ovids entlehnt Geiler dem Verfasser der Nachfolge Christi.

„Eigentlich wollte ich nichts schreiben, als daß Du, wenn Du willst, ich solle auf der Stelle kommen, dies mir nochmals sagen lassen sollest, b. h. daß ich auch noch vor dem Jahrmarkt kommen könne, siehe da bin ich so, ohne es zu wollen, ins Schreiben hineingekommen. Nun wünschte ich doch noch anderes beigefügt zu haben über dasselbe Wort Christi, aber die Sonne geht unter, und das Dunkel überfällt mich, daß ich nicht mehr weiter machen kann."

„Das war gut von Dir, soviel ich verstehe, daß Du an Deiner Curie die Personen nicht gewechselt hast, sondern sie beließest. Aber ine um so größere Umsicht ist Dir geboten für die künftigen Veränderungen, daß sie nach Gott und dem Nutzen der Diözesanen geschehen. Da muß man sehr acht geben, aber nicht auf diejenigen, welche sagen: „So war's bisher der Brauch, wohledler Herr, so haben's die andern Prälaten da und dort gehalten." Schau Dir den Stein nach allen Seiten an, ehe Du ihn ins Fundament einlässest, damit Du's nicht zu bereuen brauchst, wenn er darin ist; Du bringst ihn nicht leicht mehr heraus. Doch ich kann nicht mehr weiter schreiben."

„Ich weiß wohl, daß sich für den wohledlen und Hochwürdigen Herrn sorgfältigere und feinere Zeilen schicken, keine so nachlässigen, aber Du kennst mein Wesen und meine Vierschrötigkeit, darum halte mir das zu gut; ich wollte lieber diesen Brief als gar keinen an meinen Herrn absenden. Ich bitte, nimm ihn also so an! Ich empfehle Dir nochmals die Liebe zu unserm Herrn Jesus Christus, der gepriesen sei in Ewigkeit."

„Schreibe, was ich thun soll! Den Brief, den Du hier beigelegt findest, habe ich vor 14 Tagen geschrieben für den, von welchem darin die Rede ist. Vergiß seiner nicht, wie ich Dich darin um dies gebeten habe, sobald er bei Dir einzukehren thatsächlich Gelegenheit haben wird. Ich wollte ihn mit diesem Briefe zu Dir schicken, allein er weilt anderswo, durch Geschäfte hingehalten, und ist bisher noch nicht zurück. Straßburg am Freitag vor St. Veit und Modest anno 86."

„Ich hatte nicht Zeit, den Brief durchzusehen und zu korrigieren. Lebe wohl, wohledler und hochwürdiger Herr! Dein Johannes, Prediger zu Straßburg."[1]

---

[1] Der Brief bei Dacheux, Die ältesten Schriften ꝛc. S. 87.

## 4. Kapitel.

**Friedrich geht dem Markgrafen Albrecht von Brandenburg zur Leiche. Besuch aus Straßburg.**

Der Leichnam des ben 11. März, wie wir oben erzählten, zu Frankfurt verschiedenen Markgrafen Albrecht von Brandenburg wurde endgiltig erst im Juni beigesetzt. Zu dieser Feierlichkeit fand sich der neuerwählte Bischof Friedrich ein. Das Tagebuch fährt fort:

**19. Item am freytag nach Viti ritt mein gnb. Her auß Dillingen gen Onolspach vnd Halsprunn zu der Begrebniß vnd Begengnuß Margraff Albrechts von Brandenburg selig.**

Unter „Halsprunn" ist das Cistercienserkloster Heilsbronn gemeint, welches 5 Stunden östlich von Onolzbach (jetzt Ansbach) an der Straße nach Nürnberg gelegen ist. Stifter desselben wurde 1132 der heilige Otto, Bischof von Bamberg. Die Klosterkirche war seit alter Zeit die Begräbnisstätte der Burggrafen von Nürnberg und auch die ersten drei Kurfürsten der Mark Brandenburg wurden hier beigesetzt.[1]) Die Abreise Friedrichs fällt auf den 16. Juni.

Die Reise, welche Friedrich zur Bestattung des Markgrafen Albrecht Achilles unternahm, hatte in dankbarer Pietät ihren Grund. Albrecht war für das schwäbisch-zollerische Haus verdient geworden. Er hatte den verlassenen Jost Niklas, des Bischofs Vater, bei Kaiser Friedrich III. eingeführt und demselben die reiche Agnes von Werdenberg zur Braut verschafft.[2]) Als Jost Niklas darauf sich zum Wiederaufbau der Stammburg anschickte, erwirkte der

---

[1]) Stillfried, Kloster Heilsbronn. Ein Beitrag zu den Hohenzollerischen Forschungen. Berlin 1877.

[2]) Die Ehestiftung zwischen Graf Nikolaus von Zollern und Agnes von Werdenberg, Graf Johanns zu Werdenberg und Heiligenberg Tochter, aufgerichtet durch Albrecht Markgraf von Brandenburg d. d. Konstanz 14. Dzbr. 1445 ist in zwei Originalien noch vorhanden. Das eine befindet sich im Hohenzollerischen Hausarchiv zu Berlin, das andere im fürstl. Archive zu Donaueschingen. Stillfried, Hohenz. Forschungen I. S. 253.

Oheim von Brandenburg beim Kaiser nicht nur die Lösung jenes Fluches, welchen Sigismund über die verödete Stätte ausgesprochen, sondern schaffte auch Gelder herbei. Ja er soll sogar mit seinen riesigen Schultern den ersten Stein auf die steile Höhe des Zollerberges getragen haben. Auch die Aufhebung eines von Friedrichs Großvater in den Zeiten äußerster Bedrängnis mit Württemberg abgeschlossenen Erbvertrags[1]) wirkte Albrecht bei seinem Schwager Ulrich von Württemberg aus. Endlich verschaffte Albrecht dem Erbgrafen Eitelfritz II., Bruder Friedrichs, die Markgräfin Magdalena von Brandenburg, seine Nichte, zur Frau (1482).

Im übrigen war der Oheim Albrecht dem Bischof Friedrich **nicht sehr geistesverwandt**. Derselbe hatte wegen der ersten Civilehe, die er für seine Tochter erfand, wegen der „Pfaffensteuer", die er erhob, der Fehden, welche er mit bischöflichen Nachbarn führte, viel mit Bann und Interdikt zu kämpfen. Nichtsdestoweniger zeigte er Frömmigkeit. Lag es ja im Geiste jener Zeit, heute ein Kloster zu plündern, morgen eines zu stiften. Albrechts Wahlspruch war: „Gott lehre uns das Beste." Er wallfahrtete zum hl. Blute nach Wilsnak, schärft (1484) den Mitgliedern des Schwanenordens das tägliche Bruderschaftsgebet[2]) zur hl. Maria und die strenge Feier der Frauentage ein. Vor jedem wichtigen Unternehmen pflegte er das hl. Abendmahl zu empfangen.[3]) Dies that er auch, ehe er nach Frankfurt ging mit Rücksicht auf den Tod, den er herannahen fühlte. Zu Frankfurt wohnte er nicht in seiner Herberge, sondern im Dominikanerkloster,

---

[1]) Des sogenannten Gröninger Vertrags vom Jahre 1429. Stillfried, Hohenz. Forschungen S. 254.

[2]) Dasselbe beginnt mit den Worten:

„Mutter aller Seligkeit,
Dich lobt die Christenheit
Bei Pflicht zu allen Stunden.
Doch in sonder Innigkeit
Zu deines Lobes Würdigkeit
Han ich mich verbunden."

Riedel, Novus codex diplomaticus Brandenburgensis 3. Hauptteil 2. Band, S. 308.

[3]) Minutoli, Das Kaiserliche Buch des Markgrafen Albrecht Achilles. Bamberg 1850. S. 386.

um hier in einer für den Hingang passenderen Umgebung zu sein. Am Tage nach seinem Tode (12. März) fand in demselben Kloster ein Trauergottesdienst statt, dem der Kaiser, dessen Sohn und die übrigen Fürsten beiwohnten. Darauf wurde die einbalsamierte Leiche auf dem Main eingeschifft.[1]) Kehren wir zu Friedrich zurück.

**20. vnd was mein Her die ersten nacht ze kirch=hahm pey seiner basen der Aeptisin baselbs, die ein geborn Gräfin von Oetting ist, von der Muter gebohrn von Werbenberg, ward er Hoch empfangen.**

Die Abtissin des Klosters Kirchheim im Ries, bei welcher Friedrich Herberge nahm, ist Magdalena, Gräfin von Öttingen, die Tochter des Grafen Ludwig von Öttingen und der mit ihm vermählten Gräfin Agnes von Werbenberg. Agnes von Werbenberg war aber die Großtante des Bischofs Friedrich, die Schwester seines mütterlichen Großvaters Hans von Werbenberg. Die über Friedrichs Besuch hocherfreute Cisterziensernonne, geboren 1424, war schon mit 14 Jahren in dem Kloster und mit 22 Jahren dessen Abtissin. Sie resignierte 1496 und starb 1502. Im Jahre 1465 führte sie unter den Nonnen eine Reform durch. Später (1491) bekam sie mit Friedrich einen Prozeß über den Zehnten zu Wengenhausen.[2])

**21. Darnach gen küngßhouen, darnach gen Onolspach, darnach gen Haylßprunn, waren vil herschaft da. Item auf denselben Ryt verzert xxxii gulden.**

Onolzbach war die Residenz Albrechts; von hier aus regierte er die Mark Brandenburg durch seinen Sohn Johann als Statthalter, dem er den Bischof Friedrich (Sesselman) von Lebus als „Regenten" beigeordnet hatte.[3])

---

[1]) Minutoli a. a. O. S. 519.

[2]) Siehe Löffelholz, Oettingana, als Manuskript gedruckt; sodann Württemb. Oberamtsbeschreibung O.A. Neresheim, Kirchheim.

[3]) Die beiden mußten der Markgräfin jährlich 100 Schock Reiherfedern schicken, „dagegen wird sie dem Markgrafen und Regenten Hemden genug schicken." Minutoli, Das kaiserliche Buch ꝛc. S. 804 f.

Bei der Leichenfeier standen rechts in den Bänken „zwei vom Kapitel zu Augsburg", nämlich Herr Mang Marschall und Herr Jörg von Hohenrechberg, „und Graf Josuiklaus der alt von Zoller", links in den Stühlen „der Bischof von Augsburg erwählter." Beim Opfergang trug Graf Jost Niklaus das schwarz und weiße Panier, während die beiden Abgesandten des Augsburger Kapitels den Hohenzollernschild trugen.

Beim Trauermahle saß Friedrich am dritten Fürstentische. Aus der Almosenküche wurden über 3000 Menschen gespeist.[1])

Wenige Wochen nach seiner Rückkehr von Heilsbronn erhielt Friedrich den angesagten Besuch der Straßburger Freunde. Dieselben langten den 21. Juli zu Dillingen an und wurden ausgezeichnet empfangen.[2]) Schott überreichte dem Bischof bei dieser Gelegenheit ein Buch, das er geschrieben, die Vitae und Collationes patrum. Dasselbe enthielt eine Dedikation in folgenden Versen:

Domino Frederico Electo Augustensi ad donum vitarum et collacionum Patrum: Heroicum Petri Schotti Argentin., cum esset apud eum in Tillingen XII Kal. Augusti Anno Christi MCCCCLXXXVI.

Accipe priscorum vitas, Pater optime Patrum!
Iustorumque pios monita instruencia mores
Consilio dignare Tuo. Si vivere Christo
Sique viam populo Praesul monstrare salutis
Prudentique velis themonem flectere dextra,
Hos imitare duces, tibique hos prepone patronos.
Namque per antiquos calles non blanda novorum
Avia sectantem ducent super astra beatum.[3])

Nimm entgegen das Buch, des Krummstabs würdigster Träger! Welches die Väter im Bild und weisendem Worte Dir vorstellt. Schöpfe daraus Dir Rat! Willst Du in Christo vollenden

---

[1]) Riebel l. c. S. 318 ff.

[2]) Schott schreibt später an Friedrich: Confidenter scribo, quod fecit beneficentissima humanitas tua, praesertim ea, quam nobis anno superiore in Tillingen exhibuisti, pro qua tibi immortales gracias ipse dominus habeat referatque. Epist. Schotti ad Episcop. August. op. cit. fol. 82.

[3]) Lucubratiunculae fol. 169.

Und das christliche Volk zu den himmlischen Hütten geleiten,
Willst Du mit kundiger Hand des Lebens Kurve beschreiben,[1])
Halt' an die Väter Dich fest, wirb tapfer um ihre Beschirmung.
Treu bewährt ist der Alten Weg zu der Seligen Lande;
Durch neumodische Parks geht's zu verdächtigem Abgrund.

Als die Straßburger sich wieder entfernt hatten, fand Friedrich in seinem Hause ein Schriftstück Geilers vor, das wir im folgenden mitteilen. Man ersieht daraus, daß geistliche Übungen zu machen, der Zweck dieser Zusammenkunft gewesen war.

† 
† Jesus †

„Laß das hl. Feuer auf dem Herde nicht ausgehen, dann hast Du schon viel gethan. Es ist nicht von Dir angezündet, sondern von demjenigen, welcher gesagt hat: „Ich bin gekommen, ein Feuer auf die Erde zu bringen, und was will ich anders, als daß es brenne?"[2]) Darum sei dankbar gegen unsern Gott, damit er es nicht zur Strafe der Undankbarkeit in Dir erlöschen lasse, und Du dann frostig im Todesschatten bastehest. Auf das also müssen Deine Übungen vorläufig hinausgehen, daß Du, wenn Du vorerst nicht höher steigen zu können glaubst, doch wenigstens die erklommene Stufe behauptest."

„Suche, d. h. strebe vor allem nach dem Reiche Gottes und seiner Gerechtigkeit, und das andere alles, d. h. das Zeitliche, wird Dir hinzugefügt werden."[3]) Angesichts dieses Wortes muß jede Kleinmütigkeit verschwinden, welche Dich bei den scheinbaren Schwierigkeiten eines bischofmäßigen Lebens nach dem Vorbilde des hl. Martinus und anderer christlicher Bischöfe beschleicht. Ich möchte Dir nun gern von jedem dieser Worte mit dem Zahn der Meditation das Mark herausknacken, wenn ich einen scharfen hätte, leider ist er stumpf; diese Nahrung würde Dich kräftigen. Versuchen wir es:"

„Es wird hinzugefügt werden", sagt die ewige Wahrheit.

---

[1]) Dem themonem prudenti dextra flectere liegt offenbar das Bild von der Rennbahn (1. Kor. 9, 24) zu grunde. Es ist zugleich ein Anklang an das metaque fervidis evitata rotis des Horaz Od. I, 14.

[2]) Lk. 12, 49.

[3]) Mt. 6, 33.

Du entgegnest: „Wenn ich das Reich Gottes suche und aus vollster Seele bete: „Geheiliget werde Dein Name", und „Zukomme uns Dein Reich", und wenn ich die Gerechtigkeit jenes Reiches erstrebe, so daß Gottes Gesetz auf Herz und Hand meiner Leute geschrieben steht, so werden die zeitlichen Güter daraufgehen. Der eine wird sich von da, der andere von dort gegen mich erheben. Siehe, da soll nun jenes tröstliche und liebwerte Wort in Dein Ohr klingen: „Und das alles wird euch hinzugegeben werden." Was will das adiicientur sagen? Presse das Mark des Wortes heraus! Warum hat der Herr nicht gesagt: „Dann könnet ihr auch noch das Zeitliche dazu suchen." Er will haben, wie ich meine, daß Du auch dem Zeitlichen frei gegenüber dastehest und alle Deine Sorge auf ihn werfest, alle Verzagtheit aber ablegest und so den vollen Frieden gewinnest. Das heißt für mich: „Adiicientur vobis."[1]) Bring' also reine Hände und gute Werke vor unseren Herrn Gott ohne Geteiltheit, denn die Zweiteiligen sind unbeständig auf allen ihren Wegen, und bete: „Herr Jesus! nimm meine Seele zu eigen an, dein guter Geist führe mich den Weg, den ich wandeln soll." Sehr praktisch fährt dann Geiler also fort:

„Täglich ziehe Dich, wozu ich Dir früher schon meines Wissens geraten habe, auf eine Stunde in Deine Hauskapelle oder an einen einsamen Ort zurück, und überdenke das, was Du mit mir und den Mitbrüdern in diesen Tagen durchgenommen hast. Meditiere es durch und ziehe es in die Esse der Affekte und des Gebetes."[2]) Er setzt das Meditieren noch näher auseinander:

„Du mußt verstehen, was ich meine. Man soll nicht bloß auf einmal wieder so daran denken, so gelegentlich und im Fluge, man muß sich dareindenken; das heißt meditieren.[3]) Es reicht also noch nicht, wenn Du z. B. denkst, Du seiest ein Bischof und in diesem Stande mit Gefahren auf allen Seiten eingezäunt, wenn Du diesen Gedanken nicht zum Affekte bringst, d. h. es muß Dich am Gemüte packen, das Herz muß ergriffen werden. Zum Beispiel muß Dich beim angeführten Gedanken der Affekt der Furcht überfallen. Um=

---

[1]) Hoc mihi verbum „adiicientur" exprimit et sapit.
[2]) Recogita, meditare et trahe in affectum et ora.
[3]) Non subito cogita sicut in transcursu et volatu quodam, sed recogita, et hoc est meditari.

gekehrt aber, wenn Du denkst, wie Christus versprochen hat, den Hirten, die auf ihn hoffen, zur Seite zu stehen, so muß der Affekt der **Hoffnung** in Deinem Herzen aufglühen u. s. w."

"Nur so kann ein glühendes Gebet folgen, sonst meines Erachtens nicht. Wie wirst Du mit David sprechen können: "Aus der Tiefe rufe ich, o Herr, zu dir," wenn Du in den Abgrund Deines Herzens nicht durch die Meditation hinabgestiegen bist? Wehe mir, mein Bruder, die Liebe treibt mich, Dich so zu heißen, wehe mir, der ich Dich lehre aus der Tiefe zu unserm Herrn Gott zu rufen! Ich bin auch in der Tiefe, aber ich rufe leider nicht aus ihr. Du wirst fragen, wie einer in der Tiefe sitzt und aus der Tiefe ruft und doch nicht ruft? Ich kann Dir keine Antwort geben, da ich eilends fort muß. Lebe wohl! Behüte Dich Gott auf allen Deinen Wegen."[1])

## 5. Kapitel.

**Huldigungsreise. Ein Brief von Geiler. Bischofsweihe. Eine Thätigung.**

Am Donnerstag nach dem Feste Mariä Himmelfahrt, den 17. August, gelangte die päpstliche Ausfertigung in Friedrichs Hände. Nunmehr hielt sich der erwählte Bischof für berechtigt, die Huldigung der Unterthanen des Hochstifts entgegen zu nehmen. Der Kaplan erzählt:

**22.** Item am dornstag nach assumptionis Marie gen Dillingen komen die botschaft von rom, vnd hat all sach außgericht. gestand in gnd. Hern iii$^m$. v$^o$. lviii flor. xiii gr. iiij hl.

Nach vorhandenen Quittungen mußten an die päpstliche Kammer 802 fl. 32 und an das Kardinalskollegium 696 fl. 21 Pfennige bezahlt werden.[2]) Das Übrige von den 3558 fl. 13 Gr. 4 hl. scheint die Deputation gebraucht zu haben, welche seit dem Freitag vor Pfingsten (12. Mai), d. h. 14 Wochen, abwesend gewesen war.

---

[1]) Der lateinische Text bei Steichele, Archiv I, 164 und Dacheux, Die ältesten Schriften Geilers S. 94.

[2]) Braun, Bischöfe ꝛc. III, 104.

**23.** Item als die Botschaft kommen von Rom in das Land heraus, erhubs sich mein gnb. Her Bischoff Friderich vnd namm ein das Land vnd ließen hulden vnd schweren sein Vnderthanen, vnd am ersten die von Dillingen. Item am dornstag nach vnser frawen schibung ze Morgens schwuren vnd gelopten die von Dillingen williklich.

Die Diözese Augsburg hatte im 15. Jahrhundert den ansehnlichen Umfang von 250 Quadratmeilen.[1]) Ihre nördlichen Gebietsteile waren Nördlingen, Dinkelsbühl, Ellwangen, Gmünd, ihre südlichen Vils, Füssen und Reute. Im Westen bildeten die Iller, im Osten der Kochel- und Ammersee, dann Pfaffenhofen und Neuburg a. D. die Grenzen.

In diesem kirchlichen Gebiete lagen zwischen freien Reichsstädten, freien Reichsstiften und den Ländern weltlicher Herrn die Besitzungen des Augsburger Hochstiftes, über welche der Bischof als weltlicher Fürst gebot. Nur auf diese konnte sich die Huldigungsreise, welche ein landesherrlicher Akt war, erstrecken; sie werden im folgenden aufgeführt:

**24.** auff denselben tag rytt mein gnb. Her gen Ginsburg vnd nams ein, da kam die bottschafft von Rom zu Im gen Ginßburg. ze Morgens gen am freytag ryt mein gnb. Her gen Burgau, da schwuren im da die von Burgau. am samstag gen zusmerhaußen. vnd am Suntag gen Augspurg.

Die Städtchen Günzburg ünd Burgau gehörten eigentlich dem Hochstifte nicht an. Sie bildeten mit dem umliegenden Gebiet eine eigene Markgraffschaft Burgau. Aber Friedrichs Vorgänger v. Werdenberg hatte diese Markgraffschaft von Sigismund,

---

[1]) Braun, Histor. topogr. Beschreibung der Diözese Augsburg.

Herzog von Österreich und Fürst von Tyrol, für 52000 Goldgulden zum Pfand erhalten,[1]) und Friedrich ließ sich hier (den 17. u. 18. August) als Pfandinhaber huldigen. Die Boten von Rom, welche den Bischof erst in Günzburg treffen, scheinen die päpstlichen Ausfertigungen vorausgeschickt zu haben. Samstags den 19. August ging's nach Zusmarshausen, Sonntags den 20. nach Augsburg. Von da brach Friedrich Dienstag den 22. nach dem grünen Allgäu auf:

**25. Am Afftermontag gen Menchingen, darnach gen Buchla, vnd gen helmißhouen vnd berenbewren, vnd gen Füeßen, vnd gen Neſſelwang, vnd gen röttenberg, vnd berüeffet dahin die von Sunthofen vnd ander.**

Von Augsburg führt die Straße über das berühmte Lechfeld zwischen der Wertach und dem Lech über Menchingen (Schwabmünchen) in 8 Stunden nach Buchloe, einem ansehnlichen Markt an der Gennach.

Von Buchloe wendet sich der Fürstbischof mehr dem Lech zu nach Helmishofen, einem Filial der Pfarrei Aufkirchen, dann nach Bernbeuren, berühmt durch seinen Auerberg mit herrlicher Aussicht. Auf dem Gipfel dieses Berges steht eine Kirche. Das Rippengewölbe ihres Chores zeigt das Werdenbergische Wappen, die weiße Fahne im roten Feld, aber auch das Wappen Friedrichs mit der Jahrzahl 1497.[2]) Was also der Oheim begonnen, vollendete der Neffe.

Das Städtchen Füssen am Lech, in großartiger Natur, ist von einer Burg gekrönt, welche die Bischöfe von Augsburg seit dem Anfange des 14. Jahrhunderts besaßen.

Von Füssen zog Friedrich am Weißensee vorbei über Pfronten nach dem 3½ Stunden entfernten Dorfe Nesselwang, woselbst er sich später durch ein Krankenhaus, das noch heute das Zollerische Wappen trägt, ein Andenken setzte. Nahe bem Dorfe sind die Ruinen eines bischöflichen Schlosses, der Nesselburg, in welcher Friedrich ohne Zweifel Wohnung nahm.

---

[1]) **Braun, Bischöfe III**, 85.
[2]) **Steichele, Bistum Augsburg, Bernbeuren.**

Von Nesselwang wendete sich der Fürstbischof südwestlich über Wertach nach Rettenberg. Hier bot sich ihm gleichfalls ein Schloß dar, dessen Ruinen heute von bewaldeter Höhe herabschauen.[1]) Auf dasselbe waren die Bewohner des ansehnlichen Marktes Sonthofen aus dem Illerthale zur Huldigung herunter befohlen.

**26. Vnd am widerziechen von röttenberg ryt mein gnd. Her die ersten Nacht gen kempten in das Stift Kloster. wie wol ein Rat geladen hett mein gnd. Hern, hett doch der Apt von kempten vor vnd ee geladen meinen Hern.**

Die Abtei Kempten an der Iler wurde vom hl. Theodor, einem Schüler des hl. Gallus, gestiftet. Von Karls des Großen Frau Hilbigard reich botiert, erwuchs sie zu einem ansehnlichen Fürstentum. Bedingung der Aufnahme ins Kloster war Adel der Geburt. Die Stadt Kempten, zur Seite des Klosters, stand damals mit dem Abte nicht gut.

Der Abt, welcher den Bischof einlud, ist Johannes von Riebheim (1481—1507). Derselbe stand in seinem 54. Lebensjahre und wurde von seinen Stiftsgenossen als das Muster eines geistlichen Fürsten betrachtet. Den Unterthanen gegenüber verzichtete er nicht leicht auf ein Recht. Er hielt eine Lateinschule am Kloster und verschönerte das Stift mit Bauten.[2])

**27. es was auch mein gnd. Her ein Nacht ze kauffbeiren, ward im geschenkt erlich. vnd auch sunst ward meinem gnd. Hern geschenkt, wo sein gnad nam die stett vnd dörffer.**

Kaufbeuren eine Reichsstadt an der Wertach. Die Ehrengaben der damaligen Zeit bestanden in Fischen, Hafer für die Pferde, auch Pokalen, welche zuweilen mit Gold gefüllt waren. Von letzterem er=

---

[1]) Baumann, Geschichte des Allgäus, 12. Heft S. 109.
[2]) Haggenmüller, Geschichte der Stadt und gefürsteten Graffschaft Kempten. Kempten 1840. I. 382 ff.

hielt Friedrich schwerlich viel, da er durch arme Gegenden reiste und sein eigenes Geld brauchte, wie der Kaplan sofort erzählt.

**28. Item am sant Mangentag komen mein gnd. Her wider gen Dillingen. Zerung das land eingenomen facit i°. xxxxvi gulden xviiii gr. het lx. pferd iii. wochen.**

Der Tag des hl. Magnus ist der 6. September. Da Friedrich 60 Pferde bei sich hatte, so reiste er mit dem Hofstaate, was für diese Reise sich ohnehin von selbst versteht.

Nachdem der erwählte Bischof von der Huldigungsreise zurückgekehrt war, fand er folgenden Brief Geilers vor, wenn ihm derselbe nicht schon auf eine seiner Reisestationen zugeschickt wurde.

Dem hochwürdigen Vater in Christo, dem wohledlen und bestätigten Bischof von Augsburg, seinem gnädigen und hochverehrten Herrn.

„Ich habe Dir, hochwürdiger Vater, zur Zeit eigentlich nichts zu schreiben, als daß Du, wie Du es längst angefangen hast, nicht Dich selbst, sondern Jesum Christum suchen, und ein kluger und getreuer Knecht dessen sein sollst, dessen Diener sein König sein heißt, damit Du bereinst mit Deiner Herde (möge auch ich dabei sein!) in die Freude Deines Herrn eingehest."

„Wenn die Zeit der Bischofsweihe gekommen ist, so laß Dir dieselbe nicht hinter dem Ofen geben,[1]) wie es einige von unseren Bischöfen gemacht haben, sondern empfange dieses Amt in Deiner Kathedrale. Ich schreibe das, nicht als ob ich zweifelte, daß Du das Richtige im Sinne habest, sondern weil ich besorge, Du könntest von einem verkehrten Flüsterer verführt und von einem weltsinnigen, oder besser gesagt, teufelmäßigen Blick verhext werden. Über den pomp=

---

[1]) Ubi tempus Tuae consecrationis advenerit, noli Tibi eam exhiberi post fornacem, quem ad modum quidam ex nostris episcopis facere soliti fuerunt, sed in cathedrali Tua ecclesia hoc munus accipito. Ließen sich einige deutsche Bischöfe in der Schloßkapelle konsekrieren, so mochte mancher dafür auch gute Gründe haben. So äußert Markgraf Jakob I. von Baden in seinem Testament (1456), daß er darum sich habe „in der Turmkapelle seines Schlosses Meynsberg konsekrieren lassen, weil im ganzen Erzstift die Pestilenz geherrscht habe." Görz, Regesten der Erzbischöfe zu Trier.

haften Einzug, welcher, der Demut bar, so gar nicht nach dem Vor=
bilde des obersten Hirten auf dem Eselein ist,¹) in welchem Du nach
Sitte oder besser gesagt nach Unsitte in die Stadt einziehen willst,
besinne Dich. Laß doch die Trommeln und die Pauken nicht von
allen Seiten schallen; laß den übrigen Apparat, auf welchen die Welt=
kinder versessen sind, sonst könnte man eher glauben, der Fürst dieser
Welt ziehe ein, als der Hirte der Schafe Christi."

„Ich würde Dich lieber sehen als Priester, umgeben von wür=
digen Priestern und den Scharen der Armen, die mit Freude auf
Dich warten, um in Dir ihren lieben Vater, Verteidiger und Er=
nährer zu empfangen mit dem Rufe: „Gebenedeit sei, der da kommt
im Namen des Herrn!"²) Ja, im Namen jenes Herrn, welcher gesagt
hat: „Lernet von mir, ich bin sanft und demütig",³) kommst Du, wenn
Du nicht in solchem Pomp aufziehst, welchem ja jeder Christ in der
Taufe, geschweige der Bischof entsagt hat. „Folge nicht dem großen
Haufen nach zum Bösen",⁴) sagt der Herr. Du bist gekommen, nicht
um verkehrte Gebräuche zu befolgen, sondern um sie abzuschaffen.
Der Bischof kommt nicht, um sich belehren zu lassen, sondern um zu
lehren; er muß die Leute regieren, nicht sich von ihnen regieren lassen.
Ich weiß, daß es sich hier um Rechte handelt,⁵) aber das gehört
nicht hieher."

„Ich bringe meine Gebete, so lau sie sind, für Dich dar. Und
wenn ich noch etwas anderes vermöchte mit meiner Kraft, so würde
es nicht am guten Willen fehlen, wohledler Graf und hochwürdigster
Vater in Christo! Straßburg am Tage nach Bartholomaei apostoli."

„Das Psalterium werde ich schicken, sobald ich es korrigiert
habe. Ich wurde durch ziemlich schwierige Geschäfte verhindert, es
mit diesem Boten zu schicken. Der Herr vergelte Dir die Güte und
Ehre, welche Du mir und meinen Reisegefährten freundlichst erzeigt
hast. Du hast mich ja für den nächsten Winter bekleidet."

Dein Johannes, Prediger zu Straßburg.

---

1) Bei Stelchele in azimo, bei Dacheux in azino. Jedenfalls ist an
den Palmsonntag gedacht.
2) Mt. 21, 9. 3) Mt. 11, 29. 4) Exod. 23, 2.
5) Scio iura ad hoc esse, sed non occurrunt. Es ist von den lan=
desherrlichen Rechten Friedrichs die Rede.

Dem Rate Geilers, sich öffentlich weihen zu lassen, glaubte Friedrich am besten zu entsprechen, wenn er für diesen Akt die Pfarrkirche zu Dillingen wählte. In Augsburg wäre derselbe kaum möglich gewesen ohne den Pomp, welchen Geiler verwarf. Auch genügte er mit der Dillinger Pfarr- und Hoftirche dem kanonischen Recht, welches zur Bischofsweihe neben der Kathedrale auch ein anderes ansehnliches Gotteshaus der Diözese zuläßt.

Auch darin, daß die Konsekration an einem Sonntag geschah — es war der 17. September — wurde eine kirchliche Vorschrift befolgt. Der Kaplan fährt fort:

29. Item an sant Lampertstag, der da was am Suntag vor sant Matheustag, ward der hochwirbig fürst vnd Her, Her Friderich Graf von Zoler, erwelter vnd bestettigter Bischoff ze Augspurg, geweycht vnd gesalbt in der Pfarkirchen ze Dillingen von dem hochwirbigen fürsten vnd Hern, Hern Otten Bischoff von Costanz, der da ist ein Graf von sonenberg, mit sampt andren dreyen weichbischoffen, das ist der weychbischoff von costnitz Daniel Bischoff von Belich, der weychbischoff von Augspurg Vdalricus Bischoff von Abrimeten, der weychbischoff von freysing Vdalricus von Sabunen.

Der Bischof Otto von Konstanz († 1491), wurde wohl als Nachbar, vielleicht auch der Verwandtschaft wegen zum Konsekrator gewählt. Er war ein Graf von Walbburg-Sonnenberg und ein Geschwisterkind zu Friedrichs Schwager, dem Grafen Georg von Walbburg. Pappenheim hängt ihm an, er sei weltlichen Sinnes gewesen.[1]) Indessen bestehen von ihm weise und fromm abgefaßte Kapitelsstatuten.[2]) Auch ließ er es sich angelegen sein, das wunderbare Leben des hl. Nikolaus von der Flue festzustellen und verfügte sich zu diesem Zweck in Person zu demselben. 1481 hielt er eine Synode,

---

[1]) Chronik der Truchsässen von Walbburg.
[2]) Ein Exemplar davon in der Kapitelsbibliothek zu Haigerloch.

zu deren Eröffnung er „einen lateinischen Sermon that, deshalb er von der Priesterschaft viel gelobt wurde." Nach derselben bot er es den 450 anwesenden Geistlichen fürstlich.¹) 1483 befiehlt er die Synobalbefrete unverletzt zu halten, 1492 schärft er sie aufs neue ein.²)

Nach dem Pontifikale müssen außer dem Konsekrator bei der Bischofsweihe drei oder wenigstens zwei andere Bischöfe mitwirken. Wir sehen hier den Weihbischof Daniel von Belluno, welchen Otto von Konstanz mitgebracht hatte, den Weihbischof von Freising Ulrich Bischof von Sabuna, endlich den Weihbischof Friedrichs, Ulrich, Bischof von Abrymetum, beteiligt.

Daniel von Belluno, der hl. Schrift Doktor, war aus dem Franziskanerorden. Er hieß Zehender und stammte aus dem Züricher Gebiet. Er pontifiziert von 1483—1498. Unter anderen firmte er zu Bebenhausen 1493 den jungen Grafen Heinrich von Württemberg in Gegenwart des Grafen Eberhart im Bart.³)

Der Weihbischof Ulrich Geislinger, auch Ulrich von Ulm genannt, gleichfalls ein Franziskaner, wurde Bischof 1473 und blieb in seiner Stellung bis 1493, da er starb.⁴) Er wird als ein würdiger und lustiger Prälat geschildert.

Der Weihbischof von Freising, Ulrich, Bischof von Sabunen, vertrat ohne Zweifel seinen Herrn, den Nachbarn Friedrichs, Sixtus von Tannberg (1474—1495). Letzterer Bischof war ein durch Eifer und Weisheit ausgezeichneter Mann, der zur Reform des Klerus Synoden hielt und bei Papst und Kaiser hohes Ansehen genoß.

30. Es ist auch dabei gewesen der erwürdig Her bechant mit sampt den merer thail ains Capitels zu

---

¹) Schulthaiß, Konstanzer Bistums-Chronik im Frbg. Diözesan-Archiv. VIII. 71. Derselbe Autor (ein Protestant, † 1584) sagt von Otto: „Er hat wohl und nützlich gehauset."

²) Einsiedler Geschichtsfreund. 5. Lieferung.

³) Haib, Die Konstanzer Weihbischöfe im Frbg. Diözesanarchiv. VII, 225.

⁴) Catal. abb. Wittmer nennt ihn praesul dignissimus, pater solatiosissimus, iuoundissimus. Den Titel Adrymitanus führte er von Adrymitum, einer ehemaligen Stadt in Lybien, jetzt Susa in Tunis.

Augspurg, auch da gewesen Sechs Aept mit Namen der Apt von sant Vlrich ze Augspurg, der Apt von Alperspach, der Apt von elching, der Apt von dem hayl. Creuz zu Wörd, der Apt von sant Gilgen ze Nürnberg, der Apt zu Fultenbach, mit samt andern Hern vnd edellewten vnd priesterschafft.

Die zur Weihe eingeladenen Äbte gehören sämtlich dem Benediktinerorden an:

Das Reichsstift St. Ulrich und Afra, von den Heiligen, welche daselbst ruhen, so benannt, liegt im Süden der Stadt Augsburg. Eine breite Straße, welche eine halbe Stunde lang ist und die Stadt in zwei Hälften teilt, verbindet dasselbe mit dem Dome und der bischöflichen Pfalz. — Der damalige Fürst=Abt **Johannes von Giltlingen** (1482—1496), aus einer noch heute blühenden Familie, war der zwei und vierzigste Regent[1]) dieses alten Stiftes. Nach Wittwer war er in seiner Jugend ein musterhafter Mönch, später als Abt zu vornehm.[2]) Unter ihm wurde die Kirche St. Ulrich und Afra in schöner Gotik umgebaut. Giltlingen starb mit 56 Jahren.

Das Kloster Alpirsbach, im wildesten Teile des Schwarzwaldes, nicht weit von Freudenstadt gelegen, ist eine Zollerische Stiftung. Der bei Friedrichs Bischofsweihe anwesende Abt **Hieronymus Hulzing** (1479—1495) führte, als der erste der Diözese Konstanz, die Bursfelder Reform in seinem Kloster durch.[3])

„Elchingen ist ein prächtiges Benediktinerkloster, 2 Stunden unterhalb Ulm auf der linken Seite der Donau auf einem hohen und luftigen Berg gelegen, worauf man Ulm, Günzburg, Weißenhorn und

---

[1]) Wittwer, Catalogus abbatum.
[2]) Plures dixerunt: „Habemus secundum Moysen." Constituto eo in dignitate fratres vix potuerunt habere accessum ad eum; et si obtinuerunt, loquebatur eis lateraliter aut dorsaliter. „Honores mutant mores", meint Wittwer, aber das Geheimnis ist wohl ein Leberleiden: Nimium fecit et incendit iecur. Idem.
[3]) Glatz, Geschichte des Klosters Alpirsbach, Straßburg 1877.

andere Orte im Gesicht hat. Der Berg ist quellenreich und hat das beste Wasser, von welchem sich auch Fürsten bringen lassen."

„Der damalige Abt des Klosters, Paul Kaſt von Ulm gebürtig, wurde als ein junger Mann anno 1461 erwählt und verrichtete ganzer 37 Jahre lang alles auf das beste, indem er das Kloster mit einer guten Ordnung und herrlichen Gebäuden dermaßen versehen und ausgeziert, daß es zu bewundern gewesen. Unter dieſem Abt wurde das Kloster von dem Abt zu Wiblingen reformiert. Er half Felix Fabri zu seinen Reisen nach Jerusalem. Kast starb 1498 am Tage der Bekehrung Pauli."[1])

Das Kloster zum hl. Kreuz in Donauwört hat seinen Namen von einer Partikel des hl. Kreuzes, welche noch heute daselbst v rehrt wird. Der damalige Abt war Bartholomäus Degenſchmied (1486—1517). Schon als Prior hatte er sich ausgezeichnet. Als Abt baute er die Klosterkirche um. Er arbeitete für die Ausbr itung der Bursfelder Reformation. Auf dem Generalkapitel dieser Kongregation, welches 1493 zu Hirſau abgehalten wurde, führte er den Vorsitz. 1497 reformiert er mit Abt Konrad von St. Ulrich zu Augsburg das Kloster Neresheim. Er stiftete in die Pfarrkirche zu Wörth eine Monstranz, die ein Meister Lukas verfertigte, ferner eine Glocke und kostbare Paramente. Im Kloster beschränkte er die sogenannten solatia (Erholungen), dagegen verschaffte er sich von Rom die Erlaubnis, seinen Mönchen drei Mal in der Woche Fleisch geben zu dürfen.[2])

St. Gilg zu Nürnberg ist die ehemalige Fürstabtei St. Ägidien daselbst. Der Abt Johannes Rotenecker (1477—1504), welcher seine Studien zu Leipzig gemacht hatte, stattete das Kloster, das er auch durch Bauten verschönert, mit einer reichen Bibliothek aus und wußte tüchtige Mönche heranzubilden.[3])

In Fultenbach, 5 Stunden von Augsburg, 2 von Dillingen gelegen, war Abt Georg Helfer. Ehemals Mönch zu St. Ulrich

---

[1]) Kruſius I, 544.  [2]) Königsdorfer, Das Kloster Donauwörth, I, 333.
[3]) „Monasterium structuris amplis ornavit, insigni bibliotheca cum libris variarum scientiarum decoravit, personis aptissimis auxit." Hartmanni Schedelii Chronicon monasterii S. Aegidii bei Oefele, Rerum Boicarum scriptores I, 352.

und Afra, verhalf er dem zerstörten Kloster zu Mauern und den Mönchen zur Zucht. Er regierte von 1471—1503.

31. Item als mein gnediger Her geweicht wurd, trug ze opfer Her Jörg von Hochenrechberg vnd Her Mang Marschalk yetlicher ein breypfündige kerzen, vnd darin steken brey reynisch gulden, vnd Her Hanß von Westerstetten vnd Her Diepolt von Clingenstain yetlicher ain groß semel prott. Item Her Lienhart Marschalk vnd Her Sigmund von Welba, all ritter, yetlicher ain groß schenkkanten mit wein. Vnd die opfer alle seind eins Caplan des, der weycht.

Das Pontifikale verlangt, daß der Geweihte zwei angezündete Kerzen, zwei Kannen Wein und zwei Brode als Opfer darbringe. Diese Liebesgaben trugen vier Kavaliere aus Friedrichs Hofstaat. Nachher wurden dieselben dem Kap'an des Konsekrators als Geschenke überlassen.

Der tapfere Ritter Jörg von Rechberg, der Sohn des Bero I. von Rechberg zu Hohenrechberg, Hauptmanns des Georgenschilds diesseits der Donau, war der Bruder des Dombechanten Ulrich. Er hatte sich 1448 mit Katharina von Helfenstein verheiratet und starb 1502 zu Weißenhorn. Seine Tochter Anna war vermählt mit dem Junker Diepolb von Stein, wohl demselben, der hier von Klingenstein heißt. [1]

Magnus, Marschalk von Pappenheim, schrieb sich „von Reichen" oder Hohenreichen, welches Schloß sein Großvater an sich gebracht hatte. Lienhart ist Mangs Sohn. Derselbe war vermählt mit Klara von Rechberg. [2]

Hans von Westerstetten [3] ist wohl ein Sohn des Ritters

---

[1] Brunnemair, Gesch. der Stadt u. Herrschaft Mindelheim, S. 243. Die Burg Klingenstein an der Blau zwischen Blaubeuren und Ulm.

[2] Hübner, Genealogische Tabellen II, 526.

[3] Westerstetten ein kathol. Pfarrdorf, 4 Stunden nördlich von

Ulrich von Westerstetten, welcher 1468 den Grafen Eberhart im Bart auf seiner Reise nach dem gelobten Lande begleitete, und ein Bruder des oben erwähnten Domherrn Ulrich von Westerstetten († 1505). 1484 macht er mit seinem Vater Ulrich ein Turnier zu Stuttgart mit. 1497 erscheint er zugleich mit Mang von Hohenreichen auf dem Turnier zu Würzburg als Wappenrichter.[1]) Ein Dietegen von Westerstetten soll in Friedrichs Auftrag 1486 das Kloster Ottenbeuren in Besitz nehmen, wird aber von den Bayern vertrieben.[2]) Die Westerstetten waren auch Herrn zu Dractenstein.[3])

Sigmund von Welden hatte im Domkapitel zu Augsburg einen Bruder (?) Bartholomäus Welden († 1499). Im Jahre 1484 wohnt er zu Stuttgart, 1485 zu Onolzbach dem Turniere an.

32. Item Her Veit Nibentorer, custos ze Augspurg, sang das Evangelium, vnd Her Vlrich von Westerstetten, thomher ze Augspurg, sang die epistell. Vnd das Ampt was Votiva missa de sancto spiritu. Mit aller solempnität wart verpracht die weych, vnd hett mein gnb. Her auf dieselben Zeit groß costung, wann es wärt länger dann ein tag.

Die Weihe geschieht unter der feierlichen Messe. Otto wählte dazu die Messe zu Ehren des hl. Geistes, und dienten dabei zwei Kanoniker, der Kustos Veit von Nieberthorer als Diakon, Ulrich von Westerstetten als Subdiakon.

33. Item um Afftermontag nach mathey ryt mein gnb. Her gen Vlm, ze bedingen mit Graf Haug von Montfort. lag still ze Vlm iiii tag. war da vil guter leut. Item auf dieselben tag verzert lxxx gulden xxiii gr. I hl.

---

Ulm im Lonthal. Südlich (¹/₄ Stunde) vom Dorfe die Ruinen der Burg.
    [1]) Krusius II, 111.   [2]) Feierabend, Jahrbücher zu 1486.
  [3]) Drackenstein 4 Stb. südwestlich von Geislingen im romantischen Thälchen der Gos. Württb. O.-B. Ulm u. Geislingen.

Die Montforte, einst das mächtigste Geschlecht von Oberschwaben und mit den Werbenbergern eines Stammes, waren zur Zeit Friedrichs in den beiden Brüdern Hugo und Ulrich vertreten. Hugo nannte sich von seinem Schlosse von Montfort-Rotenfels, während sein Bruder Ulrich sich von Tettnang schrieb. Beide Brüder sind durch Milde gegen die Unterthanen berühmt. Sie gaben den Bürgern Freiheitsbriefe und machten wohlthätige Stiftungen.[1]) Vielmal traten sie unter den Abeligen als Schiedsmänner auf. Bei dem glanzvollen Bankett, welches Kaiser Friedrich (1473) zu Trier Karl dem Kühnen gab, nahmen sie ehrenvolle Plätze ein.

Graf Hugo von Montfort war Friedrichs Vetter, denn er hatte Friedrichs Tante, die Gräfin Elisabeth von Werbenberg zur Gemahlin. Als Kaiser Friedrich III. seinen Zug nach Rom zur Kaiserkrönung machte, auf welchem er auch die portugiesische Prinzessin Eleonore heiratete, war er von Hugo von Werbenberg begleitet.[2]) Seit 1459 ist Hugo Rat des Erzherzogs Sigismund von Österreich und „gemeiner Hauptmann" der österreichischen Vorlande. Hugo starb den 16. Oktober 1491. Der oben genannte Domherr Heinrich von Montfort, welcher Friedrich zum Bischof wählen half, ist ein Sohn Hugos.

Was in Ulm gethätigt d. h. verhandelt wurde, vermochten wir nicht zu ermitteln. Die Thätigung währte vom 26. bis 30. Septbr.

## 6. Kapitel.
### Das Begräbnis Werbenbergs.

Wie unser Autor oben (Nr. 2) berichtet, wurde die Leiche Werbenbergs von Frankfurt „in aller Ehr und Würdigkeit" nach Augsburg gefahren und im Dome neben des Kardinals Grabe beigesetzt. Das letztere geschah am Sonntag Laetare den 4. März nach dem üblichen Trauergottesdienste. Diese Beisetzung war aber nur eine vorläufige. Die Leiche wurde nochmals erhoben und mit ihr eine

---

[1]) Hugo stiftete das Spital zu Langenargen. Der letzte Montfort Graf Anton starb den 25. November 1787 zu Tettnang. Vanotti, Geschichte der Grafen von Montfort und Werbenberg. Konstanz 1845. S. 137 ff.

[2]) Krusius, Schwäbische Chronik II, 67.

großartige Totenfeier vorgenommen, welche den 9., 10. und 11. Oktober desselben Jahres währte und mit der endgiltigen Beisetzung an demselben Orte abschloß. Der Kaplan erzählt: ·

34. Item am sant Dyonisius tag, was an einem Montag, ist am achtenden tag vor sant. gallen tag, vnd an der Suntag nacht da vor fieng an der hochwürdig fürst vnd Her, Her friderich, Bischof ze Augspurg, zu begeen die besingnuß vnd grebnuß meines Herrn Bischoff Hanßen sälig mit aller Zuhör, nichts gespart, als ich dan selbs gesehen hab vnd ein besunders Register mir selbs davon gemacht hab.

Zum Leichenbegängnisse Werdenbergs liefert der Chronist Wittwer mehrere Einzelnheiten. Derselbe erzählt:

„Am 9., 10. und 11. Oktober hielt der neue Bischof Friedrich die Exequien seines Oheims in den Hauptkirchen Augsburgs, nämlich im Dome, zu St. Ulrich und Afra und zu St. Moriz ab. Hiezu lud er alle Äbte, Pröpste, Prioren der ganzen Diözese ein und ordnete es so an, daß am Sonntag (den 8.) beim Zeichen der großen Glocke alle Ordensleute und der ganze Klerus im Dome zusammenkämen, alle im Ornat, auch die Mendikanten. Darauf wurde der Sarg in feierlicher Prozession durch vier Ritter von der Pfalz des Bischofs bis in die Kirche St. Ulrich und Afra getragen und in der Mitte der Kirche abgestellt, umgeben von den Äbten und dem ganzen Klerus. Dann setzte sich jeder an seinen Platz und es wurde die Totenvesper und die Vigil gesungen. Während dessen gab man zwei Mal den Äbten, Kanonikern, Ordensleuten, auch den Bürgermeistern, Ratsherrn und anderen angesehenen Laien Präsenzgelder, ebenso auch den Klosterfrauen, nämlich denen vom hl. Geist, von St. Ursula, von St. Martin, von St. Stephan und allen andern. Nach der Vigil kam man in die bischöfliche Pfalz zusammen und nahm das Mahl ein. Noch ist zu bemerken, daß über der Bahre drei kostbare Tücher und drei silberne Kelche waren, von welchen einer vergoldet war."

„Am Montag (den 9. Oktbr.) um 7 Uhr kam der neue Bi-

schof Friedrich mit den Äbten, dem Klerus und Volk in die Pfarr=
kirche St. Ulrich und Afra, und wurde die hl. Messe für den
verstorbenen Bischof gehalten. Johannes von Giltlingen, Abt zu
St. Ulrich, sang dieselbe in pontificalibus in Gegenwart des Bischofs,
der Äbte ꝛc. Alle gingen zweimal zu Opfer, Bischof Friedrich voran,
darauf die Äbte ꝛc. Nach der Messe erhielt der Custos dieser Kirche
einen silbernen Kelch und ein Tuch von rotem Damast und vier
Wachsstangen, auch ein Opfer und Präsenzgeld für die Brüder für
jene drei Tage." [1])

"Darauf bewegte sich die Prozession mit der Bahre nach St.
Moriz.[2]) Man betete in dieser Kirche die Vesper. Darauf gingen
alle in die bischöfliche Pfalz und nahmen das Mittagessen (prandium)
ein, während der Sarg in der Kirche blieb. Nachmittags 2 Uhr rief
die Glocke zu St. Moriz alle wieder zusammen, und man sang die
Vigil, wie am Sonntag zu St. Ulrich und Afra, und ging dann zum
Nachtessen wie oben."

"Am Dienstag (den 10.) geschah alles, wie am Montag, und
der Abt von Wilzburg hielt das officium zu St. Moriz, weil
er von dem Markgrafen zu den Exequien geschickt worden war. Nach
der Messe bekam die Kirche St. Moriz einen silbernen Kelch, ein
seidenes Tuch und Wachsstangen wie oben."

"Dann wurde der Sarg von St. Moriz in Prozession in die
Kathedralkirche zur hl. Maria getragen und hier alles wie
in genannten Pfarrkirchen vorgenommen. Am Mittwoch (11. Oktbr.)
hielt der Abt von Kempten das Pontificalrequiem an dem Pfarr=
altar (altare plebanum), wie es auch in den anderen Kirchen ge=
schehen war. Und nach der Messe wurde der Kirche zur hl. Maria
der vergoldete Kelch geschenkt, kostbarer Stoff und vier Wachsstangen.
Aber für jenen Kelch und den Zeug ließ man sich das Geld aus=
zahlen, und dafür machte man einen goldenen Rauchmantel (pallium)
zu dem Ornate, welchen der Kardinal Peter, Vorgänger des Bischofs
Johannes, für seine Exequien zum Geschenke bestimmt hatte."

---

[1]) Recepit unum calicem argenteum et pannum rubeum sc. damascht
et quattuor falangas cereas (Kerzen so groß wie dicke Stöcke) ac offer-
torium et presencias de fratribus per istos tres dies continuos (berechnet).

[2]) St. Moriz liegt an der Straße vom Dome nach St. Ulrich unge=
fähr in der Mitte.

„Dann kamen alle zum Mittageſſen in den Biſchofshof und kehrten darauf, mit Friedrichs Segen entlaſſen, nach Hauſe zurück."[1]

**35.** Item groß Coſtung gieng meinem gnęd. Herrn darauf als mit Wein Viſchen vnd ander ſpeiß. Item brey Kelch gab mein gnd. Her inen, bei ſiben Zentner Wax. Item Samet tücher. Item groſe Preſenz vnd ander ſach.

Im folgenden widerſpricht der Kaplan dem Berichte Wittwers bezüglich der Reihenfolge der Kirchen. Nach ihm wurde nicht zu St. Ulrich, ſondern im Dome das erſte Requiem gehalten, das zweite nicht zu St. Moriz, ſondern zu St. Ulrich, das dritte zu St. Moriz.

**36.** Item an der ſuntag nacht, ſo man vigily het ze vnſer lieben Frawen im thom, dieſelbigen Nacht ſpeyſet mein gnd. Her fünffhundert vnd XXXII Menſchen.

Item am Montag, ſo mann das Ampt hat in dem thom, warden geſpeyßt fünffhundert vnd LXXXI Menſchen.

Unter dieſer Speiſung und den folgenden ſind nicht die Mahl= zeiten im Saale der Pfalz, ſondern Armenſpeiſungen zu ver= ſtehen, wie ſie allgemein als Almoſen für die Seelenruhe der Toten üblich waren. Die Mahlzeiten, welche Friedrich den Trauergäſten und Geiſtlichen gab, ſind Nr. 35 angedeutet.

**37.** Item am Montag ze Nacht, ſo man vigily ſingt zu Sant Vlrich, warden geſpeyßt ſechshundert vnd LXXXV Menſchen.

Item am Afftermontag ze Morgen, ſo man das Ampt ſingt ze ſant Vlrich, worden geſpeyßt ſibenhun= dert vnd LXXXI menſchen.

**38.** Item am Afftermontag ze Nacht, ſo man ſingt

---

[1] Wittwer, Catalog. Abbat. ad ann. 1486.

Vigily ze sant Maurizen, wurden gespeyßt sibenhundert vnd LXXXVIII Menschen.

Item am Mitwoch, so man das Ampt singt ze sant Morizen, worden gespeyßt Sibenhundert vnd LXXXXI Menschen. also was die Besingnuß aus.

**39.** Item am Mittwoch ze Nacht zwaihundert vnd XXXII Menschen worden gespeyßt.

Item am bornstag fruh, als mein gnb. Her wider gen Dillingen wolt Reyten, worden gespeyßt hundert vnd XXX Menschen. Item die Füeterung ist sunst gemerkt, ich hab sy nit gemelt, aber die Person, die gespeyßt seint, hab ich fleissig selb abgezelt.

Die Zahl der über diese Tage gespeisten Armen beträgt demnach 3126. Wie wir oben hörten, wurden bei dem Begräbnis des Marktgrafen Achilles 3000 gespeist.

**40.** Item das Ampt am Montag im thom sang der Weyhbischoff. Item das Ampt zu sant Vlrich sang der Apt von sant Vlrich. Item das Ampt ze sant Mauritz sang der Apt von Kempten. Item die Aept waren all in iren Habit als Infel vnd Stab vnd ander.

Wittwer läßt oben den Abt von Kempten im Dome celebrieren, zu St. Moriz aber den Abt von Wilzburg. Unter den Leibtragenden führt der Kaplan in erster Reihe die Verwandten auf:

**41.** Item die hernach geschriben seynt gewesen bey der grebnuß.

Item mein gnb. Herr von Augspurg selbs in einem Stul gestanden, bey Jm mein Her der maister Graff Rudolph von Werdenberg, vnd seiner Gnd. Vater Graff Joß von Zoller.

Graf Rudolf von Werdenberg, der Bruder des verstorbenen Bischofs, also gleichfalls Friedrichs Oheim, war Landkommenthur des Johanniterordens. Später (1490) wurde er dessen Großmeister. Er starb zu Freiburg i. B. 1505.[1])

Die folgenden Leidtragenden sind nach dem Range genommen, wie sie Friedrichs Hofmarschall Magnus von Hohenreichen in die „Stände" des Chores gestellt hatte. Manche dieser Personen sind uns schon begegnet, andere weniger wichtige nicht näher bekannt.

**42. Item es seint auch gestellt worden in die Stent von Hern Mangen Marschalk in die stendt, als es sich gebüret.**

**Item Herzogs Sigmunds von Oesterreich Bottschafft, was Herr Caspar von Labenberg.**

**Item Herzog Christoff von Bairn Bottschafft, was der Zeller.**

**Item Margraff Friderich von Brandenburg Bottschafft, was Her Conradt von Gwring.**

Der bei Werdenbergs Leiche vertretene Markgraf Friedrich ist ein Sohn des Kurfürsten Albrecht Achilles. Nach dem von Albrecht Achill gegebenen Hausgesetze erhielt er als Zweitgeborner das Fürstentum Ansbach, während der Erstgeborne Johann Cicero († 1499) die Mark Brandenburg mit der Kurwürde, der dritte Sohn Sigmund († 1495) aber das Fürstentum Bayreut erhielt.

**43. Item Graff Eberhart des ältern von Würtenberg Bottschafft, was Her Ulrich von westerstetten.**

**Item Graff Hainrich von Montfort, thomher ze Augspurg, was auch ein klager.**

**Item Graf Ludwig von Helfenstain Bottschafft.**

Helfenstein, ehemals eine der bedeutendsten Grafschaften

---

[1]) Banotti a. a. O. 417 ff.

Südbeutschlands. Von bem Stammsitze, der einst trotzigen Burg
Helfenstein bei Geislingen, sind nur noch geringe Überreste vorhanden.
Der genannte Graf ist Ludwig X. († 1493). Die Helfensteiner
waren stets Schuldner der Stadt Ulm und hatten schon 1396 die
Stammburg an diese Gläubigerin verkauft. Ludwig stand im Dienste
Ulms, wofür er jährlich 420 fl. bezog.[1]) Das Grafengeschlecht er=
losch 1627.

Item meiner gnd. frawen Aeptissin von kirchhaym Bottschafft, was Hannß von Haußen, Doktor Moll vnd Ir pfleger.

Item meiner Frawen von Buchen Bottschafft, was Doktor Haymerant.

Item alls Hoffgesindt vnd sunst vil Abels.

"Das Kloster Buchau wurde für die Jungfrauen Augu=
stinerorbens und bem hl. Cornelio und Cypriano zu Ehren angeord=
net, liegt 2 Meilen von der Reichsstadt Biberach, an dem anmutigen
Federsee. Von dem Jahre 821 an sind Jungfern barinnen, welche
kein Profeß thun und kein Gelübbe haben. Es werden nur von
Abel ober aus bem Grafen= und Freiherrnstand Entsprossene barin
aufgenommen und unter der Äbtissin gut und scharfer Aufsicht auf=
erzogen. Sie dürfen alle, nur die Äbtissin ausgenommen, als welche
dem Papste das Da= und Lebigbleiben gelobet, aus bem Kloster in
den Ehestand treten. Demnach nennt man bies weitberühmte Jung=
frauenbehältnis billiger ein Stift als ein Kloster."[2])

Die Äbtissin von Buchau ist von unserem Hofkaplan burch
den Titel "meine gnäbige Frau" als eine Verwandte Friedrichs an=
gebeutet. Sie ist bies wirklich. Margaretha, Gräfin von Wer=
benberg, Äbtissin von Buchau, war die Schwester des verstorbenen
Bischofs von Werbenberg, also Friedrichs Tante. Sie wurde den
29. Juli 1449 zur Vorsteherin des bamals noch rings vom Federsee

---

[1]) Kerler, Geschichte der Grafen von Helfenstein, Ulm 1840, S. 124 f.
und Stälin, Württembergische Geschichte, 3, 662 f.

[2]) Krusius I. 11. 18.

umgebenen Stiftes gewählt. Da sie bei ihrer Wahl erst 12 Jahre alt war, bedurfte sie für dieses Amt Dispens, welche ihr Papst Nikolaus V. erteilte. Sie regierte rühmlich 48 Jahre lang und starb 1497. Ihre Schwester Anna folgte ihr als Äbtissin nach, während ihre Base Klara von Montfort ihr als ausgezeichnete Klosterregentin vorangegangen war.[1])

**44.** Item zwen Burgermeister von vlm. Item zwen Burgermeister von Augspurg. Item zwen BurgerMr. von Memmingen. Item zwen BurgerMr. von Werd. Item zwen BurgerMr. von Dillingen. Item zwen BurgerMr. von Günzburg.

Der Kaplan geht nun zu den Geistlichen über, welchen im Saale des Bischofshofes die Ordnung der Prozession verlesen wurde. In der Kirche hatten sie sich rechts und links je in doppeltem Chore aufzustellen, so daß der Sarg in die Mitte kam.

**45.** Item die Gaistlichen nachgeschriben welten Jr Ordnung, wie sie In verlesen was an der suntag Nacht von dem Tabellion in der großen stuben der Pfalz: welcher vor dem andern solt geen in der Prozession, auch steen in der kirchen, wann sy standen gen einander yber auff zwai koren, das die Bar zwischen in stand.

**46.** Item es was da am ersten der weyhbischoff von Augspurg.

Item die Aept vnd Pröbst hernach geschriben.

Item der Apt von kempten, von Wilzpurg, von Haydenhaym, die zwen wurden gestellt wie Margraff Friderich. Item der Apt von Alperspach, von sant Gilgen zu Nürnberg, von Kayßhaym, von Blaubeyern.

---

[1]) Krustus I, 11, 8. und schriftliche Mitteilung des Herrn Schöttle, Pfarrers zu Buchau.

Von den genannten Klöstern gehörte nur die Cisterzienserabtei Kaisersheim zur Diözese Augsburg. Kempten stand unmittelbar unter dem Papste, Alpirsbach und Blaubeuren gehörten zu Konstanz. Von Kempten und seinem Abte ist oben gesprochen, desgleichen von Alpirsbach und St. Gilg.

Wülzburg, eine Benediktiner-Abtei im Kreise Mittelfranken unweit Weissenburg. Das Kloster war im Schutze der Markgrafen von Ansbach, welchen Schutz es übrigens sehr drückend empfand.[1]) Später zur Festung eingerichtet, wurde es neuestens geschleift. Abt des Klosters war Wilhelm Warnhofer († 1495).

Heidenheim auf dem Hahnenkamm, eine von den hl. Gebrüdern Wilibald, Bischof von Eichstätt, und Wunibald um 750 gestiftete und 1537 durch die Markgrafen von Ansbach säkularisierte Benediktiner-Abtei. Der Abt des Klosters war nicht festzustellen. Derselbe vertrat mit dem vorgenannten und mit dem oben genannten Konrad von Gwering, den Markgrafen Friedrich.

Die schöne Cisterzienser-Abtei Kaisersheim liegt unweit von Donauwörth, da wo der Lech sich in die Donau ergießt. Ihr Abt war in diesem Jahre Johannes Bischer, welcher hochbetagt im Jahre 1479 zur Abtswürde gelangte und 1490 starb. „Er hat das Kloster zu großem Ansehen gebracht."[2])

Blaubeuren, ein Benediktinerkloster 3 Stunden westlich von Ulm, trägt seinen Namen von der blauen Quelle, welche hier entspringt. Der Abt Petrus Schmid (Faber), welcher von 1475 bis 1495 regierte, gehörte zu den tüchtigsten Männern des 15. Jahrhunderts. Der berühmte Hochaltar in der Klosterkirche, der eine Bildergallerie ersetzt, trägt Fabers Bild und Wappen. Petrus, ein Freund des Grafen Eberhart im Bart, war päpstlicher Geschäftsträger bei der Gründung der Universität Tübingen. Unter ihm wurde im Kloster eine Druckerei angelegt, welche in Altwürttemberg das erste Buch lieferte.[3])

---

[1]) Kloster Wülzburg, im Pastoralblatt des Bistums Eichstätt 1877. Nr. 41.
[2]) Krusius II. 9. 16.
[3]) Schönhut, Die Burgen, Klöster, Kirchen und Kapellen Württembergs. Stuttgart. S. 314 ff.

**47.** Von sant Ulrich ze Augspurg, von Neresheym, von Lorch, von Heyligenperg, vom Werb, von Fultenbach, von Füesen, von Irschen, von Echenbrunn, von Wessenbrunn, von Elching, von Anhaußen, von Deking, von Staingaben, von Aursperg, von Rokenburg, vnd der Prior von Benebiktbeyern.

Zieht man von den genannten Klöstern die Prämonstratenserstifte Steingaben, Ursperg und Roggenburg ab, und fügt man Ottenbeuren und Thierhaupten[1]) hinzu, so hat man die 16 Benediktinerklöster der damaligen Diözese. Ottenbeuren entsendete keinen Boten, weil es in bayrischer Gewalt war.

Diese Benediktinerklöster gehörten zur Mainzer Provinz und reihten sich nach den Beiträgen, welche sie zum Provinzialkapitel bezahlten, also: St. Ulrich 20 fl., Elchingen 12 fl., Lorch, Irsee und Ottenbeuren je 10 fl., Donauwört und Benediktbeuren je 8 fl., Anhausen und Neresheim je 6 fl., Füssen, Heiligenberg und Wessenbrunn je 5 fl., Deckingen, Fultenbach und Thierhaupten je 3 fl., Echenbronn 1 fl.[2])

Neresheim, ein Reichsstift auf dem Hertfelde, wurde von Hartmann, Graf zu Dillingen, und seiner Gemahlin Abelheid, Gräfin zu Kyburg, 1095 zu Ehren des hl. Apostels Petrus gegründet. Die ersten Pflanzer gab das Kloster Zwiefalten ab. Die Äbte dieses Klosters, welche mit Friedrich lebten, sind Eberhard von Emmershofen (1476—94) und Johannes von Waiblingen (1494—1507).

Lorch, auf dem Abhange des Hohenstaufen über dem Thale der Rems, nicht ferne von Gmünd gelegen. Den Ruhm dieses Klosters spricht dessen Abt Nikolaus Schenk von Arberg (1460—77) auf dem prächtigen Monument, welches er über die Gruft der Kirche setzen ließ, aus:

„Hie liegt begraben
Herzog Friedrich von Schwaben.

---
[1]) Etwa 8 St. nördlich von Augsburg an der Ach.
[2]) Gallus Knöringer, Annales Faucensens C. MS. p. 10.

Er und sein Kind
Dieß Klosters Stifter sind.
Seine Nachkömmling liegen auch hie bei,
Gott ihnen allen gnädig sei."

Lorch ist die Stiftung und Begräbnisstätte der Hohenstaufen. Der Abt Georg Keller (1480—1510) besuchte die Werdenbergische Leichenfeier.[1])

**Heiligenberg,**[2]) bekannter unter dem Namen **Anbechs**, liegt auf einem Ausläufer der bayerischen Alpen östlich am Ammersee. Vorher ein Kanonikatstift, wurde das an Heiligtümern reiche Gotteshaus unter Herzog Albert III. von Bayern im Jahre 1453 in ein Benediktinerkloster verwandelt. Der Abt **Andreas Örtel** aus Tölz wurde im Jahre 1475 aus dem Kloster Tegernsee, welches schon nach den Bursfelder Vorschriften lebte, erbeten. Er starb nach löblicher Regierung 1492. — Donauwört und Fultenbach siehe oben Nro. 30.

**Füssen**, am oberen Lech, ist eine Schöpfung des hl. Magnus, eines Schülers des hl. Gallus, welcher im 7. Jahrhundert als Apostel des Allgäus wirkte. Die Klosterkirche bewahrt noch heute den Stab dieses Heiligen auf. Abt des Klosters war **Benedikt Furtenbach** (1482—1524).

**Irsee**, eine Reichsabtei unfern Kaufbeuren. Das Kloster ist ein Ableger von Ottenbeuren aus dem 12. Jahrhundert. Zur Zeit Friedrichs standen ihm die Äbte **Mathias Steinbrucker** (1476—1490) und ein gewisser **Othmar** (1490—1502) vor.

**Echenbrunn** an der Brenz und Donau, nicht weit von Gundelfingen, eine Stiftung aus dem 12. Jahrhundert.

**Wessenbrunn**, ein Benediktinerkloster, fünf Stunden von Landsberg, zwei von Weilheim, berühmt durch ein altdeutsches Schriftdenkmal, welches sich daselbst auf uns erhalten hat, das sog. Wessobrunner Gebet. Das Kloster wurde im 8. Jahrhundert gestiftet. Von 1486—93 regierte ein Abt Johannes.

---

[1]) Neresheim und Lorch in der Württemb. Oberamtsbeschreibung.
[2]) Über dieses und die folgenden Klöster, Khamm Hierarchia August. III. pars regularis.

Anhausen an der Brenz, berühmt durch seinen Abt Karl Stengel, welcher zur Zeit des dreißigjährigen Krieges daselbst eine Geschichte von Augsburg herausgab.

Deckingen, in der Nähe und südlich von Nördlingen, wurde von Bischof Otto von Bamberg 1138 gestiftet. Der Abt Ulrich Rhem regierte von 1486—1516.

Benediktbeuren, am Fuße der Benediktenwand, nahe dem Kochelsee. Dieses Kloster weihten der hl. Bonifazius und der hl. Wikterp, Bischof von Augsburg, ein. Die Annalen führen als Zeitgenossen Friedrichs einen Abt Narcissus Augustanus (1483—1504) auf. Es folgen die Prämonstratenserstifte:

Steingaden, am Fuße der Alpen, zwischen dem Lech und der Ammer, von einem welfischen Herzog 1147 gestiftet, schickte zu Friedrichs Feierlichkeiten den Abt Caspar (1456—91).

Die Reichsabtei Ursberg an der Mindel, halbwegs zwischen Augsburg und Ulm gelegen, ist eine Stiftung der Herrn von Schwabeck aus dem 12. Jahrhundert. Der Abt Johannes Ribler (1479—1503) wird als ein sehr tüchtiger Mönch geschildert.

Roggenburg bei Weissenhorn, 6 St. südöstlich von Ulm gelegen, verdankt sich dem Grafen Berthold von Bibereck und seiner Gemahlin, einer Gräfin von Hohenzollern, welche im 12. Jahrhundert lebten. Der Abt Georg Maler (1484—1505), iur. utriusque Dr., wirkte als Diplomat für den schwäbischen Bund. Die Reichsabtei stand im Schutze Ulms.

Mit Ausnahme der zur Abtei Hirschau gehörigen Benediktinerpropstei Rott (Mönchsrot) in der Grafschaft Öttingen bezeichnen die folgenden Namen Augustiner-Chorherrn-Stifte.

**48. Item der Probst von Rott im Rieß, von Dyeßen, von Herberting, vom heylgen Creutz ze Augspurg, von sant Jörgen ze Augspurg, von Wettenhausen, von Polling.**

Dießen am oberen Ammersee. Der Graf Berthold von Dießen schuf sein Schloß gleichen Namens um 1150 in ein Kloster um und übergab es den regulierten Augustiner-Chorherrn, deren

Pröpste zur Zeit Friedrichs Johannes Zallinger (1474—96) und Konrad Maurer (1496—1512) waren.

Herberting oder Herbrechtingen an der Brenz in der Herrschaft Heidenheim, eine Stiftung Kaiser Friedrichs I.

Hl. Kreuz zu Augsburg, von Otto Marschall von Biber=
bach um 1150 außerhalb der Stadt gegründet, bald darauf aber von Bischof Konrad beschenkt und in die Stadt verlegt. Zeitgenossen Friedrichs sind die Pröpste Johannes Fuchs (1475—88) und der noch unten zu nennende Vitus Fakler (1488—1517).

St. Jörgen zu Augsburg, errichtet 1135 durch Bischof Walther und sein Kapitel. Pröpste sind Rudolf Freibold (1482—89), welcher Geld gegen die Türken sammelte, Lorenz Felmann († 1515), welcher seine Kirche zu einem prächtigen Gottes=
haus umbaute.

Wettenhausen, ein Reichsstift an der Kammlach, zwei Stunden südlich von Günzburg, erhielt seinen ersten Propst 1140. Der Propst, welcher sich zur Leichenfeier Werdenbergs einfand, ist Ludwig Frank (1477—1505).

Polling, am Fuße des Peißenbergs, ein Kloster aus der Zeit des hl. Wikterp, wurde von Kaiser Heinrich dem Heiligen, nach=
dem es durch die Ungarn zerstört war, wieder aufgebaut und den Augustiner=Chorherrn übergeben. Die unter Friedrich gewesenen Pröpste sind Johannes Fendt (1454—91), Michael Spett (1491—99) und Johannes Zinngießer (1499—1523).

**49. Item was sich bey Bischoff Friderich, meinem gnd. Hern, yezo Bischoff ze Augspurg, gemacht vnd ver=
loffen hatt, wie er gehalten ist, vnd was er gepawet, gestifft, vnd zu dem styffte wiederpracht hat, das will ich hie für mir selbs verzeichen auff das kürzest, In maß als hernach geschriben stat, als vil mir dann Ingedenk vnd wissent ist. wer das bessern, myndern oder meren will, der mag das auch thun.**

Um die nun folgenden Rechnungen zu beleuchten, sei über die Geldverhältnisse dieses angemerkt. In Augsburg wurde zu Friedrichs

Zeit vorzugsweise nach rheinischen Gulden gerechnet.¹) Ein rheinischer Gulden (etwas über 5¹/₂ Mk.) hatte im Jahre 1486: 26 Groschen 4 Pfge. Im Jahre 1499 wird er zu 210 Pfg. angegeben. Demnach wäre ein Groschen etwa 8 Pfge. und, da 1 Pfennig 2 Heller hatte, = 16 Heller.

**50. Item die Besingknuß meines gnd. Hern sälig gestandt meinem gnd. Hern Bischoff Friderich i$^m$. lxx Gulden xv. Groß. iiii hl. ze Augspurg mit kost, vnd tücher, kelch, wax, vnd alle Sach.**

**51. Item ließ ihn auch besingen ze straßburg, gestand Im xxx Gulden.**

**Item i$^c$. lxxvii Flor. xi gr. vi hl. sein Leibfall ze Augspurg.**

**Item vmb den Stain auff das Grab.**

Der Grabstein, welchen der Neffe seinem Oheim besorgte, ist ein schöner Sarkophag aus rotem Marmor. Auf demselben ruht der Verstorbene in fast Lebensgröße, mit den bischöflichen Gewändern angethan, die Inful auf dem Haupte. In der einen Hand hält er den Stab, die andere ist zart auf die Brust gelegt. Das Gesicht zeigt ein Doppelkinn, eine stark gebogene Nase, eine tiefgefurchte Stirne von reichlichen Locken umwallt. Die offenen Augen schauen himmelwärts. Die Füße des Bischofs ruhen auf zwei Löwen, welche Wappenschilde halten. Zu Häupten fassen zwei Engel ein Tuch, welches unter die Leiche gebreitet scheint. Die folgende Zeile spricht von den Transportkosten der Leiche von Frankfurt nach Augsburg:

---

¹) Wittwer rechnet immer so. Die rheinischen Kurfürsten, sowie der Pfalzgraf bei Rhein ahmten zuerst die von den Florentinern geprägte Goldmünze nach. Außerdem gab es auch ungarische Gulden, der Gulden zu 82 Kreuzer, der Kreuzer zu 7 Heller. Der ungarische Gulden hatte also 287 Pfennige und übertraf den rheinischen um 77 Pfennige. Beyschlag, Versuch einer Münzgeschichte Augsburgs im Mittelalter. Stuttgart 1835, S. 46 f., und Wehrlichs Chronika zu 1499.

**52.** Item von Frankfort bis er beftettigt ward ii°. Gulden.

Item ze Frankfort dem Klofter ad carmelitas.

Item lxxxviiii Flor. für die Jarzeit ze Augfpurg.

Item l Glb. für Jarzeit ze Frankfort.

Item l. Glb. für die Jarzeit ze Straßburg.

Item xiiii Glb. für ein meffin fcheyben vnd ftain heber das Grab ze Frankfort.

Item xx Guld. vi gr. v hl. für i Gulden ftück vnd ii Schilt, darauf geftückt vnd fchetter darunter zogen, auf das Grab gelegt.

Die beiden Schilde waren wohl Totenfchilde, auf welche das Wappen des Verftorbenen geftickt war. Diefe Schilde waren hinten mit Schetter, d. i. fchwarzer Steifleinwand gefüttert.[1]) Sie wurden, wie das Guldenftück, auf die Tumba gelegt.

**53.** Item alles, das mein gnd. Her außgeben hat für meinen gnd. Hern fälig Bifchoff Hannfen, als Befingnuß, Sold, Hinderftellig, fchaden, Roß, Handwerchsleuten vnd ander fchulden facit iiii^m. i°. lxviii Flor. x gr. iii hl. on den Grabftain, Jartag ze ftraßburg vnd Frankfort vnd ander vnwiffent fchulden.

Werbenberg war fo glücklich, einen Leibarzt zu befitzen, welcher, wenn er einen Patienten vom Tode nicht retten konnte, doch wenigftens imftande war, denfelben durch eine hübfche Grabfchrift fortleben zu laffen. Diefer Mann war Adolf Occo, ein Friefe von Geburt, medicus et philosophus, wie ihn Wittwer nennt. Die Verfe, welche er verfaßte und die Friedrich auf eine eherne vergoldete Platte über dem Grabe feines Oheims anbringen ließ, lauten wie folgt:

---

[1]) Vgl. Heinr. Deichfler: „Ein groß Grab (Tumba) aufgemacht, mit fchwarzem Schetter überzogen." Städtechroniken, Nürnberg 11, 566.

Ex Werdenberga Comitum de gente Johannis
Praesulis Augustae hoc sunt sita membra loco.
Inclita par generi virtus cui praestitit, ut post
Fata sui vivat carus in ore gregis.
Ossa diem tellus fovet expectantia magnum,
Ortus dum recolit spiritus ipse suos.
Sit tibi terra levis, praesul dignissime vita,
Dignus et angelicis qui sociere choris.
Praefuit Ecclesiae Augustensi annos prope XVII.
Vita defunctus Francfordiae ad D. Maximiliani
Regis electionem profectus anno Christi
M. CD. LXXXVI. VI$^{to}$ Kal. Martias.

### 7. Kapitel.
#### Eine Diözesansynode.

Acht Tage, nachdem Bischof Friedrich die Beisetzung seines Oheims gefeiert hatte, hielt er eine Diözesansynobe ab. Zu derselben gebot er seinem Klerus, nach Dillingen „zusammen" zu kommen:

**54. Item am Afftermontag nach sant Gallentag hat mein gnb. Her celebriert Synodum, das ist er hat gepotten der Priesterschafft, zemen ze komen gen Dillingen.**

Durch die Berufung der Synobe erfüllte der Bischof eine kanonische Pflicht. Schon das 4. Lateranknozil 1215 schärft den Bischöfen die Anwendung dieses erfolgreichsten Mittels der bischöflichen Pastoration ein. Die Reformkonzilien des 15. Jahrhunderts wiederholten dieses Gebot. Der Bischof Friedrich I. aus der Familie der Herrn von Späth († 1331), der Kardinal Peter und Bischof Johannes von Werbenberg hatten gleichfalls solche Synoden gehalten. Auch war ohne Zweifel der Rat der Straßburger Freunde für Friedrich mitbestimmend.

Der Bischof eröffnete die Versammlung nach hergebrachter Weise mit einem Pontifikalamte und hatte dabei fast alle Prälaten seiner Diözese um sich, sowie auch als Vertreter des Weltklerus sämtliche Dekane und Kämmerer.

**55.** Also auf denselben tag hat mein gnd. Her gesungen das Ampt vnder der Infel vnd actum solempnem, vt docet in Synodo. Da seynt bey gewesen fast alle Aept, Pröbst in dem Bystumb; es seynt auch dagewesen der merer tayl vom Capitl ze Augspurg. Es seynd brufft worden aus einem yetlichen Capitel im Bistumb auf dem land der dechant vnd Camerer, die seynt all gehorsam gewesen.

Die Zahl der Dekanate oder Kapitel war mit Einschluß des Archidiakonats Augsburg 40,[1]) somit sendete der Weltklerus 80 Deputierte. Nimmt man dazu die Klostervorsteher und den „mehreren Teil" des Domkapitels, so ergeben sich insgesamt etwa 130 Geistliche, und war so die Diözese mit ihren 1000 Leutepriesterstellen genügend dargestellt. Der Generalvikar Heinrich von Lichtenau hielt die Eröffnungsrede:

**56.** Es hat meins gnd. Hern Vicarius ze Augspurg Her Hainrich von Liechtenau da Exhortatio ad Clerum thon, das ist ein Predig der Priesterschafft.

Die Synode schloß den 24. Oktober, dauerte somit 8 Tage. Friedrich ließ die Akten drucken. Der gelehrte Steiner, Kanonikus zu St. Moriz in Augsburg, gab sie nach einem in der Karthause zu Buchsheim entdeckten Originalexemplar aufs neue heraus.[2])

Die Gesetze dieses Kirchentags sind keine neuen, sondern meist wörtliche Wiederholungen der unter Friedrichs Vorgänger, Bischof Friedrich I., dem Kardinal Peter und dem Bischof von Werdenberg gefaßten Beschlüsse oder allgemeiner Kirchenvorschriften. Sie stellen sich nach ihrem Inhalt wie folgt dar:

---

[1]) Braun, Histor.-topogr. Beschreibung ꝛc. I, S. 10.
[2]) Jos. Ant. Steiner, Acta selecta Ecclesiae Augustanae etc. August. Vindel. 1785. p. 43—52.

I. Es wird verordnet, daß bei allen künftig zu haltenden Synoden die Prälaten[1]) erscheinen sollen. Die Geistlichen seien im Chorrock. Es ist untersagt die Redner zu unterbrechen, ohne Erlaubnis die Synode zu verlassen.

II. Die Kleriker sollen lange, ihrem Stande angemessene Kleider tragen. Wer im Laienanzug erscheint ohne guten Grund, macht sich der Vorrechte seines Standes verlustig. Die Kleider dürfen nicht mit Seide ausgeputzt, nicht bunt, nicht geschlitzt, nicht gefältelt und gebufft sein.[2]) Sie müssen anliegende Ärmel haben. Man darf keine Schnabelschuhe tragen. Nur auf der Reise sind die kurzen Röcke erlaubt. Zuwiderhandelnde sollen mit dem Monatsertrag ihrer Stelle bestraft werden.

III. Kleriker, die keine Reichsstände sind, sollen sich in keine Späne einlassen (querris se non inmisceant), außer zur Verteidigung ihrer Kirche, bei Verlust ihrer Kirchenstelle. Dieselbe Strafe trifft die Waffenspieler oder Turnierer. Tanz und Würfelspiel ist verboten und werde von dem Obern strenge bestraft.

IV. Die Dekane und Kämmerer dürfen keinen Priester in ihr Kapitel aufnehmen, welcher nicht durch ein Zeugnis des Bischofs seine Zulassung nachweist und barthut, daß er nicht in einem andern Kapitel Excesse halber ausgewiesen ist.

V. Es darf kein Geistlicher ein Beneficium mit oder ohne Cura antreten, wenn er nicht durch eine bischöfliche Urkunde auf dasselbe gesetzt ist. Die Dekane sollen sich alle Jahre diese Urkunden von ihren Untergebenen vorzeigen lassen und diejenigen, welche nichts vorweisen können, innerhalb eines Monats dem Bischof anzeigen. Der bischöfliche Vikar darf die Seelsorge nur tauglichen und geprüften Priestern anvertrauen.

VI. Obwohl diejenigen, die am Altare dienen, auch vom Altare leben sollen, so gibt es doch Geizige, die von Jahr zu Jahr die Präbenden ihrer Vikarien beschneiden, so daß an einigen Orten die Kuh-

---

[1]) Eifersucht und Eigensinn hielt die reichsfreien Prälaten zuweilen vom Besuche der bischöflichen Synoden zurück.

[2]) Vestes longas deferre debent, non sericas ab extra, non variatas aut divisas aut desuper ab extra cum plicaturis foderatas.

hirten (es ist eine Schande es zu sagen) sich besser stellen, als die Seelenhirten. Daher werden nach 1. Kor. 9, 9 die Dekane und Kämmerer unter Strafe der Suspension beauftragt, die von Alters her festgesetzten Gehälter wiederherzustellen. Wenn diese aber von vorne herein zu gering sind, so müssen sie aufgebessert werden, so daß die Vikarien die bischöflichen Abgaben berichtigen, Gastfreundschaft üben und sich anständig ernähren können.

VII. Es wird den Prälaten und Kapiteln 2c., welche inkorporierte Pfarreien genießen, aufs schärffte geboten, für ihre Vikarien eine solche ergiebige Sustentation auszuwerfen, daß sie auch die bischöflichen Gerechtsame berichtigen und anständig leben können. Abmachungen mit Bewerbern, welche den Sinn einer Heruntersteigerung haben, sind streng zu bestrafen.

VIII. Da es einige Prälaten gibt, welche die Anstellung ihrer Vikarier so lange erschweren, bis sie eine Schenkung erpreßt haben, so verordnet die Synode, um das Laster der Simonie gänzlich zu vertilgen, daß bei Verleihung der Vikarien der Vergeber unter keinem Vorwande weder ein Geschenk, noch eine Abgabe fordern soll; widrigenfalls sowohl der Geber, als der Empfänger dem Kirchenbann verfällt. Ein Vikar aber würde auf diesem Wege niemals zur Vikarie gelangen. Der Vikar, welcher einen andern Priester für sich anstellt, soll der Vikarie verlustig und dem Kirchenbann verfallen sein.

IX. Die Konkubinarier sollen ihrer Benefizien auf ein Jahr, und wenn sie unverbesserlich sind, auf immer beraubt sein. Die aber noch kein Benefizium haben, werden durch dieses Laster unfähig, ein solches zu erhalten.[1])

X. Alle, welche sich aus gerechter Ursache durch Vikarien vertreten lassen, sind für den Wandel ihrer Stellvertreter verantwortlich. Sie haben alljährlich darüber Erhebungen zu veranstalten und etwaige sittliche Fehler an uns zu berichten.

XI. Kapläne und Frühmesser, welche nicht nach der Norm der Stiftungsurkunde zur bestimmten Stunde am bestimmten Orte erscheinen oder es unterlassen, den Pfarrern in der Seelsorge auszu-

---

[1]) Nefanda temeritas contrectare pollutis manibus totius sanctitatis auctorem.

helfen, ihnen zu gehorchen und die schuldige Ehrfurcht zu bezeugen, oder in pfarrliche Verrichtungen sich eindrängen, sollen drei Tage von dem Kirchgange ausgeschlossen sein und nach der Schwere ihres Vergehens vom Bischof bestraft werden.

XII. Die hl. Gefässe, die Altartücher, das Korporale und alle Kirchengeräte, wie auch die Oratorien sollen rein gehalten werden. Übertreter sollen das erste Mal 40 Denare zur Fabrik bezahlen, im Wiederholungsfall aber einer größeren Strafe unterliegen. Es wird unter Exkommunikation befohlen, daß die Dekane und Kämmerer zweimal im Jahre die Kirchen visitieren und nachsehen, ob die hl. Gerätschaften reinlich gehalten werden; ob die vorschriftsmäßigen oder üblichen Lichter fleißig angezündet werden; ob die hl. Hostie in einem reinen Gefäße auf einem schneeweißen Tuche in anständiger Kleidung zu den Kranken getragen wird; ob das hl. Sakrament an einem ausgezeichneten Orte, welcher wohlverschlossen ist, verwahrt wird; ob das hl. Öl und das Chrisma sorgfältig verschlossen wird, damit man diese Dinge nicht zu gottlosen und abergläubischen Handlungen mißbrauchen könne. Die Nachlässigen sollen obige Strafe erlegen und die Unverbesserlichen abgesetzt werden.

XIII. Es soll kein Abt, Propst, Dekan, Kollegium oder Kapitel etwas von den Kirchengütern ohne Bewilligung des Bischofs durch Verkauf, Tausch, Lehen ꝛc. verändern, und jeder solcher Vertrag null und nichtig sein. Ein übertretender Prälat, Administrator oder anderer Vorsteher soll der Exkommunikation, ein Kollegium aber dem Interdikte unterliegen.]

XIV. Weder ein Geistlicher, noch ein Weltlicher soll während einer Vakatur die Kirchengüter oder die eines verstorbenen Pfarrers oder Benefiziaten an sich reißen; im Übertretungsfalle sollen sie des kirchlichen Begräbnisses beraubt und zu Lebzeiten bis zur Herausgabe mit ihrer Familie dem Interdikte unterworfen sein. Die antretenden Geistlichen sind unter Strafe verbunden, die entwendeten und veräußerten Güter wieder an sich zu bringen.[1]

XV. Kein Prälat, kein Priester darf ohne Einwilligung des Bischofs sich dem Schutze eines Weltlichen unterwerfen, und dies bei

---

[1] Iuris et iudicis remedio studeant recuperare.

Strafe der Exkommunikation. Wer es gethan hat, muß es binnen eines Monats widerrufen.

XVI. Kirchenvorstände, welche Getreide, Verschläge, Kästen, es sei denn bei feindlichen Einfällen, Feuersbrünsten, oder in andern Notfällen in das Kirchengebäude aufnehmen, werden mit 3 ₰ Augsburger Pfennig bestraft. Die Friedhöfe sollen dem Vieh verschlossen sein.

XVII. Wer nicht zur Pfarrei gehört, soll von dem pfarrlichen Gottesdienste ausgeschlossen sein, und haben die Pfarrer fremde Parochianen des Sonntags in ihre zugehörige Pfarrei zu weisen.

XVIII. Die Wucherer, die am Leben Bestraften, die bei Schauspielen Umgekommenen ꝛc. dürfen ohne besondere Erlaubnis kein kirchliches Begräbnis erhalten, um auch einen Unterschied zwischen Recht und Schlecht zu machen.[1])

XIX. Der Wucher wird den Geistlichen noch besonders untersagt.

XX. Es wird den Geistlichen bei Strafe von 2 ₰ Augsburger Pfennig verboten, ohne bischöfliche Erlaubnis vor weltlichen Gerichten zu schwören. Vgl. XXXVIII.

XXI. Die Geistlichen sollen sich durch sittlichen Wandel von den Laien unterscheiden. Und damit ihnen die Gelegenheit zur Ausschweifung abgeschnitten sei, ist ihnen der Besuch aller Wirtshäuser und Spielplätze verboten. Keiner soll in einem Gasthaus Wohnung nehmen, wie es einige Ungesittete zu thun pflegen. Wer im Wirtshaus spielt, soll 3 Wochen lang suspendiert werden, und wenn er dennoch den Gottesdienst versieht, 3 Tage bei Wasser und Brot fasten.

XXII. Die Äbte und Mönche des Benediktinerordens werden ermahnt, die Statuten des Generalkapitels, welches unter Kardinal Nikolaus[2]) abgehalten wurde, zu beobachten, damit die Reformation einmal wirklich ins Leben trete, und wenn wir demnächst die Klöster visitieren werden, alle wohl bestehen mögen.

---

[1]) Ne malus existimetur ut bonus. Als Wucher galt es, 5 pCt. zu nehmen. Der berühmte Professor Dr. Eck von Ingolstadt wollte im Jahre 1514 die These: Mercatorum factum de centum florenis quinque solventium legitime iureque posse fieri verteidigen, aber sein Bischof verbot es ihm. Steiner, Acta selecta. p. 113.

[2]) Es ist der Kardinal Nikolaus von Cusa gemeint, welcher 1451 nach Deutschland kam, um das Kirchenwesen zu reformieren.

XXIII. Die Geistlichen sollen den fahrenden Studenten, Boufons genannt, wenn sie keinen Bettelbrief haben, außer in der äußersten Not, nichts reichen, denn es ist besser, daß der Sünder am Leibe Not, als an der Seele Schaden leide. Zuwiderhandelnde sind von der Verrichtung des Meßopfers einen Monat lang suspendiert und haben außerdem ein Pfund Heller an uns zu bezahlen.[1]

XXIV. Es wird Sorgfalt in der Verwaltung der Sakramente eingeschärft. Bei der Taufe spreche man die Kernworte während der Untertauchung. Der Kanon der Messe werde still gebetet, die Erhebung der hl. Hostie geschehe, nachdem die Worte der Wandlung ausgesprochen sind.

XXV. Bei dem Beichthören sollen die Priester allen Fleiß anwenden. Nach den gewöhnlichen Sünden sollen sie in Sonderheit und nach den ungewöhnlichen durch einige Umstände behutsam forschen, damit der Unerfahrene nicht Dinge lerne, von denen er vorher keine Kenntnis hatte. Die Beichten der Kranken soll man, wenn keine Todesgefahr obwaltet, ohne Aufsehen hören und darauf das hl. Sakrament mit aller Ehrerbietigkeit zu dem Kranken tragen. Sonst soll man die Beichten an einem geziemenden und verdachtlosen Ort mit Geduld und Sanftmut aufnehmen und die Büßenden belehren.

In Auflegung der Buße sollen die Priester größere Stücke für schwerere Sünden aufgeben, und bei geringeren Sünden nach deren Anzahl handeln; vor allem aber sollen sie die Beichtkinder zur Herausgabe des fremden Gutes anhalten.

Die Priester sollen sich hüten, das in der Beicht Gehörte weder durch Worte noch durch Zeichen oder auf eine andere Weise zu offenbaren. Wer wider die Verschwiegenheit (sigillum confessionis) sich verfehlt, soll von dem priesterlichen Amte abgesetzt und auf immer in ein enges Kloster eingesperrt werden, um Buße zu thun.[2]

---

[1] Diese Scholaren, auch Goliarden genannt, trugen das geistliche Gewand, wie alle Universitätsschüler der damaligen Zeit, und machten durch Hanswurstereien in den Dörfern herum den geistlichen Stand verächtlich.

[2] Man hatte noch keine Beichtstühle. Bilder aus jener Zeit stellen den Priester mit Chorrock und Barett vor einem Altare sitzend dar; vor ihm kniet der Beichtling, welchem der Priester unter Handauflegung die Lossprechung erteilt. In einiger Entfernung sieht man Leute hinter einander im Gang der Kirche aufgestellt, welche sich dem Bußgerichte nahen wollen.

XXVI. Es wird allen Christen unter Strafe der Exkommunikation und bei Verlust des christlichen Begräbnisses befohlen, vom 14. Lebensjahre an ¹) jährlich einmal dem eigenen Priester oder mit dessen Erlaubnis einem andern zu beichten. Im letzteren Falle hat man sich durch ein Zeugnis auszuweisen oder durch einen Zeugen.

XXVII. Wir haben gehört, daß einige Eigensinnige in unserer Diözese, Gott und ihre Seele hintansetzend, in der vorgeschriebenen Zeit nicht zu Beicht und Abendmahl gehen. Dies mag daher kommen, daß ihre Seelsorger das Gesetz Omnis utriusque nicht verkündigen, noch handhaben, wie es sich gebührt. Wir befehlen daher allen Seelsorgern beim hl. Gehorsam, an allen Sonntagen der Fastenzeit jenen Kanon auf der Kanzel zu verkündigen und die darin angedrohten Strafen an den Übertretern zur Ausführung zu bringen. Wenn einer als Säumiger aufkommt, so muß er unnachsichtlich zwei Pfund Heller (10 Gulden) an die Pflege der Augsburger Domkirche bezahlen.

XXVIII. Folgende Sünder können nur von dem Bischof losgesprochen werden:

1) Die der größeren Exkommunikation unterliegen, außer in Todesgefahr. 2) Die ein Benefizium wider die kanonischen Gesetze besitzen. 3) Die sich an einem Geistlichen oder an einer Ordensperson vergreifen. 4) Die Irregulären. 5) Die Mordbrenner, die Gotteslästerer, die Verfälscher päpstlicher oder bischöflicher Dekrete. 6) Die falschen Zeugen, die Meineidigen, die Mörder, die Gottesräuber, die Verletzer der geistigen Freiheiten, die Wahrsager, die Bedrücker der Waisen, die Gelübdebrüchigen, die Simonisten und die mit außerordentlichen Lastern beschwert sind. Jedem Priester ist es unter Strafe der Exkommunikation verboten, die vagas restitutiones anzunehmen oder zu verteilen, weil dies den Bischöfen zusteht. ²)

---

¹) Der Kardinal Otto Truchseß von Walbburg, verlangt noch im Jahre 1547 für die letzte Ölung 18 Jahre unter dem Beifügen: Si tamen minoris esset aetatis, et discernere posset bonum a malo, posset inungi. Anderseits empfing der Humanist Ellenbog 1486 mit 7 Jahren die hl. Firmung. Feierabend, Jahrbücher II, 764.

²) Die vagae restitutiones sind wahrscheinlich Austeilungen zu guten Zwecken, welche dem Büßer aufgelegt werden, um eine Restitution des fremden Gutes, welche unmöglich geworden war, weil der Beschädigte nicht ermittelt werden konnte, zu ersetzen.

XXIX. Die **Almosensammler** (collectores), die aus Eigennutz oft zum größten Nachteile der Seelen die laxesten Grundsätze verbreiten, dürfen beim Volke nicht zugelassen werden, wenn sie nicht ächte Briefe vorweisen können. Derartige Gelderhebungen zu dulden, ist bei Strafe der dreifachen Restitution untersagt. Auch dürfen sie nichts anderes, als was in den erteilten Sammlungsbriefen geschrieben steht, dem Volke vortragen, und keiner darf, er zeige denn eine ausdrückliche Erlaubnis vor, zur Zeit des Interdiktes einen feierlichen Gottesdienst halten. Es wird bei Strafe der Exkommunikation geboten, alle falschen Sammler anzuhalten und dem Bischofe zu überliefern.

XXX. Über **Ehesachen** sollen weder Äbte, Pröpste, Dekane, noch Kapitel, noch einfache Priester etwas entscheiden, sondern diese Dinge sollen den aufgestellten Richtern überlassen werden. Übertreter werden auf 6 Monate suspendiert und mit Geld gestraft.

XXXI. Kein Priester soll jemanden für einen **Aussätzigen** erklären und eigenmächtig von anderen absondern. Wenn jemand als ein solcher angezeigt wird, soll er an die bischöfliche Kurie gewiesen werden, außer wenn die Krankheit schon entschieden wäre oder der Arme selbst bekennen würde, daß ihn die Hand Gottes getroffen habe. Eine Gemeinde, welche dieses Gesetz verletzt, soll dem Interdikte unterliegen.

XXXII. In Ansehung des **Interdiktes** wird verordnet: 1) Zur Zeit des Interdiktes sollen sowohl die Gesunden als Kranken zu dem hl. Sakrament der Buße zugelassen werden, es sei denn, daß sie persönlich der Exkommunikation oder dem Interdikte unterlägen oder Ursache desselben wären; doch kann jedem das Viaticum und den Kindern die Taufe erteilt werden. 2) Außer den Klerikern, die das Interdikt beobachten und keiner Kirchenstrafe unterliegen, soll keiner die letzte Ölung empfangen, oder in geweihter Erde begraben und auch die Kleriker nur ohne Geläute der Glocken und ohne Feierlichkeit zur Erde bestattet werden. 3) Die Priester sollen in der Woche einmal Männern und Weibern das Wort Gottes predigen. 4) Die Weiber sollen nicht hervor-, — die Brautleute nicht eingesegnet und das Volk nicht alle Tage mit dem Weihwasser besprengt werden. 5) In den Kirchen und Klöstern können bei verschlossenen Thüren ohne Glockengeläute und mit Ausschluß der Exkommunizierten und Interdizierten stille Messen gelesen werden. 6) An Weihnachten, Ostern, Pfingsten und Mariä Himmelfahrt sollen von der ersten bis zur zweiten Vesper die Kirchen Allen, außer den Exkommunicierten, geöffnet sein. Auch dürfen die Glocken geläutet und die Gottesdienste gehalten werden; der Urheber des Interdiktes aber darf sich dem Altare nicht nähern.

XXXIII. u. XXXIV. Schreiben auswärtiger Richter, päpstliche Bullen 2c. sollen, bevor sie von der bischöflichen Kurie geprüft und als echt erfunden sind, nicht bekannt gemacht werden.

XXXV. Die den Kirchenstrafen unterliegenden Priester, welche dennoch ihre Amtsverrichtungen fortsetzen, sollen von den Dekanen unter Strafe eines Pfundes Heller dem Bischof benunziert werden.

XXXVI. Es wird verboten, den Laien, welche während des Interdiktes ihre Toten auf dem Kirchhof begraben, die Sakramente zu erteilen und ihnen nach ihrem Tode das kirchliche Begräbnis zu bewilligen, ehe Satisfaktion geschehen ist. Und dieser Artikel ist öfters in der Kirche vorzulesen.

XXXVII. Wer einen Geistlichen gefangen setzt, ist exkommuniziert, und das ganze Dekanat, in welchem der Gefangene sich befindet, ist bis zu dessen Freilassung mit dem Interdikte belegt. Während der Dauer dieses Interdikts haben die Geistlichen am Sonntag nach der Predigt das Weihwasser zu geben und dann die Gläubigen zu entlassen. [1]) — Der folgende Artikel bezieht sich auf das Privilegium der eigenen Gerichtsbarkeit, welches die Kirche im Mittelalter genoß:

XXXVIII. Kein Geistlicher darf zu einem weltlichen Richter citiert und von einem weltlichen Richter verhört werden; widrigenfalls wäre sowohl der Richter, als der Kläger so lange exkommuniziert, bis dem beleidigten Teile für Unbild und Kosten nach dem Ausspruche des geistlichen Gerichtes genüge geschehen ist.

XXXIX. Die Geistlichen sollen die bischöflichen Gesetze, Aufträge und Urteilssprüche mit Ehrfurcht aufnehmen und dieselben nach-

---

[1]) Durante huiusmodi interdicto sacerdotes in diebus dominicis, proposito suis plebibus verbo Dei, eos aqua benedicta aspergant, nullum omnino dicant officium in aperto.

achten. Die Boten des Bischofs sollen keine Rache und üble Begegnung zu erwarten haben. Wer ein Siegel hat, soll die Briefe zum Zeichen der vollendeten Ausfertigung versiegeln. Die Übertreter dieses Dekretes sind zur Vergütung aller Nachteile nach dem Ermessen des Bischofs gehalten. Jeder Dekan soll als Auszeichnung ein eigenes Siegel besitzen, aber dasselbe nicht mißbrauchen.

XL. Jeder Dekan soll inner zwei Monaten eine Copie von diesen Statuten haben. Sobann soll er sie seinen Klerikern auf den beiden jährlichen Kapitelskonferenzen jedesmal vorlesen.

XLI. Den Geistlichen wird geboten, zu ihrem eigenen Unterrichte und zur Leitung des Volkes sich die Summa M. Joannis de Auerbach[1]) und die Summa rudium anzuschaffen.[2])

XLII. Das Gebot der Provinzialsynode über die **Kleidung der Juden** erneuern wir. Die Juden müssen Abzeichen tragen, und zwar die Männer einen Ring von gelbem Stoffe auf der Brust, die Weiber zwei Streifen von gelber Farbe auf dem Kleide, ganz so, wie das in Rom der Fall ist. Auf Nichtbeachtung dieser Vorschrift steht das Interdikt und Ausschluß von der hl. Kommunion.

XLIII. Die Einführung neuer Bruderschaften ist durch die Synode von Mainz[3]) verboten. Wir schließen uns diesem Verbote an und verfügen, daß künftig Bruderschaften, welche die Rechte der Pfarrkirchen schmälern, nicht zugelassen werden, schon bestehende dieser Art aber eingehen sollen.

XLIV. Alle Welt- und Ordensgeistlichen, welche auf Pfarreien oder Benefizien sind, sollen auf den Kapiteln persönlich erscheinen, dem Dekan gehorchen, seine Verordnungen ausführen. Widersetzlichkeit soll gestraft werden.

Nachdem Bischof Friedrich seinem Klerus diese Kapitel hatte

---

[1]) Johann Auerbach, Generalvikar zu Bamberg, gab als Leitfaden für die Geistlichen ein Religionshandbuch heraus. Dasselbe besteht aus zwei Teilen. Der erste handelt von der Spendung des Bußsakramentes, der zweite von den übrigen Sakramenten. Das Buch wurde von Günther Zeiner, einem Reutlinger, zu Augsburg gedruckt i. J. 1469.

[2]) Die Summa rudium wurde 1487 zu Reutlingen durch Johannes Otmar gedruckt.

[3]) Das 1451 unter Kardinal Nikolaus von Cusa abgehaltene Provinzialkonzil.

vorlefen laffen, lub er fie zum Schluß zu Tifche ein, baher ber Hof=
kaplan anmerkt:

**57.** Item auf bem felbigen tag hat mein gnb.
Her groß koftung gehapt.

### 7. Kapitel.
#### Geiftliche und weltliche Gefchäfte.

Das Tagebuch verzeichnet im folgenben eine Reihe geiftlicher
und weltlicher Gefchäfte. Zunächft befolgt Friedrich ben Rat Geilers,
alles wo möglich felbft zu thun; er nimmt eine Kirchweihe vor.

**58.** Item am funtag nach Elizabeth anno dni. 1486
hat mein gnb. Her felbs geweycht ben kor vnb zwai
alter ze Wertingen vnb ba bas Ampt gefungen unter
ber Infel.

Wertingen, ein Städtchen an ber Zufam etwa 3 Stunden
öftlich von Dillingen. Die Kirche bafelbft war mit ihrem Satz ein
Lehen bes Mang von Pappenheim, Hofmarfchall Friedrichs.[1])
Die Weihe bes neugebauten Chores und ber Altäre gefchah ben 26.
November.

Auch im Jahre 1493 ben 3. April konfekrierte Bifchof Friedrich
in ber Kirche St. Ulrich zu Augsburg zwei Altäre, einen in ber Ka=
pelle bes hl. Dionyfius, ben anderen in ber Kapelle bes hl. Bene=
biktus.[2]) Friedrich verbindet mit ber Kirchweihe zu Wertingen die
Firmung unb eine Trauung.

**59.** Item hat auch gefirmet vnb confirmirt die
kinb vnb hat eyn gelayt vor ber kirchen Junker Wil=
halm Güß mit feiner Haußfraw zu bem sacrament ber
heylgen Ee.

Die Güffen waren Lehensleute ber Grafen von Helfenftein.
Früher ein fehr angefehenes Gefchlecht, kamen fie im Lauf ber Zeit
herunter. Ihr Schloß, die Guffenburg an ber Brenz, wurde 1448
als Raubneft von ben Städten zerftört. Das Städtchen Leipheim an

---

[1]) Braun, Hiftor.=topogr. Befchreibung 2c.
[2]) Wittwer, Katalog. ad. h. a.

der Donau war ehemals ihr Eigentum. Im 16. Jh. besaßen sie noch das Schloß zu Brenz. Der letzte der Güssen, Hans Konrad, mußte 1613 den Rest seiner Besitzungen an Württemberg abtreten und starb als ein armer Mann.[1])

Der obengenannte Wilhelm Güß begleitete Friedrich im folgenden Jahre zum Reichstag nach Nürnberg. Er war also Friedrichs Dienstmann. Aus diesem Grunde hatte er die Ehre, vom Bischof selbst zum hl. Sakrament der Ehe „eingelegt" zu werden. Diese Einlegung vollzog sich also: Der Priester stellte vor der Kirch= thüre den Bräutigam zu seiner Rechten, die Braut zu seiner Linken und versicherte sich durch die Anwesenden, daß kein Ehehindernis ob= walte. Sobann fragte er die Braut: „Verwilligest du dich in N. als in deinen ehelichen Gemahl, so sprich ja". Und indem er ihre Hand in die des Bräutigams legte, den Bräutigam: „Nimmst du N. zu deiner ehelichen Hausfrauen, so sprich ja", und abermals die Braut: „Nimmst du N. zu deinem ehelichen Mann, so sprich ja". Darauf wurden die Brautringe angesteckt. Es folgte die Ermahnung an den Bräutigam: „Ich befiehl dir N., dein eheliches Gemahl, in der Treue und Vereinigung, in der Christus unser Herre am Kreuz befohlen hat seine liebe Mutter Sankto Johanni." Desgleichen an die Braut: „Ich befiehl dir N., beinen ehelichen Gemahl, in solcher Treue und Vereinigung, als Christus, unser Herr, am hl. Kreuz befohlen hat seinen lieben Jünger St. Johannsen, seiner allerliebsten Mutter Mariä." Es folgten die Worte: Matrimonium inter vos Deus confirmet, et ego illud approbo et in facie ecclesiae solemnizo in nomine sanctae et individuae Trinitatis. Amen. Darnach kam der noch heute übliche Brautsegen, unter welchem das Brautpaar kniete. End= lich betrat man die Kirche zur Feier der Messe. Nach derselben tranken die Brautleute den Johannissegen.[2])

**60.** Item mein gnd. Her ist gewesen kayserlicher Commissarj, also das gar vil treffenlich groß sach vor

---

[1]) Schultes Chronik von Ulm. 1881.
[2]) Vgl. das Ritual, welches Bischof Friedrich 1487 herausgab, eine Inkunabel der k. b. Staatsbibliothek zu München, fol. LXVI ff. Das pracht= volle nördliche Thor an der Sebalduskirche zu Nürnberg heißt noch heute das Brautthor.

seiner Gnaden seyen ausgetragen als von Herrn, Gaist=
lichen vnd weltlichen, Burgern vnd andern Lewten.

Wir werden Friedrich als Reichsfürsten noch weiter unten zu
besprechen haben. Zur Beleuchtung seiner Kommissariate mögen fol=
gende Regesten hier verzeichnet werden:

Den 21. Januar 1488 erteilt Kaiser Friedrich zu Innsbruck
dem Bischof Friedrich von Augsburg den Auftrag, in einem Streite
des Abtes von Kempten mit den Herrn von Rotenstein die Zeugen
zu verhören. Diesen Auftrag erfüllt der Bischof 1489 zu Dillingen
und 1490 zu Füssen.

In einem langwierigen Handel desselben Abtes mit der Stadt
Kempten wird Friedrich durch eine Bulle Sixtus IV. vom 21. März
mit dem Dombechant Ulrich von Hohenrechberg und dem Abte von
Petershausen als Conservator des Stiftes Kempten aufgestellt.[1]

Im Jahre 1493 bringt Friedrich als kaiserlicher Mandatar den
Frieden von Senlis zustande, wodurch ein langwieriger Krieg zwischen
dem deutschen Reiche und Karl VIII. von Frankreich beendigt wurde.

Im Februar des Jahres 1494, als Maximilian sich mit Blanka
von Sforza, Herzogin in Mailand, verheiratete, empfängt Friedrich
von Zollern als dessen Stellvertreter die Braut an der Grenze von
Tyrol und geleitet sie nach Innsbruck. Am Sonntag Judica (16.
März dieses Jahres) fand sodann daselbst die Trauung statt.[2]

An Michaelistag 1494 ist Bischof Friedrich zu Dillingen zugleich
mit Jakob von Landau, Ritter und Landvogt der Markgrafschaft Burgau,
ex commissione imperatoris Schiedsmann in einem Streite zwischen
Ruprecht, Bischof von Regensburg und Albrecht, beide Pfalzgrafen bei
Rhein, Herzoge von Bayern.[3]

Eine Zeit lang (1495) war Friedrich Vertreter des ersten
Reichskammerrichters, während sein Bruder Eitel Friedrich, der diese

---

[1] Haggenmüller, Gesch. der Stadt Kempten I, 450. 458.

[2] Ducissa cum sua familia honorifice fuit suscepta longe ab Ysprug
per dom. Fridericum de Zolren, episcopum Augustensem, ex commissione
regis Maximiliani et introducta ad predictam civitatem Ysprug. Wittwer,
Catalog. a. h. a.

[3] K. k. Statthalterei-Archiv zu Innsbruck. Maximiliana XIV. 1494.
Nr. 98.

Stelle in Wirklichkeit bekleidete, politische Missionen auszuführen hatte.¹)

Bischof Friedrich begleitet 1496 Eberhart den Jüngern von Württemberg, welcher sich längere Zeit zu Augsburg bei ihm aufgehalten, von da nach Stuttgart, als Eberhart nach dem Tode seines Vetters das neue Herzogtum Württemberg zufolge des 1492 zu Eßlingen abgeschlossenen Vertrags erhalten hatte und nun seine Regierung antreten wollte. Friedrich half ihn in seiner Würde befestigen sowohl zu Dillingen als zu Ulm.²)

In einem Rechtsstreit der Grafen von Werbenberg mit den Herrn von Zimmern setzt Bischof Friedrich, vom Kaiser als Schiedsmann bestellt, im Jahre 1496 einen Tag zu Augsburg an.³)

Zur Hinlegung großer Irrungen und Späne zwischen den Grafen Andreas von Sonnenberg-Scheer und den Grafen von Werbenberg ernennt die kaiserl. Majestät beiden Parteien einen Rechtstag im Jahre 1497 auf Martini nach Dillingen vor Bischof Friedrich von Augsburg, Ihrer Majestät dazu geordnetem commissario.⁴)

Den 6. Juli 1498 besiegelt Bischof Friedrich von Augsburg mit dem Erzbischof Bertholb von Mainz, dem Markgrafen Friedrich von Brandenburg, dem Herzog Ulrich von Württemberg und dem Markgrafen Christoph von Baden eine Urkunde König Maximilians über die 12jährige Verlängerung des schwäbischen Bundes. Freitag nach unser Frauentag Visitationis.⁵)

Im Jahre 1498 zog Friedrich nach Feldkirch und bemühte sich mit Hugo von Landenberg, Bischof zu Konstanz, zwischen König Maximilian und seinen Widerspänstigen zu Engadin Mittler zu sein.

Bald darnach wurde er im Streite zwischen Maximilian und Heinrich von Hewen, Bischof zu Chur, von Ludwig Maria, Herzog zu Mailand, als Schiedsfreund aufgestellt.

Dann wurde derselbe Bischof von König Maximilian zur Vergleichung des Streits, welchen Markgraf Friedrich zu Brandenburg mit der Reichsstadt Nürnberg über Erbauung der Burg daselbst hatte, mit vollmächtiger Gewalt abgeordnet.⁶)

---
¹) Jakob Fels, Syndikus der Reichsstadt Lindau, Erster Beitrag zur deutschen Reichstagsgeschichte. Lindau 1767. § XXIV. ²) Sattler, Herzoge v. Württemberg I, S. 5. 7. 8. ³) u. ⁴) Zimmerische Chronik. ⁵) Datt, De pace publica. S. 376. Müller, Reichstagstheater 2, 242. ⁶) Wehrlich, Chronika

Im Jahre 1499 überläßt man nach einem blutigen Kriege mit der Schweiz die Berichtigung der streitigen Grenzscheide zwischen Tyrol und Graubündten dem schiedsrichterlichen Ausspruche des Herrn Bischofs Friedrich von Augsburg.[1])

**61. so dann sein Gnad seiner kost milt was, hat er teglich vil gastung vnd zufall gehapt mit groser kostung.**

Die Gastfreundlichkeit Friedrichs, infolge welcher viele Edelleute in sein Haus einfielen (Zufall), rühmt auch Gallus Knöringer, welcher den Bischof persönlich kannte: „Er war ein ehrenreicher Herr, hielt tapfer Hof, denn er hatte Ritter und Grafen, die ihm dienten, und hat alle Ding überflüssig genug, da war kein Mangel."[2])

**62. Item vil Lehenrecht hat man gehalten ze Dillingen, besunder weil die Marggraffschaft noch bey dem Stift was, gieng grose kostung darauf.**

**Item so man Hern, Edelleut, Burger vnd ander Lewt Lehen lich, da wart auch die kostung groß.**

**Jn die Luce ist ein Her von Trient hye gewesen.**

Unter der obigen Markgraffschaft ist Burgau gemeint, von welcher sofort zu sprechen ist. Lukastag ist der 18. Oktober.

Im 15. Jahrhundert wurde in vielen Gegenden Deutschlands das neue Jahr mit dem Weihnachtsfeste begonnen. Den zahlreichen Beweisen dafür, welche Riebel[3]) erbracht hat, reiht sich auch die Praxis

---

[1]) Feierabend 2, 758.

[2]) „Zollerisches aus Füssen", Festschrift ꝛc. S. 7, Nro. 3. Wehrlichs Chronik, welche, wie wir noch des öfteren sehen werden, gegen katholische Institutionen und Personen sehr wenig Wohlwollen zeigt, spricht dieselbe Sache so aus: „Wiewohl er's mit sich weiblich aufgehen ließ, gab er doch nichts vergebens hinweg, sondern ist er auf seinen Nutzen ziemlich abgerichtet gewesen." Diese Chronik ist eine Übersetzung der Annales Augsburgenses des Pirminius Achilles Gassar von Lindau, welcher sein Werk als Physikus zu Augsburg schrieb. Gassar, der Sohn des Leibchirurgen Kaiser Maximilians, wurde während seines Aufenthalts zu Wittenberg (1522—25) Melanchthons Freund und Glaubensgenosse. Sein Werk ist ebiert von Menkenius, Scriptores rerum Germanicarum I.

[3]) Riebel, Zehn Jahre aus der Geschichte der Ahnherrn des preußischen Königshauses. Berlin 1851. S. 313 ff.

unseres Tagebuchs an. Demgemäß sind die Tage vom Weihnachts=
feste bis zum 1. Januar alle um ein Jahr zurückzubatieren und das
unten beschriebene Weihnachtsfest ist das des Jahres 1486.

**1487.**

**63.** Item er sang das tag Ampt an dem hoch=
heyl. Weyhnachttag ze Dilling vnter der Insel anno
dnj. Im lxxxvii., die zwo messen laß sein Gnab in der
Cappel im schloß.

Die Sitte, an Weihnachten drei Messen zu lesen, eine davon
früh in der Nacht, bestand schon zur Zeit Gregors des Großen.
Dieser Papst kündigt in einer Weihnachtsprebigt an, es kurz machen
zu wollen, da er heute drei Mal celebriere. Friedrich hielt ein Pon=
tifikalamt in der Pfarrkirche, nachdem er in der Schloßkapelle zuvor
zwei Messen gelesen hatte. Im folgenden erzählt der Kaplan, wie
Friedrich es mit dem Messelesen überhaupt hielt:

**64.** Vnd sunst gewonlich an vnser Frawen tag singt
sein Gnab das Ampt, an andern hochheiligen tagen lißt
er in der pfar, ober in der Cappel im schloß, an andern
werktagen, so er geschickt ist.

Friedrich verehrte also mit besonderer Pietät die hl. Jungfrau
Maria. Daß er an Werktagen nicht leicht die Messe versäumte, wenn
es sich nur immer „schickte", zeichnet ihn vor seinen gleichzeitigen
Amtsgenossen besonders aus.

**8. Kapitel.**

Friedrich erhält die Regalien; er verliert die
Markgrafschaft Burgau. Werdenbergs Jahrtag.
Fastnacht. Cathedralsteuer.

In der Woche nach Lichtmeß schwor Friedrich den Eid der
Hulde in die Hände des Johannes von Riedheim, Abtes von Kempten,
und wurde von demselben in alle Gerechtsame eines weltlichen Fürsten
für das Hochstift eingesetzt.

**65.** Item post purificationis Marie in derselben

wochen hat mein gnd. Her Regalia empfangen von dem Apt von Kempten, dem es der Kayser beuolchen hett.

Darauf bekam er einen Verdruß wegen Burgau. Diese Markgraffchaft, deren Hauptbestandteile die Städtchen Günzburg und Burgau waren, hatte Sigmund, Herzog von Österreich, welcher nebst Tirol auch die österreichischen Vorlande an der Donau und dem Schwarzwald besaß, vor 15 Jahren an Friedrichs Vorgänger, den Bischof Johannes, verpfändet, „also daß der Bischof und sein Stift die Markgraffchaft nutzen und nießen, besetzen, entsetzen und regieren solle." Nun wurde sie von Herzog Georg dem Reichen, welcher Sigmund eine Aufzahlung gemacht hatte, eingelöst.

**66.** Item die Marggraffchaft Burgau hat Herzog Sigmund von Oesterreich Herzogen Jörgen von Bayern verwilligt zu lösen von dem Stift ze Augspurg vnd Im des Brief geben. also hat Her Ludwig von Hasperg, dieweil pfleger ze Weyßenhorn, die Abkündung thon meinem gnd. Hern Bischof Friderich ze Augspurg auf Dornstag vor dem weyßen suntag Invocavit des Jars, als man zelt 1487. Vnd begert von meinem gnd. Hern Zusagung vnd Verwilligung.

Die Abkündigung geschah Donnerstag vor dem weißen d. i. dem ersten Fasten-Sonntag, welcher in jenem Jahre auf den 1. März fiel. [1]

**67.** Das thet mein gnd. Her, wan vor ein gut Zeit sein Gnad des ein wissen hat, daß die Rät Herzog Sigmunds, auch Herzog Sigmund mit Herzog Jörgen der Ablösung ains worren, damit die Marg-

---

[1] „Weißer Sonntag", quia homines post bachanalium insanias sapere tunc incipiunt. Pilgram Calendarium. Über die Burgauer Sache ausführlich, mit Urkunden belegt: Gründlicher und vollständiger Unterricht von des durchlauchtigsten Erzhauses Österreich Besitz der Markgraffchaft Burgau. Wien 1768.

grafschaft Burgau käme in Herzog Jörgens Gewalt; also das mein gnd. Her die vor wol betracht hett antwort zegeben der Abkündung.

Daß die Abkündigung in wenig höflicher Form geschah und überraschen sollte, geht aus dem ganzen Ton der Erzählung des Kaplans hervor, und stimmt zur Bemerkung Wehrlichs, wonach Friedrich „das Bistum 19 Jahre lang mit großem Unwillen der Bayerischen verwaltete."[1]) Friedrich konnte von der Abmachung mit Herzog Sigmund leicht Kunde haben, denn diese war schon am Erichtage (Dienstag) vor St. Andreas (28. Nov.) zu Hall in Tirol erfolgt.

68. Sein Gnad bekümert sich auch nit hart der Abkündung, so doch merer nuz geschaffen was mit dem Gelt, abgelößt wurden die lange zeyt vom stifft versetzt vnd verkümert waren; allein das es bey seiner Zeit geschehen solt, so es vor etliche Zeyt dem stift verpfändet was gewesen.

Der Kaplan scheint sagen zu wollen: Friedrich konnte die Aufkündigung verschmerzen, da er das zurückgezahlte Geld für das Hochstift gut nützen konnte. Er löste damit Güter ein, welche vom Hochstifte versetzt waren und so verkümert wurden.[2]) Doch wäre es angenehm gewesen, wenn die Aufkündigung seiner Zeit, d. h. erst nach Jahren, geschehen wäre, da die Markgraffschaft erst vor so kurzer Zeit an das Stift gekommen war. Auch das Hochstift hatte ein Auge auf Burgau.

69. Also schickt mein gnd. Her sein Gnaden Bater Graf Joß von Zoller, Hern Vlrich von Rechperg, thum Dechant ze Augspurg, Her Cunrad Harscher, thumhern

---

[1]) Wehrlich, Chronika. Auch Fugger, Spiegel der Ehren des Erzhauses Österreich, erblickt in dem Erwerb der Markgraffschaft einen Racheakt der Bayrischen für das Durchfallen des Herzogs Johannes bei der Bischofswahl. „Um diesen Schimpf in etwa zu rächen, brachte Herzog Georg bei Sigismund so viel zu wege &c." V, 33.

[2]) Weiter unten werden Pfaffenhofen und Killenthal als solche genannt.

vnd Her Hansen von Westerstetten gen Lantzhut, das Gelt zue empfahen.

70. Empfiengen sy am Montag nach dem suntag Jnvocavit xxxvii tausent Gulden vnd xi Gulden, vnd belaytet Herzog Jörg durch sein Diener herauff byß gen Augspurg, das Gelt ließen mein gnd. Her alles ligen ze Augspurg onverkert, pys das es alles wider an warb gelegt, damit abgelößt Killenthal, pfaffenhausen vnd anders.

Als das Gelb am Tag nach Aschermittwoch zum Gebiet der Stabt Augsburg kam, geleiteten die Augsburger dasselbe mit 90 Reitern bis zur Lechbrücke, wie Wehrlich schreibt.

Herzog Georg wollte die Markgraffschaft sehr fest halten. In einem weiteren Vertrag, den er unter neuer Anzahlung den Herzog Sigmund unterschreiben ließ, war eine Ablösung inner 6 Jahren ausgeschlossen. Aber der Kaiser Friedrich setzte als Chef des österreichischen Hauses diesem Treiben ein Ziel. Er bestellte den Bischof Friedrich von Augsburg und den Bischof Wilhelm von Eichstätt als Kommissäre zur Vernichtung dieses Vertrags. Dieselben setzten es am Freitag nach St. Lienhart, des Beichtigers, in einer Abrede durch, daß diese sechsjährige Kündigungssperre aufgehoben wurde.

Die Markgraffschaft blieb nicht lange bei Bayern. Herzog Georg regierte zu strenge. Dies veranlaßte die Burgauer, zu ihrer Auslösung eine äußerste Anstrengung zu machen. Sie brachten durch eine Umlage von je 1 fl. auf alle Feuer- und Hofstätten das Gelb zum Wiederkauf zusammen und legten es Kaiser Maximilian, welcher inzwischen in den Besitzstand seines Vetters Sigmund eingetreten war, zu Füßen.[1]) Wahrscheinlich wollten sie wieder unter das Hochstift kommen. Dies machte sich bei der Gelbnot Maximilians von selbst. Mittwoch vor St. Mathias Aposteltag 1498 verkauft Kaiser Maximilian an

---

[1]) Incolae facta a singulis per totum territorium focis collectione LII aureolorum milibus se a Boiis ultro redemerunt. Gasser, Annales Augsburgenses.

ben Bischof Friedrich jährliche 1000 fl. Zins aus der Markgrafschaft samt 100 Fuder Salz zu Hall um 22000 fl. und verpfändet dafür die Markgrafschaft Burgau, zu deren Landvogt er überdies den Bischof Friedrich ernennt. Diese Augsburger Pfandschaft dauerte bis 1559. Zur Regierung der Markgrafschaft erteilte Maximilian dem Bischof eine besondere Instruktion.

71. Item in vigilia Mathie hat mein gnb. Her den Anniversarium laſſen begaun zu Dilling mein Her sälig Bischoff Johannßen, was auf die solchen Zeit hin zu Dillingen die Bottschaft des küngs von Polen.

Der König von Polen Kasimir IV. (1446—92) hatte eine Schwester Kaiser Friedrichs zur Frau. Seine Tochter war an Georg den Reichen verheiratet.

72. Item Esto mihi hat mein gnb. Her Faßnach gehalten mit den Burgern ze Dillingen, wie vor Alter her ist komen, seynnt unsers Hern des kaysers Rätt hie gewesen.

Item Cinerum rytt mein gnb. Her gen Augspurg, komen am Aftermontag nach Invocavit wider her gen Dillingen.

Die Fastnacht wurde in Schwaben „mit großen Lusten" begangen. Sie begann am Sonntag Esto mihi, dauerte bis Dienstag fort, welcher Tag „die rechte Fastnacht" hieß. Friedrich beteiligte sich wohl an dem üblichen Festmahle, wobei er auch die mit scheckigen Masken gefüllten Narrenschiffe besehen mochte, die man durch die Straßen zog.[1]) Der Sonntag Esto mihi fiel in jenem Jahre auf den 25. Februar. Vom 28. Februar bis 5. März hielt sich der Bischof zu Augsburg auf.

73. Item was die priesterschaft im Bistumb gab

---

[1]) Jäger, Ulms Verfaſſungs-, bürgerliches ꝛc. Leben im Mittelalter. 1831. S. 528.

subsidium charitativum, ward auch behalten ze Augspurg anverkert, biß das mein gnd. Her mit ablößt.

Das subsidium charitativum, die sogenannte „Liebessteuer", ist ein Geldbeitrag, welchen nach kanonischem Rechte der Bischof von allen Benefiziaten, deren Einkommen den Lebensbedarf übersteigt, für den Fall außerordentlicher Bedürfnisse zu erheben berechtigt ist. Sie wurde vorzüglich beim Antritt des Amtes erhoben. Diese Steuer war auch für Friedrich in Augsburg angelangt. Aber man ließ sie „anverkert", b. i. da liegen, bis Friedrich darauf verzichtete. So wenigstens verstehen wir das „mit abläßt", das so viel zu heißen scheint, als von ihr abläßt, es mit ihr gut sein läßt.

## 9. Kapitel.

### Die Karwoche des Jahres 1487.

**74.** Item am Palmabent rytt mein gnd. Her gen Augspurg ao. dnj. 1487 vnd sang das Ampt an Palmtag vnder der Infel. Das was das erst Ampt, das sein Gnab ze Augspurg hat gesungen, wie wol er vor ze Dillingen gesungen hat vnder der Infel, vnd was actus in der kirchen zethon waren, richtet er auß die wochen.

Der Ritus der Palmprozession war zur Zeit Friedrichs durch zwei Handlungen belebt. Die Chorknaben breiteten vor dem Priester, welcher Christum vorstellte, unter den Worten: Pueri hebraeorum vestimenta prosternebant in via et clamabant etc., wirklich ihre Kleider aus. Sodann senkte der Diakon dreimal den Palmzweig über die Schulter des knieenden Priesters, indem er dazu die Worte sang: Scriptum est enim: Percutiam pastorem et dispergentur oves gregis. Der Priester aber stand auf und antwortete: Postquam autem surrexero, praecedam vos in Galilaeam. Der Kaplan erwähnt nun einzelne Akte der hl. Woche, welche der Bischof verrichtete. Er weiht unter der Pontifikalmesse des Grünen Donnerstags die hl. Öle und teilt zum Gedächtnis des hl. Abendmahls die hl. Eucharistie an die Seinigen aus:

**75.** Item in Oena dnj. hielt sein Gnad aber das Ampt vnder der Infel vnd consecriert Chrisma et communiciert auch selbs vnder der Infel sein Hofgesint. Am Abent wusch er seinen thumhern die Füß.

Die Ceremonie der Fußwaschung findet nach dem römischen Pontifikale im Anschluß an die Messe des Bischofs statt. Friedrich ließ sich, wenn er nicht funktionierte, selbst die Füße waschen. So von dem Abte zu Füssen, als er sich gerade über die Karwoche daselbst aufhielt.[1])

**76.** An der Haylgen Osternacht ze Mitternacht erhub mein gnd. Her, vnsern Heren, den Zarten Fronleichnam aus dem Grab, vnd trug das Sacrament in der Prozession, so man hat auf dieselbe Nacht, vnd stieß an die Thir mit den Worten: Tollite portas principes vestras, ut moris est. In der Metten regiert sein Gnad mit Anfang collectum etc.

Die hier angedeutete Ceremonie der Osternacht ist in dem Obsequiale, welches Friedrich 1487 herausgab, beschrieben. Der Bischof begibt sich um Mitternacht vor der Matutin zum hl. Grab und erhebt die hier beigesetzte hl. Hostie, „den Frohnleichnam", den er dann in stiller Prozession durch den Kreuzgang des Domes trägt. Bei der Kirche angelangt, findet er die Thüre verschlossen. Er stößt mit dem Stabe daran unter den Worten des 23. Psalms: Attollite portas principes vestras et elevamini portae aeternales. Der Chor fügt bei: Et introibit rex gloriae. Von innen aber ruft einer, welcher die Rolle Satans übernimmt, in barschem Tone: Quis est iste rex gloriae, worauf der Chor antwortet: Dominus fortis et potens. Dieses Zwiegespräch wird dreimal geführt, vom Bischof jedesmal in erhöhtem Tone. Auf das dritte Pochen geht die Thüre auf, und die Prozession zieht unter Jubelgesang in die Kirche ein. Es folgt die rührende Bitte: Christus, qui propter nos iudican-

---

[1]) Zollerisches aus Füssen S. 9.

dus advenit, pro nobis iudicaturus adveniat. Der ganze Gottesdienst ist eine Feier der Auferstehung Christi nicht aus dem Grabe, sondern aus der Unterwelt. Der Schlußgesang lautet:

O vere digna hostia,
Per quam fracta sunt tartara,
Redempta plebs captivata
Redit ad vitae praemia.

Auf die Metten, welche der Bischof leitete, folgte eine weitere Feierlichkeit, der Besuch des hl. Grabes. Die heiligen Frauen am Grabe des Erlösers und ihre Gespräche mit den Engeln und den Aposteln wurden durch Gesang und Handlung dargestellt. Einige Sänger, dem hl. Grabe zuschreitend, tragen die Worte der hl. Frauen vor: Quis revolvit nobis ab ostio lapidem, quem tegere sanctum cernimus sepulchrum? Aus dem Grabe ertönt die Frage der Engel: Quem quaeritis, o tremulae mulieres, in hoc tumulo plorantes? Es wird geantwortet: Iesum crucifixum Nazarenum. Und wieder tönt es aus dem Grabe: Non est hic, sed cito annuntiate discipulis eius et Petro, quia surrexit Iesus. Der Chor fährt fort: Currebant duo simul, et ille alius discipulus praecucurrit citius Petro et venit prior ad monumentum, Alleluia. Darauf singen die Apostel, indem sie das Linnentuch Christi zeigen: Cernitis, o socii, ecce linteamina et sudarium, et corpus non est in sepulchro inventum. Der Chor singt dreimal in erhöhtem Tone: Surrexit Christus de sepulchro, qui pro nobis pependit in ligno, Alleluia. Die Verse des Chorgesanges Victimae paschali werden durch die Strophen des deutsch gesungenen Liedes „Christ ist erstanden" unterbrochen. Zum Schlusse wird das Te Deum der Matutine gesungen.[1])

**77. Item am Ostertag sang er das Ampt vnder der Insel.**

---

[1]) Auch für Lichtmeß verzeichnet Friedrichs Ritual eine bramatische Ceremonie. Der Lichterprozession begegnet in der Kirche ein älterer Priester (dignior sacerdos) mit dem Rauchmantel angethan, welcher das Kind Jesu in einem Kissen auf den Armen trägt. Er läßt den Festzug, welcher die Worte singt: Cum inducerent puerum Iesum parentes eius, accepit eum Simeon in ulnas suas etc. an sich vorüber. Am Himmelfahrtsfeste wird nach demselben Rituale ein Bild Christi unter entsprechenden Gesängen in die Höhe gezogen.

Item am Ofterabent fang er auch das Ampt vnder der Infel vnd weyhet felbs Priefter diacon. subdiac. acolytos etc.

Unter Ofterabend ift der Karfamstag verftanden, an welchem noch heute unter der Meffe die nieberen Weihen des Oftiarius, Exorcift, Lektor und Akoluthen, fowie die höheren des Diakons und Priefters erteilt werden.

**78.** Item all fein actus, wie wol fie die erften waren, ftanden Im alls faft woll an vnd löblich.

Item 3tia feria post pasche kam ir Gnd. mein gnd. Her wider gen Dillingen.

Die Würde, mit welcher Friedrich funktionierte, fiel auch im Jahre 1501 bem Nürnberger Heinrich Deichsler auf, welcher unfern Bifchof in der St. Sebalbuskirche ein feierliches Amt halten fah. Er schreibt: „An fant Pauls tag Bekehrung (25. Jan.) 1501 beging man ben herzogen Albrecht von Sachsen zu St. Sebalb. Der Abt zu St. Gilgen fang das Seelenamt, und der Bischof von Augsburg fang das Tagamt auf dem hohen Altare. Hatt eine gute Stimme und machet vor dem Segen viel befondere Kollekten." [1]) Die Rückkehr nach Dillingen erfolgte ben 17. April.

## 10. Kapitel.

### Der Reichstag zu Nürnberg 1487.

Im Frühling des Jahres 1487 wurde Bifchof Friedrich von feinem Kaifer zu politifcher Wirkfamkeit eingeladen. Er gab diefer Einladung folge, fobalb feine kirchlichen Pflichten es erlaubten.

**79.** Item kayfer Friederich hett zufamen Botten allen Fürften, die zu dem Reych gehörten, vnd Raychftetten, gen Nörnberg ze kommen auf Mittfaften anno etc. 1487. Es wart mein gnb. Her an dem kayferzug piß oftern, fo er die Heyl. Zeyt nit gern außer feiner kirch was.

---

1) Städtechroniken, Nürnberg. 11.

Mitfasten, b. h. der Sonntag Lätare, auf welchen der Kaiser die Reichsstände „zusammengeboten" hatte, fiel auf den 25. März. Schon den 7. desselben Monats zog Kaiser Friedrich, von den Niederlanden her kommend, in Nürnberg ein und nahm seine Wohnung auf der Burg.

Noch vor der Karwoche waren die Erzbischöfe von Köln, Mainz und Trier gekommen, Friedrich aber „wartete" zu Dillingen, bis Ostern vorüber war.

**80.** Item darnach an sant Jörgentag ryt mein gnd. Her hie ze Dilling aus auf den tag gen Nurnberg, mit Jm sein lüt vnd Hofgesind. hett Sybenzig pferd, waren wol gerüstet, doch waren die viii pferd Wagenpferd. Es waren pey Jm besmals sein Rät vnd ander Edel, vnd waren all Hofgesind.

Die Zahl der Pferde, mit welchen Friedrich den 24. April nach Nürnberg aufbrach, war 70, die 8 Wagenpferde eingerechnet. Der Kurfürst von Köln hatte über 200, der von Mainz ebenso viele, der von Trier 100 bei sich, die weltlichen Fürsten zum Teil über 300, Herzog Christoph von Bayern nur 25.

Die Nürnberger Bürger Peter Nützel und Anton Tetzel waren vom Stadtrat beauftragt, den Gästen Herberg zu bestellen. Sie quartierten den Bischof Friedrich, welcher seinen Weg über Nörblingen und Gunzenhausen genommen hatte, bei dem Patrizier Hans Haller ein.

**81.** Vnd waren die erste Nacht ze Nörling, die andre Nacht zu Gunzenhaußen, die dritte gen Nürnberg; vnd was mein gnd. Her ze Herberg in hansen Hallers Hauß an sant sebalts kirchoff, pey Jm seiner gnaden Vater, Her Lienhart Marschalk. Die andern Rät vnd auch alle pferd hett ander herberg.

Nicht nur der Vater Jost Niklas, sondern auch der Bruder des Bischofs Friedrich war auf diesem Reichstag. Letzterer kam als Gefolgsmann der Markgrafen von Brandenburg her.

**82.** Item als mein gnb. Her gen Nürnberg kamen, waren alle Fürsten ober der merer tail vor da ze Nürnberg, außgenomen die drey Margrafen von Brandenburgk, Herzog ot von . . . . vnd Herzog Balthezar von Mekelburg.

Über den Einzug obgenannter Fürsten berichtet Tucher wie folgt: „Item den 29. Tag Aprilis, Sonntag, kamen her drei der Markgrafen von Brandenburg: Markgraf Hans aus der Mark mit 350 Pferden und seine beiden Brüder Markgraf Friederich und Sigmund, auch je 350 Pferd, alle sehr wohl gerüstet, mit viel Rittern und guten Leuten vom Adel." Und: „Am 13. Tag Maii kam her zu diesem Tag Herzog Ott von Neumarkt mit 180 Pferden in Schwarz, wohl gerüstet. Und man rennet täglich scharf, die Fürsten und Grafen und Ritter und Knecht. Item am 14. Tag Junii, an unseres Herren Leichnams Tag, kam Herzog Magnus von Mecelburg, er hatte bei 60 Pferde." Letzterer war der Bruder des Herzogs Balthasar.

Bischof Friedrich war schon am 27. April in Nürnberg. An diesem Tage wohnte er einem Gottesdienste an, welcher alljährlich am 2ten Freitag nach Ostern gehalten wurde. Derselbe bestand in der Heiligtumsweisung. Die Reichskleinodien, welche Nürnberg aufbewahrte, wurden von einer im Freien aufgeschlagenen Tribüne zur Verehrung gezeigt. Dieselben waren die Krone, das Szepter, das Schwert und der Mantel Karls des Großen, ein Stück vom hl. Kreuz und die hl. Lanze. Die Tuchersche Fortsetzung schreibt: „Item da weist man das Heiligtum nach Gewohnheit und waren die fünf Kurfürsten auf dem Heiligtumsstuhl, nämlich mein Herr von Mainz, Köln und Trier, mein Herr Pfalzgraf und Friederich von Sachsen, Kurfürst und sein Bruder Herzog Hans von Sachsen, Herzog Christophel von München und Herzog Velbentz von Bayern, auch Bischof von Eichstätt und Bischof von Augsburg und sein Vater von Hohenzoller mit ihren Dienern. Und der Städte Boten thät man zusamen in der Pehamyn Haus in die untern Stuben neben dem Tabernakel. Und die kaiserliche Majestät blieb auf der Veste, kam nicht herab."[1]

---

[1] Städtechroniken, Nürnberg 11, 492.

**83.** Item rytt mein gnd. Her auf den kayserl. Hof, pey Im gehapt die hernach geschriben Rät vnd Edellewt: Graf Joß von Zoller, seiner Gnaden Vater, Her Vlrich von Rechberg, thumbechant ze Augspurg. Her Cunrat Harscher, primus scholasticus ze Augspurg, Her Jörg von schnusberg, thumher ze Augspurg, Her Jörg von schauenburg, Her Vlrich von Westerstetten, Her Veyt Nyberthorer, all thumbhern ze Augspurg.

Einzelne Herren aus dem stattlichen Gefolge, mit welchem Bischof Friedrich dem Kaiser auf der Burg seine Aufwartung machte, sind schon genannt, andere werden später noch auftreten, noch andere mögen unbesprochen bleiben. Nach den Geistlichen führt der Kaplan die Laien aus dem Ritterstand auf:

**84.** Her Jörg von Rechberg, Her Mang Marschalk von Hohenreychen der älter, Her Hanß von Westerstetten, Her Lienhardt Marschalk von Hohenreychen, des heyl. Reichs Erbmarschalk, alle Vier Ritter vnd Diener meines gnd. Hern. Junker Gilg Marschalk von Oberndorf, des Stifts ze Augspurg Erbmarschalk, desmals auch Hofmarschalk, Dietegen von Westerstetten, Hainrich von Stain zum Diemenstain, Wilhelm von Walbek, Hans von Landau, Melchior von Cumberg.

Zum folgenden Absatz sagt eine Randbemerkung der Handschrift: „Jung Edelleut, die nicht Räte sind":

**85.** Wilhelm Güß von Güßenberg, Burkart von Hoym, Conz, Heinrich von swangaw, Veyt von Wernaw, Anthoni von Wolkenstein, Jörg von Vestenburg, Mang Marschalk von Hohenreichen der jünger, Philipp von Landeck, Jörg Pusch, Frisch Hanns von Bobmans,

Großhanns spät, Burkart Hannß von elterbach, Hanns von schwabsperg Rechenbach, Jörg Lewe, Hannß Lewe.

Frisch Hans von Bobman war später in Diensten der Herzoge von Bayern.¹)

**86. Item es warb mein gnb. Her auf den angemelbeten Hof gelopt vnb gepreyßt von geistlichen vnb weltlichen Fürsten vnb andern Hern vnb Edelleut, auch gemeinen Volk für den aller wol gethonesten Fürsten in seinem stand, auch mit seinen Räten nit der mynst fürst.**

Friedrich zeigte sich auch auf dem Reichstage als Bischof. Er übernahm Gottesdienste und beehrte die Klöster mit seinem Besuche:

**87. Item mein gnb. Her sang das Ampt vnder der Insel an den heil. Pfingsttag ze vnser lieben Frawen in beywesen Margraf Hannß von Brandenburg kurfürst, Margraf Friderich vnd Margraf Sigmunds von Brandenburg, all brey Geprudern.**

Von der herrlichen auf dem Marktplatz 1361 erbauten Frauenkirche schreibt Meisterlin: „Die heilige Kapelle bauten sie mit köstlichem Gebäue. Da ist gestiftet, daß man alle Tag die sieben Tagzeiten von Unser lieben Frauen singt, auch viel löblicher Meß und zu Abend das Salve."²)

**Item mein gnb. Her sang auch das Ampt vnder der Insel zu den Predigern an irer Kirchweyh.**

---

¹) Die Familie Bobman zu Bobman am Bodensee bewahrt das Bild dieses ihres Ahnen noch heute auf. Hans kniet als Greis mit weißem Barte in voller Rüstung vor der hl. Mutter Anna. Über ihm stehen die Worte geschrieben: „Hans von Bobman der alt, der syne besten Tag by Herzog Ludwik und Herzog Georgen verzehrt hat. 1522."

²) Städtechroniken, Nürnberg III, 160.

**88.** Item mein gnb. Her hett ein groß gefallen ab den obseruantzer münch ze Nürnberg, dar vmb sein Gnad mer dann ayns aß zu den Predigern im Refectorio, Nyemant mit Jm genomen dann Her Mang Marschalk vnd seinen Caplan, auch aß sein Gnad zu den Kartesuern vnd hett meß daselbs, auch aß er ze sant Gilgen 2c.

Sigmund Meisterlin, ein Zeitgenosse Friedrichs, schreibt von den obengenannten Orden, wie folgt:

„Da ist bei Sebalds Pfarre ein Konvent **Predigerordens**. Da sind geistliche, hochgelehrte Personen, köstlich Prediger des göttlichen Wortes, also daß man aus ihnen erkieset viel Väter, die da reformieren und predigen in deutschen Landen. Haben auch gar treffentliche doctores in kurzen Zeiten da gehabt." Im Jahre 1483 erscheint ein Friedrich Stromer als Prior. Die Stromer sind ein nürnbergisches Patriziergeschlecht.

„Doch über die alle ist eine edle, köstliche, wohlversehene **Karthaus** mit göttlichen Vätern besetzt und dabei ein Spital für 12 Brüder ehrbaren Alters." Der damalige Prior der Karthäuser war Georg Pirkheimer (1477—1504),[1] wohl ein Oheim der berühmten Nonne Charitas Pirkheimer und ihres noch berühmteren Bruders Wilibald Pirkheimer.

„Die oberst Prälatur ist da ein Abt (die höchst Würdigkeit nach einem Bischof) St. Benediktenordens, gefürstet und ein Jnful, reformiert, zu St. Egibien, da vor Zeiten Schotten sind gewesen. Derselb würdig Vater mit seinem Convent ist begabt mit zeitlichen Gütern, doch daß er und sie nicht mögen versparen, denn sie geben auch groß durch Gott. Ihr Gotteshaus ist mit großem Heiltum und Gnaden begabt. Die Brüder warten allein göttlichen Diensts." Den Abt von St. Agibien Johannes Rotenecker haben wir oben kennen gelernt.

**89.** Item nach Pfingsten in der andern Wochen

---

[1] Roth, Geschichte der nürnbergischen Karthause. S. 108.

zuog mein Her von Trier auß Nurnberg, darnach ward immerdar ain fürſt nach dem andern ausſprechen doch allererſt Johs. Bapte., als der pfalzgraf ꝛc.

Die Tucherſche Fortſetzung ſagt: „Item in der Wochen vor Margareten (d. h. vom 1. Juli a5) ritten die Fürſten und Städt wieder vom Tag." Der Erzbiſchof von Trier aber verließ die Stadt ſchon, wie Tucher ſchreibt, den 12. Juni, welcher allerdings in die zweite Woche nach Pfingſten fiel. Von den übrigen, ſagt unſer Autor, ging keiner vor Johannis (24 Juni) weg, als der Pfalzgraf „allein". Dies nämlich will das geheimnisvolle „ꝛc." ſagen, welches im Folgenden ſogleich ſeine Erklärung findet.

**90.** Item mein gnd. Her was faſt der aller letzſt fürſt auß Nürnberg vom Hof Reyten vmb des willen, das er erſchin als eyn gehorſamer dem Römiſchen kayſer vnd Reych, ſo doch kayſer Friderich dannocht hinnach lang ze Nürnberg belib piß Weyhennacht.

Kaiſer Friedrich verließ Nürnberg den 17. Dezember. Die Anhänglichkeit Friedrichs an den Kaiſer wird hervorgehoben, weil auf dieſem Reichstage mancher Trotz zum Vorſchein gekommen war. So beſonders von Seite der Bayern. Zu dem datum 13. Maii, an welchem Herzog Otto von Neumarkt einzog, merkt die Tucher'ſche Fortſetzung an: „War ſonſt kein Herr von Bayern bisher hergekommen, ließen den Kaiſer ſchreiben, was er wollt." Das iſt nun nicht ganz richtig, denn ſchon am 26. April zeigte ſich der Pfalzgraf; aber am 11. Tag ritt er wieder fort. Erſt den 27. Auguſt kam auch Herzog Georg von Landshut, „nachdem die Fürſten hie all von hinnen waren, und ritt ihm der Kaiſer ſelber entgegen, und war ſonſt keinem Fürſten entgegengeritten, denn ihm."

**91.** Auch belib mein gnd. Her dan vmb ſo lang: mein Her der Biſchof von Babenberg N. groß hett gepetten mein gnd. Hern, In ze weyhen, wartet man der Bottſchaft von Rom der Confirmation halb. alſo geſchah es.

Der neue Bischof von Bamberg, welcher von Friedrich geweiht wurde, war Heinrich Groß von Trockau, ben wir schon als ehemaligen Domherrn zu Augsburg kennen gelernt haben. Er wird als ein weiser Regent bezeichnet. Im Kampfe gegen den Markgrafen Kasimir von Brandenburg, Fürsten von Bayreuth, bewies er kriegerischen Mut. Im Jahre 1491 hielt er eine Diözesansynode. Nach seinem Tode (1501) fällt Heinrich Deichsler über ihn das Urteil: „War ein frommer, guter Herr, that nie etwas wider Nürnberg." Das Grabmal dieses Bischofs von Peter Vischer aus Nürnberg gehört unter die vollendetsten Gebilde mittelalterlicher Plastik.

92. Item am suntag nach margarethe, hoc est in die dominica post apostolorum, da weyhet mein gnd. Her den Bischof von Babenberg gar löblichen vnd herlich, er lag ze herberg bei dem Thumpropst, was ein Truchseß.

Das Fest ber hl. Margaretha fällt in dem Kalender bes 15. Jahrhunderts auf den 13. Juli. Da dieser Tag im Jahre 1487 ein Freitag war, so fand die Weihe des Bamberger Bischofs den 15. Juli statt. An diesem Tage feiert die Kirche die partitio apostolorum (Apostelteilung). Statt des „post" unseres Textes war also im Original „part." zu lesen, dann stimmt alles.

Friedrich war bei dem Dompropst zu Gaste. Dieser ist kein anderer als Vitus Truchseß von Pommersfelden, zugleich Domherr zu Augsburg. Er wurde 1501 Heinrichs Nachfolger auf dem Stuhle des hl. Otto und starb zwei Jahre später (1503) im Rufe der Heiligkeit. Bei seinem ersten Einzuge in Nürnberg fiel er durch seine Demut auf. Heinrich Deichsler erzählt: „Am Sonntag nach Lorenztag, da kam der neue Bischof von Bamberg her gen Nürnberg. Und vor dem Tiergartnerthor hatte man einen schönen Teppich ausgebreitet auf die Erden. Darauf stunden die Herrn des Rats und warteten auf den neuen Bischof. Und da er her zu ihnen kam, da traten sie herab und hießen ihn herauf auf den Teppich stehen. Das wollt er nicht thun. Item er hat einen schlechten schwarzen Rock an."

93. Item nach bem Tisch ryt mein gnd. Her mit

dem Bischof von Babenberg auf den Perg Altenburg in das Schloß vnnd hetten alle Frewd mit einander.

Die Altenburg, eine halbe Stunde von der Stadt, Bambergs schönstes Ausflugsziel, war ursprünglich eine Warte, damals aber ein Schloß der Bischöfe von Bamberg. Die Aussicht vom Thurm ist eine der schönsten in Franken.

**94.** Item es ryt auch mein gnd. Her in das Kloster zu den Münchsberg, vnd besach da das Hayltum, vnd auch ließ man Jm das Hayltum im Gestift sehen, das dan vil ist vnd merkliche stuck.

Das Kloster Münchsberg ist die ehemalige, von Kaiser Heinrich II. dem Heiligen gegründete Benediktinerabtei auf dem Michelsberge nordwestlich an der Stadt. Die romanische Pfeilerbasilika aus dem 12. Jahrhundert birgt das Grabmal des hl. Otto († 1102) aus dem 14. Jahrhundert. In der Sakristei ist sein Stab, Jnful und Meßgewand. Diese Dinge sind ohne Zweifel das „Hayltum", das Friedrich besichtigte.

Das „Hayltum im Gestift, das dann viel ist und merklich Stuck", sind die Reliquien des Bamberger Domes, zu welchem der Bischof vom Mönchsberg auf seinem Wallfahrtsritt wieder hinabgestiegen sein mochte. Die Schatzkammer des Domes enthält die Häupter des hl. kaiserlichen Paares Heinrichs II. und Kunigundens, die Krone Heinrichs, sein Reichsschwert, Trinkhorn und Messer, Kämme der Kaiserin, ein von ihr gesticktes Meßgewand rc.[1])

**95.** Item am Montag nach der Weyhe rytt mein gnd. Her wider zu gen Nürnberg vnd was über Nacht ze Forchhaim. Am Afftermontag kam er gen Nürnberg, vnd auf demselben tag hatten sich auch erhebt die drey Marggrafen von Brandenburg vnd wollten reyten

---

[1]) Ein Verzeichnis aller echten und unechten Reliquien des Domes aus dem Jahre 1465 in den Jahrbüchern des 15. Jahrh. Städtechroniken, Nürnb. 10. Das feierliche Vorzeigen derselben geschah in 11 Gängen und währte 4 Stunden.

vom Hof ze Nürnberg, also kam mein gnb. Her so zeitlich hin eyn, daß sein Gnad Jnn das Geleyt gab.

Das Städtchen Forchheim, woselbst Friedrich den 16. Juli übernachtete, liegt 5 Stunden von Bamberg, genau in der Mitte zwischen dieser Stadt und Nürnberg. Demnach konnte der Bischof, wie der Kaplan es auch anmerkt, Dienstag den 17. Juli Nürnberg noch vormittags erreichen, um seinen Vettern aus der fränkischen Linie, den „drei Markgrafen von Brandenburg", welche an diesem Tage den Hof verließen, das Geleit zu geben. Diese drei Markgrafen ritten mit dem Mainzer Erzbischof und dem Kurfürsten von Sachsen mittags 2 Uhr aus Nürnberg aus, und nicht nur Bischof Friedrich, auch der Kaiser begleitete sie bis zu den „sieben Kreuzen", welche sich vor der Stadt an der Straße nach Erlangen befanden.[1]) Donnerstag den 19. Juli reist Friedrich dann selbst von Nürnberg ab.

**96.** Item darnach am Dornstag prach mein gnd. Her auf von Nürnberg vnd Hoff vnd ryt bis gen Gunzenhaußen. am freytag ließ er sein Diener all mit sampt dem kamer wagen reyten gen Nörling vnd nam er mit Jm seinen Caplan vnnd ein kamerer vnd ein Marstaller vnd ryt ze seiner Basen gen kirchhaym.

Friedrich erreicht das Städtchen Gunzenhausen an der Altmühl auf einem Wege von 9 Stunden. Am folgenden Tage, den 20. Juli, schickt er seine Leute, mit Ausnahme des Kaplans, des Kammerdieners und eines Reitknechts, nach der Reichsstadt Nördlingen voran; er selbst aber besucht die oben erwähnte Base Magdalena von Ottingen im Kloster Kirchheim, woselbst er eine Einladung auf das Ottingensche Schloß Wallerstein erhält.

**97.** Da kam der pfleger von Wallerstain Karl von Wisentau vnnd batt als mit grosen Fleyß vnd ernst mein gnb. Hern, auch die Aptissin von kirchhaym, das mein gnädiger Her die cost neme die Nacht ze Wallerstain, das thet mein gnb. Her, vnnd waren vber

---
1) Jahrbücher des 15. Jh. Städtechroniken X. Nürnberg.

Nacht ze Wallerstain vnd das ander Volk ze Nörling. Ze morgens ryten mir piß gen Dillingen in die praxedis (21. Juli), que antecedit diem marie magdalene.

## 11. Kapitel.

**Rückblick auf den Reichstag. Briefe. Erholung. Ein Kommissariat. Hoffeste.**

Nachdem unser Autor die Ankunft seines Herrn zu Dillingen erwähnt hat, wirft er nochmals einen Blick auf den Reichstag zurück und liefert einige Nachträge. Letztere haben wir vor allem mit der Erwähnung einer wichtigen Korrespondenz zu ergänzen. Geiler hatte an Friedrich einen Brief geschrieben, welcher uns verloren gegangen ist, und Friedrich hatte Geilern mit einem Briefe geantwortet, welcher uns noch erhalten ist. Der Brief Friedrichs ist unter dem 23. Mai gegeben; er enthält die Anrede "Sie" (vos), während Geiler seinen Schüler sonst mit Du anredet. Das Schreiben lautet:[1]

„Mein einzig geliebter Lehrer! Es wird mir schwer, die Freude und den Trost zu schildern, welchen Ihr Brief mir bereitet hat. Erkenne ich doch daraus meinen innigsten Freund wieder, welcher jetzt mit der Feder der Geschäftsträger meines ewigen Heils ist, wie er es früher mit Worten gewesen ist. Ach ja, während einst meine Seele an dem Gotteswort, das aus Ihrem gesegneten Munde floß, ihr täg=

---

[1] Friedrichs Brief wurde zum ersten Mal im Jahre 1518 einer Ausgabe der Geilerschen Schriften vorgedruckt. Auch v. Steichele und Dacheux veröffentlichten ihn. Steichele, Archiv I, 170; Dacheux, Un réformateur etc. p. 384. Wir lassen hier den ganzen Text folgen:

Egregio viro domino Joanni Geiler de Keisersperg, sacræ Theologiæ Doctori dignissimo, preceptori suo colendissimo, Fridericus Episcopus Augustensis vester discipulus, sinceram in Domino salutem.

Preceptor mi singularissime, quibus gaudiis ac consolacionibus animi afficiar de litteris vestris, difficile est mihi perscribere, cum summum et intimum sollicitatorem eterne mee salutis prius in sermone, nunc in scriptis intelligam, et revera, sicut vita anime mee in verbo Dei, quod de ore vestro benedicto processit, cotidie alimenta sua sumpsit, sic cum nunc privor istis mellifluis doctrinis, cotidie deficit anima mea, quæ vix semiviva remanet, utinam non totaliter mortua! Quare dico scriptis vestris reviviscere spiri-

liches Brot hatte, so darbt sie jetzt, dieser süßen Lehren beraubt, und bleibt kaum am Leben, wenn sie nicht gar schon gestorben ist. Doch, wie ich sage, bei Ihrem Briefe athmet sie wieder und glauben Sie mir, die große Last, die auf meine Schultern gelegt ist, würde mir leicht vorkommen, wenn ich meinen Lehrer und Führer bei mir haben könnte, der mich aus meinen vielgestaltigen Sorgen allemal wieder heraus= zöge."

Im folgenden spielt Friedrich sodann auf ein von Geiler ge= brauchtes Bild an. Schon in einem früheren Briefe hatte dieser gesagt, Friedrich müsse ein Phönix unter den Bischöfen werden; im letzten scheint er dieses wiederholt zu haben. Friedrich antwortet nun, indem er die damalige Naturlehre beizieht, wonach der Phönix sich durch Verbrennen verjüngt:

„Ich habe es verstanden, Sie erwarten in mir jenen Phönix zu sehen, aber da wäre nötig, daß der alte Vogel durch das Feuer des hl. Geistes verzehrt wäre, damit er als neuer aus der Liebe wie= der geboren werden könnte."

Auch auf das Vorbild gewisser Heiligen hatte der Lehrer ver= wiesen, worauf Friedrich nunmehr Bezug nimmt:

„Und wenn Sie mir die heiligen Männer beschreiben, wie sie fest hingestanden sind gegen die in Unzucht und Habsucht versunkene Welt, so verdiene ich eine solche Gnade überhaupt nicht, da ich der= selben unwürdig bin, glaube übrigens auch, daß das verfluchte Regi=

---

tum meum, et in veritate credite, maximum onus mihi impositum levissi= mum mihi videretur, si talem præceptorem ac directorem haberem, qui ex variis curis me semper relevaret.

Et sicut ego intellexi, vos cum desiderio expectare unicum Phenicem, opus esset illud antiquum (ut naturales describunt) per ignem, qui spiritus sanctus est, consummari et charitate Dei perfecta regenerari. Ceterum cum describitis sanctissimos ac præstantissimos viros, quales se exhibue= runt erga reges Egyptios fornicantes, avaros etc., tantam gratiam ego indignus non mereor, sed eciam credo, quod maledictum regimen regum ac principum (sed ex prejacenti iracundia loquor) non mereatur a Deo tales habere, cum totus mundus in omni iniquitate submersus sit usque in profundum.

Preterea inter cetera sanctissima monita reperio unum, videlicet ut doceam populum, quod non minimum reputo seminare verbum Dei, sed cum hoc in pluribus admissum sit, quod quis non potest facere per se,

ment der Könige und Fürsten, — ich sage so, weil der Zorn mich übermannt, — solcher überhaupt nicht würdig wäre, da die ganze Welt bis auf den Grund und Boden hinab im Argen steckt."

Der klägliche Zustand des deutschen Reiches ging dem Bischof so sehr zu Herzen, daß er sich in diesen verzweiflungsvollen, harten Worten Luft macht. Der Kaiser war nur ein Schatten, von den Fürsten jeder auf seinen Nutzen bedacht. Friedrich geht nunmehr auf seine bischöflichen Pflichten über. Geiler hatte ihn an die Predigtpflicht gemahnt; darauf schreibt Friedrich:

„Unter den heilsamen Ermahnungen, die Sie mir gegeben haben, finde ich auch die, das Volk zu lehren, und ich halte es nicht für die geringste meiner Pflichten, das Wort Gottes auszustreuen. Aber da es oft gestattet ist, was man selbst nicht thun kann, durch andere zu thun, so bitte ich Sie bei der Liebe Christi, mir den Weg anzugeben, wie ich Sie, meinen Lehrer, als Gehilfen zu mir dauernd herüber bekommen könnte, um den Schäflein in meiner Kirche an meiner Stelle das Futter zu reichen. Und wenn mir das nicht für immer gelingt, so möge es mir doch für dies Jahr wenigstens gewährt werden, ich würde das für die größte aller Gefälligkeiten ansehen. Ich habe die feste Überzeugung, daß Sie so viel Frucht bei den meinigen erzielten und auch mich so förderten, daß ich Gott viel sicherer über mein Hirtenamt Rechenschaft ablegen könnte. Vielleicht

---

faciat per alterum. Quare ex isto capite rogo vos per amorem domini mei Jesu Christi, ut mihi ostendatis, si sit via aliqua idonea invenienda vos tanquam preceptorem et coadjutorem mecum permanere, pro me pabula ovibus in ecclesia mea prebere; et si in toto id efficere non possum, saltem unico hoc anno hoc mihi a vobis concederetur, quod in cumulo maximorum beneficiorum mihi collocabo: specto etenim et firmiter credo, quod tantum fructum faceretis in populo et mihi auxilium, quod ego cautius atque facilius redderem altissimo rationem de pascendis ovibus mihi commissis; forsitan placeret vobis locus et populus ad edificationem proximi et laudem Dei.

Sum enim illius intentionis (vestro tamen consilio) erigendi predicaturam in ecclesia mea Cathedrali, si bonum et idoneum predicatorem reperiam, qui consulere et docere viam Domini in hac lacrymarum valle et sciret et vellet; qualem preter vos, ducem et preceptorem meum, difficile imo impossibile est sperare. Ego quasi ovis, que periit, expecto vos reductorem meum de via deserta, inaquosa.

würden Stadt und Leute Ihnen auch gefallen, und dieses zur Erbauung des Nächsten und zu Gottes Ehre ausschlagen."

Darauf teilt der Bischof seinem Lehrer einen Plan mit, den er erst gegen Ende seines Lebens zu verwirklichen imstande war:

„Ich trage mich nämlich mit dem Gedanken (mit Ihrer Gutheißung) eine Predigerstelle in meiner Kathedralkirche zu errichten, wenn ich einen tüchtigen Prediger finde, welcher den Weg des Herrn in diesem Thale der Thränen weisen kann und will. Ein solcher ist außer Ihnen, mein Führer und Lehrer, freilich schwer zu bekommen."

Bei diesen Worten überwältigt den Schüler die Sehnsucht nach seinem Lehrer; er fügt bei:

„Ich bin wie ein Schaf, das in die Irre ging, ich erwarte Sie, als meinen Hirten, der mich aus der Wüste zurückführt."

Darnach geht er dazu über, den Straßburger Freunden mit kindlicher Aufrichtigkeit seine Lebensweise als neuer Bischof zu schildern, bei welcher es ihm schon übel ergangen ist:

„Wisset, daß ich an den Tagen der Apostel, der hl. Jungfrau und anderen Festen, da es an mir ist, die Messe zu lesen, den ganzen Tag im Rochet gehe. Auch die geistliche Lesung setzt mein Kaplan selbst bei öffentlicher Tafel fort vor meiner ganzen Hausgenossenschaft, bis zum zweiten Gange. Bald liest er mehr, bald weniger, je nach dem Stoff oder nach den Bedürfnissen der mitspeisenden Kleriker. Zwar finden sich die Laien an meinem Hofe nicht sonderlich darein,

---

Scitote insuper, quod diebus Apostolorum, Beatae Virginis et aliis festivitatibus, dum me celebrare contingit, tota die rocketo indutus incedo. Lectionem insuper Capellanus meus in publica mensa continuat coram omni familia mea usque ad secundas epulas, plus vel minus juxta conditionem vel materie vel clericorum convivantium; quamvis familiares laici male contenti sint, quod advertere cum silentio ea, que non intelligunt, cogantur. Non tamen ad jactantiam hec scribo, sed literis vestris, quibus a me id scire postulastis, obedio et respondeo.

Sed quid plura? Ego in habitu episcopali Nurenbergie rocketo indutus semel incessi, super quo alii episcopi summe mihi succensebant; unus de singularitate me notabat, alter id me pro adipiscendo pileo cardinalatus facere asserebat, et varii varia super hoc cavillabant. Etiam vulgus in contrariam opinionem ferebatur: quidam laudabant, alii me Italum predicabant, quo fit, ut amodo quid mihi faciendum in ista congregatione

schweigen und Dinge anhören zu müssen, die sie nicht verstehen. Das schreibe ich jedoch nicht um mich zu rühmen, sondern ich will damit gehorsam auf den Brief geantwortet haben, in welchem Ihr mich darüber gefragt habt."

„Aber was sage ich? Ich bin ein einziges Mal zu Nürnberg in bischöflichen Kleidern mit dem Rochet gegangen; darüber haben mir die andern Bischöfe höchlich gezürnt. Die einen nannten mich einen Sonderling, ein anderer behauptete, das thue ich nur um den Kardinalshut zu erlangen; der eine spöttelte so, ein anderer so darüber. Auch die Leute waren geteilter Ansicht. Einige lobten das, andere nannten mich einen Ultramontanen. So weiß ich also nicht, wie ich's auf dem Reichstag fürder machen soll. Alle Erzbischöfe und Bischöfe gehen nämlich in solch weltlichem Aufzug, daß man sie kaum von den Musikanten unterscheiden kann." Diese Bischöfe waren aber, wenn sie schon Schnabelschuhe und Pelze trugen, sehr tüchtige Männer. Wir werden dieselben sofort kennen lernen. Friedrich schließt, sich mäßigend, mit den Worten:

„Das schreibe ich an Euch in vertraulichster Weise, denn es ist nicht recht, daß ich mich so über meine Vorgesetzten ausdrücke. Indes kann ich an dies und anderes mehr nicht ohne Kummer denken. Grüße in Christo. Nürnberg an Vigil vor Himmelfahrt im Jahre des Herrn 1487."

Wegen des vertraulichen Inhalts verschickte Friedrich seinen Brief mit Vorsicht. Der Bote Johann hatte die Weisung, denselben nur in die Hände Geilers abzugeben. Peter Schott berichtet dies unter dem 27. Mai an Geiler, welcher gerade von Straßburg abwesend war.[1]) Gehen wir nun wieder zum Tagbuch über. Nachdem

---

nescio; quia omnes Archiepiscopi et Episcopi incedunt, quod vix fistulatores et ipsi inter se discerni possint.

Hec ex magna confidentia vobis scribo, quia non expedit quod talia de superioribus meis scribam; quamvis illa et alia plura non sine animi amaritudine mente involvam. Valete in Christo Jesu. Datum Nurenbergie, in vigilia Ascensionis Domini, Anno Domini 1487.

[1]) Is (Rot) mihi significavit hoc vesperi per Joannem nuncium dominorum Capitularium literas a Domino nostro Augustensi ad te perlatas esse, quas nemini nisi tibi ipsi sit redditurus. Dominica Exaudi (intra octavam Ascensionis).

der Kaplan die Kosten des 12wöchentlichen Aufenthalts zu Nürnberg angegeben, führt er die Stände auf, aus welchen sich der Reichstag zusammensetzte. Nach dem Kaiser erwähnt er zunächst die sechs Kurfürsten, jeden mit seiner Begleitung, zuerst die geistlichen:

98. Item auff dem Hof verzert mein gnd. ains vnd ander ob den xii° Gulden ꝛc. on die Hilff wider den küng von Vngarn.

Item die hernach geschrieben Fürsten waren auf dem kaiserlichen Hof ze Nürnberg.

Item vnser Her, der Römisch kayser Friderich, ein Herzog ze Oesterreich.

99. Item Bischof Berchtolt von Mentz, ein Graf von Heneberg, mit iii Grafen von Henneberg.

Item Bischof N. von Trier, geborner Marggraf von Baden, mit Jm Margraf Friderich von Baden.

Item Bischof N. von Cöln, gebohrner Landtgraf von Hessen.

Der Erzbischof von Mainz, Kurfürst Berthold von Henneberg, war in Begleitung seiner Brüder des Grafen Georg von Henneberg, Deutschordenskommenthur zu Mergentheim, und des Grafen Otto von Henneberg, sowie seines Neffen Hermann erschienen. Bertholb regierte von 1484—1504. Dieser Bischof, der in seiner Jugend in der römischen Curie gearbeitet hatte, gilt als einer der ersten Staatsmänner seines Jahrhunderts.[1]) Er ist der Schöpfer des Landfriedens und des Kammergerichts. Als Erzbischof betrieb er die Reform der Stifte und Klöster. Dem Mißbrauch der Presse, die er als eine divina quaedam ars imprimendi achtete, trat er mit einer Censur entgegen. Er hielt Synoden 1487 und 1499, widmete dem Volksunterricht große Sorgfalt, berief treffliche Männer auf die Domkanzel und Lehrstühle der neu gestifteten Universität zu Mainz. „Nie=

---

[1]) Auch Stälin nennt ihn so. Württemb. Gesch. III, 625.

mand hat seit Menschengedenken den Erzbischof Bertholb in weiser und glücklicher Regierung übertroffen", äußert sich der Humanist Cochläus über diesen Bischof. An den Papst Pius V. reichte Bertholb „Beschwerden deutscher Nation" ein.[1])

Der ungenannte „Bischof von Trier" ist Johannes II., Kurfürst und Erzbischof. Geboren als der dritte Sohn des Markgrafen Jakob I. von Baden und der lothringischen Prinzessin Katharina, frommer Eltern,[2]) studierte Johannes zu Rom, wurde in seinem 22. Jahr (1452) zum Erzbischof von Trier gewählt, trat das Bistum mit päpstlicher Dispens an und ließ sich im 30. Jahre zum Bischof weihen. Von den 2000 Regesten, die Görz über ihn herausgab, betreffen die Hälfte geistliche Sachen und zielen viele auf Hebung der Klöster ab. Johannes stiftete die Universität Trier (1473) und verlieh den Schülern zu St. German, woselbst die Brüder vom gemeinsamen Leben lehrten, das Recht, an der Universität die Grade zu nehmen. „Er war ein offener, ehrlicher Charakter, leutselig und gebildet, von echter Friedensliebe durchdrungen."[3]) Johannes starb 1503. Der Markgraf Friedrich, welcher den Bischof begleitete, ist dessen Neffe, damals Domherr zu Trier, später Bischof von Utrecht. Ein anderer Bruder, Georg, starb 1484 als Bischof von Metz.

Der dritte geistliche Kurfürst ist **Hermann, Landgraf von Hessen, Erzbischof von Köln.** Er wurde geboren 1442, zum Erzbischof von Köln gewählt 1480, konsekriert Ostern 1487. Hermann wird als ein gelehrter und bemütiger Mann geschildert, der seine Gegner eher mit Geschenken versöhnen, als mit Waffen bekämpfen wollte. Doch focht er auch Fehden eigenhändig aus. An den hohen Festtagen feierte er mit Andacht das hl. Opfer, oft erteilte er unter Thränen die hl. Weihen. Von letzteren Funktionen hielten ihn die

---

[1]) Vir prudens atque litteratus, ad negotia saecularia ad modum expertus, in inventute sua stetit ad tempus in curia romana et ideo practious, sagt ein Zeitgenosse. Vgl. Freib. Kirchenlexikon II. Aufl.

[2]) Johanns Bruder Bernard starb im Rufe der Heiligkeit und wurde von Klemens XIV. selig gesprochen. „Das Haus Baden ragt durch Talente hervor", sagt Aeneas Silvius Piccolomini, der nachmalige Papst Pius II. († 1464) in seiner Descriptio Germaniae. Siehe Görz, Regesten der Erzbischöfe von Trier. 1861.

[3]) Leonardy, Gesch. des trierischen Landes. Trier 1870, S. 593.

Abeligen zuweilen ab, weil sie die Anstrengung des hl. Dienstes mit der kurfürstlichen Würde nicht vereinbar hielten. Auf den Reichstagen erkannte man sein Quartier an den vielen Armen, die davor standen. 1483 hielt er eine Synode, deren Akten er vom Papste bestätigen ließ. Gegen die Klöster war Hermann strenge. Ein Franziskanerkloster zu Brühl und das Sakramenthäuschen im Dome zu Köln sind seine Stiftung.[1]) Es folgen die weltlichen Kurfürsten:

**100. Item pfalzgraf Philips, mit Im Herzog Caspar von Bayren zu Feldentz, der Bischof N. zu Wurmbs, der Teutschmaister zu Hornek, der Landtgraf Friderich zu Leuchtenberg, der starb ze Nurnberg, dem Got gnab.**

Philipp der Edelmütige, Kurfürst von der Pfalz, war ein Freund der Gelehrten und Künstler. Seine Politik war französenfreundlich, besonders seitdem ihm der Kaiser im bayerischen Erbstreite nicht recht gegeben hatte. Herzog Kaspar, welcher den Kurfürsten begleitete, gehörte der pfälzischen Linie Zweibrücken und Velbenz an. Der Deutschmeister zu Horneck war Martin Truchseß zu Wetzhausen (1470—89).[2])

Bischof von Worms war damals Johann von Dalberg. Er hatte zu Erfurt studiert, war sodann nach Italien gezogen, wo er im Verkehr mit Griechen und italischen Humanisten eine große Liebe zu den alten Klassikern gewann. In die Heimat zurückgekehrt, wurde er vom Pfalzgrafen Philipp zum Kurator der Universität Heidelberg und in demselben Jahre vom Domkapitel zum Bischof von Worms ewählt. Von da an lebte er bald zu Worms, bald am Hofe zu Heidelberg, in beiden Städten als Mittelpunkt des geistigen Lebens. Der Lehrstuhl für griechische Sprache, sowie die weltberühmte bibliotheca Palatina verdanken Dalberg ihre Gründung. Seine an lateinischen, griechischen und hebräischen Werken reiche Privatbibliothek stand jedem Forscher offen. Dalberg war der Patron Reuchlins, den

---

[1]) Poblech, Gesch. der Erzdiözese Köln. Mainz 1879. S. 844 ff.
[2]) Hornegg ein Schloß des Deutschordens bei Gundelfingen, Oberamt Neckarsulm.

er dem Pfalzgrafen als „Zuchtmeister" seiner Söhne empfahl. Die 1491 zu Mainz von Celtes gegründete „Rheinische litterarische Gesellschaft", welche die angesehensten Gelehrten Deutschlands, wie einen Tritheimius, Wimpheling, den „Fürsten der Juristen" Zasius, Konrad Peutinger, Wilibald Pirkheimer zählte, hatte den Bischof v. Dalberg zum Vorstand. Wilibald Pirkheimer schreibt von Dalberg: „Ich halte diesen Bischof ewigen Andenkens würdig, sowohl wegen seiner Tugenden, als wegen seiner allseitigen Kenntnisse in den Wissenschaften."[1])

Item Herzog Friderich von sachsen, mit Im Herzog Johann, sein Bruder.

Item Margraf Hannß von Brandenburg, mit Im Herzog Jörg von Münsterberg. All Sechs kurfürsten.

Kurfürst Friedrich von Sachsen ist Friedrich III. der Weise, Gründer der Universität Wittenberg und später Beschützer Luthers. Er regierte mit seinem jüngern Bruder Johann dem „Beständigen" gemeinschaftlich und hatte denselben zum Nachfolger. Der Kurfürst Friedrich stand damals im 25. Jahre, sein Bruder Johann im 20ten.

Markgraf Hans von Brandenburg, als Kurfürst gewöhnlich Johann Cicero genannt (geb. 1455), der Sohn des Kurfürsten Albrecht Achilles, wurde auf diesem Reichstag vom Kaiser belehnt. Herzog Georg von Münsterberg, der ihn begleitete, war sein Schwager.

**101.** Item Herzog Ott zum Neuenmark, mit Im Hannß Landgraf zum Leuchtenberg.

Item Herzog Albrecht von Sachsen, mit Im Bischoff von Meissen, Bischoff von pachy (prixn).

Item Herzog Balthezar von Mekelburg.

Herzog Albrecht von Sachsen († 1500), welcher mit dem Bischof von Meißen erscheint, ist der Oheim des obengenannten Kurfürsten von Sachsen und der Stifter der sogenannten Albertinischen Linie, die in der 1485 erfolgten Länderteilung Meißen erhalten hatte.

---

[1]) Janssen Joh., Geschichte des deutschen Volkes, I, 86 ff.

Bischof zu Meißen war Johannes V. von Weißenbach, † 1. Nov. 1487 nach 11jähriger Regierung. Er hatte in Italien Theologie und die Rechte stubiert und war letzterer Doktor. Als Diplomat lieh er dem sächsischen und böhmischen Hofe seine Dienste und war auch Papst Sixtus IV. sehr angenehm. Johannes baute die Residenz zu Meißen und machte zu diesem Zwecke große Schulden, zu deren Bezahlung er die Klöster herbeiziehen wollte. Die Rechtstitel für diese Maßnahme erwiesen sich als unhaltbar. Eine Verpflichtung der Cisterzienserklöster, den Bischof in der Fastenzeit mit zahlreichem Gefolge zur Jagd zu beherbergen, welche 1401 auf Wiederkauf abgelöst war, wollte er aufleben lassen. In einer Verfügung bringt der Bischof auf das Predigen an Sonn- und Feiertagen. Gegen die Armen war er wohlthätig.[1]

Statt „Pachy" mußte der Abschreiber unseres Tagebuchs „Prixn" lesen, denn der Bischof von Meißen war, wie andere Quellen[2] berichten, von Melchior von Möckau, ernanntem Koadjutor für Brixen, begleitet. Dieser Prälat, ein Sachse von Geburt und in Rom juristisch ausgebildet, war damals Dompropst zu Magdeburg und zu Meißen zugleich. Die Bischofsweihe erhielt er erst, als er (1488) das Bistum Brixen übernahm.[3] Möckau wurde 1503 Kardinal und starb zu Rom 1509.

**102. Item Margraf Friderich vnd Sigmund von Brandenburg, Gebrüder.**

Item Herzog Christoph von Bayren.

Item Bischoff Wilhalm von eystett.

Item Bischoff Friderich von Augspurg, geborner Graf von Zoller.

Item Graf Eberhart der jünger.

---

[1] Eduard Machatschek, Geschichte der Bischöfe des Hochstiftes Meißen. Dresden 1884. S. 548.

[2] Vgl. Müllers, Reichstagstheater VI. Vorstellg. cap. XX.

[3] Sinnacher, Beiträge zur Geschichte der bischöfl. Kirche Säben und Brixen in Tirol. Brixen 1828. S. 621.

Über die Markgrafen Friedrich und Sigmund ist oben gesprochen, desgleichen über den Herzog Christoph. Graf Eberhart der Jüngere, Herzog von Württemberg, ein Vetter Eberharts des Älteren, war ein Fürst von wilden Sitten.

Der Bischof von Eichstätt ist **Wilhelm von Reichenau** (1464—96). Wolfgang Agrikola von Spalt schildert ihn als einen „weißen, hageren Herrn, der immer ein rotes Barett trug, als einen gelehrten, freundlichen, haushälterischen Mann, der gern baute und den Titel Friedensfürst nicht unlieb hörte." Andere Zeitgenossen sagen, er sei „weise wie Solon, beredt wie Salomon" gewesen. Ein Fachmann der neuesten Zeit, Heideloff, nennt ihn in seinem Werke über die gotische Baukunst einen der ersten Architekten des 15. Jahrhunderts. Wilhelm verjagt auf die Vorstellung des Dominikanerpriors Peter Schwarz zu Eichstätt die falschen Ablaßprediger, hält dabei aber die reine Lehre vom Ablaß aufrecht, wie seine eigenen Indulgenzbriefe klar beweisen. Er sieht auf gleichmäßige forma absolutionis im Beichtstuhl und läßt die Priester bei den zahlreichen vorgenommenen Visitationen darauf examinieren. Er begünstigt die Windesheimer Reform, reformiert die Franziskaner (fratres gaudentes) zu Ingolstadt. Seinen Klerus hält er durch fortgesetzte Visitationen in Zucht, gibt ihm 1484 neue Synodalstatuten. Er schenkt dem Buchdrucker M. Georg Ryser zu Eichstätt das Bürgerrecht. Den gelehrten Dr. Johann Pirkheimer nimmt er 1469 „in Ratsbestallung". Dessen Sohne Wilibald Pirkheimer wird er Pate (1470) und läßt ihn an seinem Hofe erziehen. Wegen seiner Verdienste um die Universität Ingolstadt erhält er die Kanzlerwürde daselbst für sich und seine Nachfolger. Als Architekt und Vorstand mehrerer Bauhütten, war Wilhelm Mitberater der Bauten am Dom zu Regensburg, zu Ulm und an der Frauenkirche zu Ingolstadt. In Eichstädt selbst danken ihm der Chor und die Sakristei, die Kreuzgänge und das schöne Achteck im Presbyterium ihre Vollendung (etwa 1489). Jeder seiner Domherrn mußte bei der Einsetzung eine Steuer für den Kirchenbau bezahlen. Auch auf mehrere Landkirchen übertrug Wilhelm einen reizenden Stil. König Maximilian nannte diesen Bischof seinen Vater.[1]

---

[1] Julius Sax, Geschichte des Hochstiftes und der Stadt Eichstätt. Nürnberg 1857. S. 166 f.

**103. Bottschaft der Fürsten:** Item Bottschaft Herzog Sigmund von Oesterreich. Item Herzog Albrechts vnd Herzogs Jörgen von Bayern. Item Bischoffs von Maydenburg vnd Wirzburg vnd Babenberg, Graf Eberharts von Wirtenberg des eltern.

Sigmund hatte den obengenannten Dr. Johann Pirkheimer als seinen Juristen geschickt. Der Bischof von Magdeburg Herzog Ernst von Sachsen schickte seinen Domdechanten; dasselbe that der Bischof von Würzburg Rudolph von Scheerenberg und der Bischof Heinrich von Bamberg.[1])

**104. Bottschaft der Acht verordneten Stätt:** Item Cöln, Augspurg, Nürnberg, Basl, strasburg, Ulm, Frankfort vnd speyer.

**105.** Item die obgemelten Fürsten seint da gewesen mit groser Herschaft, vnd teglich giengentz in die Rät, vnd wie sie sich gehalten haben mit rennen vnd Hofhalten, vnd was Leut sy mit Inn gehapt haben, laß ich um kurzwegen vnderwegen.

Vom „Rennen und Hofhalten" soll doch einiges mitgeteilt sein. Zunächst die Belehnung der Markgrafen von Brandenburg. Tucher schreibt: „Item am anderen Tag Maii da ließ die k. Majestät Lehen am Markt aus des Rieters Haus den breien obgenannten Markgrafen. Hatten 10 Banner, die herabgeworfen wurden und ging gar herrlichen zu. Hatten über 700 Pferde, derer rannten über 200 Pferde zuerst je zwei allemal ein Räblein auf dem Markt und hinter dem Rathaus die Scheerer Gassen wieder hervor. Zum britten Mal rannten alle 700 Pferde in guter Ordnung. Und waren also die sechs Kurfürsten auf dem Stuhl bei der k. Majestät in ihrem alten Habit."

Auch Schülerfeste kamen vor:

„Item in dem Jahr in der Kreuzwochen, da gingen die beut-

---

[1]) Müller, Reichstagstheater.

schen Schreiber mit ihren Lehrknaben und Lehrmaiblein, auch desgleichen die Lehrfrauen mit ihren Maiblein und Knäblein auf die Feste zu Nürnberg in die Burg ins Käppelein mit ihrem deutschen Gesang und sungen darinnen und gingen darnach heraus in den Burghof und sungen um die Linden. Und da sah Kaiser Friedrich aus seinem neuen Stüblein neben der Kapellen und warf seinem Ausgeber Gülblein herab. Und der ersten Rott hieß er geben zwei Gulden und etlichen einen Gulden. Da fordert ein Rat die Gulden von den Schreibern und Lehrfrauen alle wieder."

„Item barnach am Sonntag nach unseres lieben Herrn Auffahrt (27. Mai), da fordert der Kaiser und bat einen ehrbaren Rat, es wäre ihm ein groß Wohlgefallen, diese Kind alle bei einander zu sehen. Und barnach am Sonntag (b. i. am Pfingsttag), da kamen bei 4000 Lehrknäblein und Lehrmaiblein nach der Predigt in den Graben unter der Festen, denen gab man Leckkuchen, Fladen, Wein und Bier ꝛc."[1]

Endlich wird von einem Bankett berichtet:

„Am Tage St. Johannes, des Täufers, 1487 gaben die Markgrafen Friedrich und Sigmund von Brandenburg den Kurfürsten, Fürsten, Grafen zu Nürenberg, wozu auch vornehme Damen kamen, eine kostbare Nachtmahlzeit, welcher Spießgefechte vorangingen. Auf öffentlicher Wiese waren drei Zelte aufgeschlagen. Unter dem ersten Zelt waren vier Tische. Am dritten Tische saß Bischof Friedrich von Augsburg mit dem Kurfürsten von Sachsen und dem Gesandten des Bischofs zu Magdeburg, welcher Herr Albrecht von Glatz, Domdechant zu Magdeburg und Hamburg, war. Am vierten Tisch war Friedrichs Vater Graf Jost von Zollern, im Namen des Markgrafen von Brandenburg, ferner der Herzog Balthasar von Mecklenburg und Graf Hugo von Werdenberg."[2]

106. Item mein gnd. Her hat viii$^c$ Gulden geben an dem Anschlag zu der Hilff, so alle Fürsten geben müßen, vnd wegen des kayser Friderichs, so Herzog Albrecht von Sachsen erwelt wart ein hauptmann, aus Oesterreich zu treyben den krieg von Vngarn.

---

[1] Jahrbücher des 15. Jahrh.    [2] Krusius III. 8. 21.

Dies berührt die Hauptangelegenheit des Reichstags. Kaiser Friedrich III. bat um Hilfe gegen die Ungarn, deren König Mathias Corvinus in Österreich eingebrochen war und damals Wienerneustadt bedrohte. Die Tuchersche Chronik erzählt: „Und Herzog Albrecht ward gemacht zu einem obersten Hauptmann wider den König von Ungarn, der vor der Neuenstadt lag. Der reitet von hinnen mit seinem Zeug, bei 200 Pferden und bei 300 Büchsenschützen hinab gegen den König von Ungarn." Unterwegs verstärkte er sich durch Zuzüge. Als er zu dem Feinde gekommen war, schloß er mit demselben Frieden. Die Kriegssteuer bezahlten nicht alle so prompt wie Friedrich seine 800 fl.

**107.** Item feria 3. post Marie Magdalene (23. Juli) ryt mein gnd. Her gen Augspurg. Item am Dornstag wider gen Dillingen.

Item komen auf derselben zeit die Amptlewt gen Dillingen zu der Rechnung.

Item sequenti Bartholomei (25. Aug.) ist mein gnd. Her gen Augspurg geryten, zwo Necht ausbliben.

Als Friedrich von Augsburg zurückgekehrt war, erhielt er einen Brief aus Straßburg, welcher die Unannehmlichkeiten der letzten Zeit noch um eine vermehrt hätte, wenn er nicht von Peter Schott wäre geschrieben gewesen. König Maximilians Hofmarschall Sigmund Pruschenk hatte zu Nürnberg bei Friedrich die Bitte eingelegt, einen gewissen, schon bepfründeten Geistlichen Namens Vitus für ein Kanonikat nach Straßburg zu empfehlen. Friedrich war darauf eingegangen und ersuchte, wie es scheint, den Peter Schott, die Sache in Rom zu betreiben. Er erhielt darauf von seinem Freunde folgende Antwort:

„Dein Schreiben aus Nürnberg, verehrtester Bischof, worin Du voll Freundlichkeit wie immer bist und mir die Sache des Herrn Sekretairs Vitus empfiehlst, habe ich erhalten. Ich habe darüber den auch Dir teuern Dr. Kaisersberg zu rate genommen. Dieser erklärte, sobald er den Brief durchgelesen hatte, es handle sich hier um einen cumulus beneficiorum, und könne die Bitte nicht eigentlich von Dir ausgehen, sondern müsse Dir von Herrn Sigismund Bruschenkner in einer Weise aufgebrungen worden sein, daß es Dir schwierig wurde, nein zu sagen. Es sei gar nicht wahrscheinlich, daß Du, der Gewissensnot, welche der eigene Cumulus Dir gemacht, kaum entronnen, dieselbe Unruhe einem anderen zu lieb, als Urheber seiner Cumulation, nochmals durchmachen wollest. Demgemäß also, und weil die Sache Dir und mir zum Verderben sei, rate er mir, daß ich mich über den Brief des Bischofs hinweg an den Bischof wende."[1]

„So gehorchte ich denn, verehrtester Vater, unserm gemeinschaftlichen Freunde, der Dich kennt, und da ich mich in dieser Sache nicht geschäftskundig genug fühlte, so wurde sie dem Herrn Benedikt, meinem Kollegen in der Prokuratur, zugestellt. Derselbe wird, wenn etwas hier mit Gewissen zu machen ist, es besser und schneller als ich fertig bringen."

„Ich bitte, meine Entschuldigung anzunehmen, denn es geht mir nichts über Dich, hochwürdigster Vater, einzig den Doktor, den ich genannt habe, die Perle Straßburgs, laß ich mir noch neben Dir gefallen." Letzteren scheint Bischof Friedrich abermals verlangt zu haben, denn Schott fährt fort:

„Wenn Du hoffst, derselbe könne Deinen Zwecken so sehr nützen, so müssen wir ihn eben eine Zeit lang hier entbehren. Nur müßtest Du ihn wieder zurückschicken, und Deine Augsburger mit einem guten Bischof zufrieden sein, während die Straßburger, die auch noch die Deinigen sind, einen guten Prediger haben."

„Ich schreibe mit Freimut, weil zu einem humanen Mann. Hast Du uns ja Deine Freundlichkeit im vorigen Jahr zu Dillingen gezeigt, wofür wir Dir auch heute wieder Dank sagen."

„Meine Eltern empfehlen sich unterthänigst. Auch ich spreche Dir meine Verehrung aus. Möge Dich der himmlische Vater auf dem Wege des Heils geleiten. Straßburg den 24. August 1487."[2]

Trotz dieser Mahnungen befreite sich Friedrich in diesen Dingen nie ganz von der Anschauung und Sitte seiner Zeit. So stellte er

---

[1] Suadere se, ut posthabitis verbis mentem Tuam timore Domini refertam amplecterer et commissionem hanc non ex eo, quod sonaret, sed quod tu velles, metirer.

[2] Der Brief bei Schott, Lucubratiunculae etc. fol. 62, abgedruckt bei Dacheux, Un réformateur catholique etc. p. 382 f.

um 1500 bem Freiherrn Wernher von Zimmern, welcher zur Erleichterung seiner Familie sich bem geistlichen Stanbe widmen wollte und zu diesem Zwecke etliche Jahr in studio gewesen, eine „Fürbernis" an den Bischof von Eichstätt aus, wodurch bemselben ein Kanonikat an dem Domstift zu Konstanz oder Straßburg erworben werben sollte. Dieser Wechsel wurde zu Konstanz nicht eingelöst. Die Domherrn daselbst zogen ben Freiherrn auf Jahr und Tag hin und bedeuteten ihm die Doktores darunter, „es werbe des Fassels zu viel", vermeinten die Grafen und Herrn. Darauf that der junge Freiherr als ein weiser Mann und schickte sich in ein anderes Wesen. Er verließ die „geizigen und neibigen Pfaffen, von denen er ohnehin nur wäre verdorben worden", und heiratete ein Fräulein von Lupfen, Stiftsdame zu Buchau. Die Äbtissin dieses Klosters versprach ihm dabei, wofern ihnen der liebe Gott Kinder schenke, wolle sie bann zwei Töchter von ihm ins Stift nehmen und mit Präbenden versehen.[1]) So war ja wieder geholfen. Kehren wir zu Bischof Friedrich zurück. Derselbe fand nunmehr eine Erholung nötig; er genoß dieselbe in dem grünen Allgäu.

**108.** Item Sexta post Michaelis (5. Okt.) anno etc. im lxxxvii ryt mein gnb. Her in das Allgew, ze fischen ben stettren see vnd sunst zwey Weyher, waren xiiii tag aus.

Am Stöttersee, vier Stunden von Kaufbeuren, hatte das Hochstift ein Schloß „Bischofszell". Dasselbe wurde von Friedrich umgebaut, aber im Bauernkriege zerstört. Aus seinem Schutte wurden schön gemusterte Fliesen ausgegraben.[2])

**109.** Item der Probst von Berchtolsgaben hat von mein gnb. Herrn Regalia empfangen ex commissione Imperatoris, hat mein gnb. Her Im i pfert geschenkt, auch seiner Gnaden Vater i pfert geschenkt ann. dnj. 1487 ad Martini.

---

[1]) Zimmerische Chronik III, 26 ff.
[2]) Baumann, Gesch. des Allgäus I, Heft 11, 38. Steichele, Beiträge zur Geschichte Augsburgs II. 361.

Berchtesgaben war damals und bis 1803 eine gefürstete Propstei regulierter Augustiner Chorherrn. Das Fürstentum, 8 Quadratmeilen, bestand aus Thälern, die ein Kranz von hohen Bergen umschließt. Unter letzteren erhebt sich der Wazmann bis zu 9000 Fuß.

Der Propst, welchen Friedrich belehnte, war Ulrich II. (1486—1496). Er stammte aus dem Geschlechte der Pernauer auf Au an der Isar und war der erste Reichsfürst unter den Pröpsten dieses Stifts. Die Ablegung des Leheneides in die Hände Friedrichs fand am Sonntag nach Luzientag (16. Dezbr.) statt.[1])

Der Lehenseid, den Friedrich schwören ließ und den er früher selbst geschworen hatte, lautete wie folgt: „Daß wir dem allerdurchlauchtigsten Fürsten und Herrn, Herrn Friedrichen, römischen Kaiser ꝛc., unserm gnädigsten, lieben Herrn und dem heiligen römischen Reiche getreu und gewähr sein, ihr Bestes werben, und Schaden warnen und nicht anders thun wollen, was ein geistlicher Fürste des heiligen römischen Reichs von solchen Regalia wegen seinen Gnaden und dem heiligen römischen Reich schuldig und pflichtig ist, nach allem unserem Wissen und Mögen, als uns Gott helf und das hl. Evangelium."[2]) Nunmehr geht der Kaplan zu heiteren Dingen über.

Im Winter 1487/8 kamen am Hofe zu Dillingen sieben Hochzeiten vor. Die erste war die des Kanzlers, welcher von Friedrich selbst getraut wurde.

110. Item a festo Martini de anno 1487 usque ad Mathie in ao. 1488 hat mein gnb. Her Hochzeit gehalten seiner gnd. kanzler köstlich, bei ij° Gulden gestanden, selbs eingesegnet.

Vor Andreä. Item Cuntzen, seiner gnd. Kammerer, bei lx Gulden gestanden.

---

[1]) Koch-Sternfeld, Gesch. des Fürstentums Berchtesgaben. Salzburg 1814. II, S. 88.
[2]) Diese Formel wenigstens hatte Johannes von Weißenbach, Bischof von Meißen, im Jahre 1476 zu beschwören. Machatscheck, Gesch. der Bischöfe von Meißen. Dresden 1884, S. 518.

Vmb Epiphanie. Item Bernhardt Westernachs seiner gnd. Schenken, ii blomen pey xl Gulden gestanden.

An Agnetis. Leistlin probst, seiner Gnad kamerer bei lx Gulden gestanden.

Item Melchior von Tirnberg, seiner gnd. Diener, nit vil gestanden, hat sein Gnad selbs eingesegnet.

Der zweite, welcher heiratete, war „Kunz, seiner Gnaden Kammerer." Ohne Zweifel ist er derselbe Kunz von Schwangau, welcher mit nach Nürnberg ging. Er war nicht Kammerbiener, sondern Kammerherr; dies ist aus der hohen Gabe zu schließen. Bernhard von Westernach, welcher um Epiphanie heiratet, erhält „zwei Blumen". Darunter sind wohl goldene Rosen zu verstehen, welche der Bischof in Nachahmung des Papstes austeilte. Die Geschenke Friedrichs sind ansehnlich. 1489 schenkt z. B. das Augsburger Domkapitel dem Kaiser nur 70 fl. Wert.

Nicht sehr tief griff Friedrich bei seinem Bedienten in die Tasche, der gleichwohl von Abel war. Melchior von Tirnberg mußte an der Ehre, von Sr. Gnaden selbst getraut worden zu sein, das Meiste haben.

An Purificationis. Item Hannß von Landau, pey ii° Gulden gestanden, selbs eingesegnet.

Item Vlrich, seiner Gnaden Hoffschneider, bey ist nichts daraus worden. abiit eto.

Das Fest Mariä Lichtmeß (2. Febr.) sah einen glanzvollen Aufzug. Hans von Landau, der Hauptmann der hochstiftlichen Truppen, vermählte sich. Die dem Ehepaar von Friedrich gewidmeten Hochzeitsgeschenke erreichten den Wert dessen, was der Kanzler erhalten hatte (200 fl.).

Die bisherigen Ehen alle hatte Friedrich selbst eingesegnet. Als aber zum Schluß Ulrich, der Hoffschneider, auch um die Ehre der bischöflichen Trauung anhielt, gab ihm der Fürstbischof eine abschlägige Antwort. Beschämt zog er ab, wie einst Catilina aus der Stadt Rom.

Item secunda feria ante andree (26. Nov.) ist mein gnd. Her gen Augspurg gerytten, wider komen 3ᵗⁱᵃ feria.

## 12. Kapitel.

Des Bischofs Vater stirbt. Blicke auf beffen Leben. Sein Begängnis. Bischof Friedrich reist nach Innsbruck zum Kaiser. Eitelfriedrich zu Dillingen. Ein Kriegszug.

### 1488.

Das Jahr 1488 wurde für Friedrich ein schmerzliches. Er hatte schon 1467 die Mutter verloren, nun verlor er seinen Vater, welcher zu Augsburg im bischöflichen Palaste eines raschen Todes verschied. Der Kaplan erzählt weiter:

**III.** Item in Nativitate Christi Hof gehalten ze Dillingen.

Item an der samstag nacht zwischen zwelf vnd ains nach Mitternacht, das ist gen Morgens zu des suntags, den man nent dominica sexagesima, was an sant Scholastica Tag, starb der Wolgeporen Her Graf Joß von Zoller, meines gnd. Herrn Vater, dem Gott der allmechtig gnädig vnd barmherzig sein wolle, in der Stat ze Augspurg auf der pfalz, vnd vil der Diener meines gnd. Herrn selig bei sein end gewesen; auch der penitentiarius ze Augspurg, der Im bikermal den Passion vorgelesen hat. hic..... comes verus iustiarius fuit. Ao. dnj. 1488.

Der Tod des Grafen Jost Niklas fällt auf den 10. Februar. Die Sitte, den Kranken das Leiden Christi vorzulesen, war allgemein. Auch der erste Kurfürst von Brandenburg verlangte sterbend diese Lesung.[1] Als Pönitentiar von Augsburg erscheint Magnus Pirgmann,

---

[1] Riedel, Gesch. des preußischen Königshauses. Berlin 1861. II, 583.

welcher dieses Amt schon unter Werbenberg verwaltete und zugleich
Pfarrer zu Pfronten war. Pirgmann war auch Pastoralschriftsteller.¹)
Die Worte: „Dieser Graf war ein Mann der Gerechtigkeit im wahren
Sinne", finden in der Geschichte Jost Niklas' ihre Bestätigung.

Über Jost Niklas von Zollern schreibt die Zimmerische
Chronik: „Während seine Vorfahren das Mehrteil ihrer Sachen ge-
meiniglich auf die Faust setzten, so wollt dieser Graf seine Sachen
mit Vernunft ausrichten. Er war von Jugend auf bei Herzog Albrechten und den anderen Herzogen von Österreich auferzogen worden,
bei denen er sich auch gehalten, daß er eine besondere Gnade verdienet. Es hatte männiglich mit diesem Grafen ein Mitleiden und
Bedauern, daß die Städt ihm die Burg zu bauen verwehrten."²)

Dieselbe Chronik erzählt an einer andern Stelle: „Der alt
Graf Jost Niklas von Zollern ist viel zu Herrn Wernern von Zimmern gekommen. So er dann nach Mößkirch gereist und im Schloß
abgestanden, ist er nicht gleich in das Gemach hinaufgegangen, hat
auch nicht wollen, daß ihm Herr Werner oder sonst jemand entgegen
ginge, sondern hat sich auf eine Bank beim Schloß niedergesetzt und
geruht. So es dann Sommerszeiten, hat er sich einen Becher mit
Zehentwein und ein Wecklein heißen bringen, und nachdem er also
gegessen und getrunken, ist er hinauf in sein Gemach gegangen. Eine
solche freundliche Vertraulichkeit haben die Alten zusammen gehabt, daß
sie die welsche und neue Hofweis und Ceremonien nicht gebrauchet,
sich dero geschämt hätten."³)

Das bedeutendste Ereignis unter der Regierung des Grafen
Jost war der Wiederaufbau der väterlichen Burg auf dem
Zollerberge. Die Grundsteinlegung geschah unter dem Schutze des
Herzogs Albrecht von Österreich, welcher mit einem Heere durch
Schwaben zog. „Es war am St. Urbanstag 1454, da ward im
Lager eine Meß auf dem Berg unter einem Zelt gelesen. Darnach
legt Herzog Albrecht den ersten Stein in den Grund, darauf setzt er
Jost Niklasen, ließ dann sein österreichisch Banner aufrichten, des-
gleichen die der brandenburgischen Räte und des Markgrafen von
Baden. Die Fürsten hatten ihre Reuter geschickt mit den silbernen

---

¹) Steichele, Beiträge II, 343.
²) Zimmerische Chronik ed. Barack. 1, 281 f.   ³) ebenda 449 f.

Instrumenten (Hammer, Kelle, Mörtelpfanne). Solches alles geschah mit einem Triumph und mit einer besonderen Herrlichkeit, und war männiglich willig."¹) Nun war der fromme Graf tot.

Die Stadt Augsburg condollerte. In einem Gedächtniszettel des Augsburger Stadtrates werden drei Ratsbotschafter angewiesen, dem Bischof zu vermelden, „daß einem ehrsamen Rat der Abgang des wohlgebornen Sr. fürstlichen Gnaden Vaters unseres gnädigen Herrn seligen und Sr. fürstlichen Gnaden Kummer und Betrübnis in ganzem getreuen Mitleiden zumal leid sei." Sie richteten ihren Auftrag am Aschermittwoch den 20. Februar aus. ²)

112. Er ist gefürt worden in ein Frauen Kloster, genannt Steten, da dann ist Gräbnuß der Hern von Zoler. Ze Vlm vnd andern Steten, da man in toten gefürt hat, hat man in groß vnd ser klagt, haben auch die von Vlm durch die Stat [nit] lassen füren, sondern tragen durch die Stat mit der Prozeßion löblich vnd kläglich, auch ze Reutlingen. Er ist auch an vil Enden besungen worden, als in dem ganzen Bistumb, ze Augspurg in allen Klöstern, in allen Pfarren.

Das Dominikanerinnenkloster Stetten am Fuße des Zollerberges ist gestiftet von Friedrich dem Erlauchten, Grafen von Zollern († 1289). Von der Stiftung an haben in jedem Jahrhundert Glieder der zollerischen Familie in diesem Kloster den Schleier getragen.

113. Item ze Innsprugg ist er köstlich besungen worden vnd vnser Her der kayser selbs klager gewesen vnd zu Opfer gangen, besgleichen Herzog Sigmund von Oesterreich hart erschrocken seines tobts, so er auf dieselben Rayß in seiner Bottschaft gewesen ist. Vnd was Lantvogt worden ze Rottenburg vnd der Herrschaft Hochenberg. Requiescat in pace.

---

¹) Zimmerische Chronik ed. Barack. 1, 285. ²) Augsb. Stadtarchiv.

In einer Urkunde vom 24. Januar 1488 beglaubigt Erzherzog Sigmund den Jost Niklas bei den Herzogen Albrecht und Georg von Bayern als seinen Rat.[1]) Demgemäß scheint Jost Niklas seine letzte Reise in einer Sendung an den bayerischen Hof gemacht zu haben.

Die einst ausgedehnte Graffschaft Hochberg ist markiert durch die Städtchen Ebingen, Haigerloch, Horb, Rottenburg am Neckar, Nagold, Wildberg. Die Grafen von Hochberg, eine jüngere Linie der alten Zollergrafen, waren mit Sigismund, welcher 1486 als württembergischer Rat zu Stuttgart starb, erloschen.[2])

Jost Niklas erreichte nur 60 Jahre. Im fürstlichen Schlosse zu Sigmaringen befindet sich das Portrait dieses verdienstvollen Ahnen des Zollernhauses. Jost Niklas steht im schwarzen Pilgergewande vor uns, das mit Pelz verbrämt ist, den aufgeschlagenen Hut tief in die Stirne gedrückt. Sein Gesicht ist bleich, sein Auge voll; der sorgfältig gepflegte Bart reicht auf die Brust herab und bedeckt das Kleinod der goldenen Panzerkette, die sich um den Hals schlingt. Die hochaufgerichtete Gestalt verrät Kraft und Sicherheit. Die markigen Hände fassen den Rosenkranz an.[3])

Nach uralter Sitte hielt Bischof Friedrich dem verstorbenen Vater den 7. und 30. Tag nach dessen Tode Trauergottesdienste:

**114. Item septimum et tricesimum Graf Joßen selig hat mein gnd. Her löblich lassen began ze Dillingen.**

**Item mein alter Her Graf Joß selig ist besungen worden köstlich ze Steten, da er layt.**

**Item am suntag oculi (9. März) ist mein gnd. Her gen Augspurg gerytten vnd ij feria wider komen.**

Nachdem der Bischof Montags wieder nach Dillingen gekommen, tritt er noch in derselben Woche eine peinliche Reise zum Kaiser an.

---

[1]) Aus dem Reichsarchiv München bei Lichnowsky, Gesch. des Erzhauses Österreich VIII, 633. [2]) Stälin a. a. O. III, 666 f.

[3]) Graf Stillfried hat dieses Portrait in Lithographie herausgegeben in seinem Werke: Altertümer und Kunstdenkmale des erlauchten Hauses Hohenzollern. Neue Folge. 2. Band. Berlin 1867.

Dieser hatte sich von Nürnberg nach Innsbruck begeben. Der Kaplan erzählt:

115. Item am samstag vor dem suntag Letare ryt mein gnb. Her hie ze Dilling gen Insprugk vnd komen an den Freytag nach Letare gen Insprugk, da was vnser Her der Römisch kayser. Hett mein gnb. Her bey der kayserlichen Mayestett etwas auszetragen von wegen des Capitels ze Augspurg, antreffent die Burger von Augspurg, vnd was mein gnb. Her versagt worden gegen den kayser von den von Augspurg vnd nit mit der Warhayt, damit der ro. kayser vngenebig worden wer meinem gnb. Hern, wo sein Gnad sich nit verantwort hette.

Der Handel, in welchem sich Bischof Friedrich zu Innsbruck, wohin er in 8 Tagen (vom 13. bis 21. März) gereist war, vor dem Kaiser verantwortet, weil er von den Augsburgern "versagt", d. h. verklagt worden war, betrifft zwei Dinge, worüber später des besondern zu reden ist: den Ausschluß der Augsburger Bürgersöhne aus dem Domkapitel und die Verwaltung der Reichsvogtei. Zu Anfang des 14. Jahrhunderts hatte das Domkapitel ein Statut gemacht, worin es die Augsburger Bürgersöhne für immer von seinem Schoße ausschloß. Friedrich hielt wie seine Vorgänger an diesem Statut fest. Sodann den zweiten Punkt betreffend, merkt der Städter Wehrlich schon für das Jahr 1487 an, daß unter den Burgermeistern Johann Langenmantel und Ludwig Hoser "zwischen Friedrich und dem hiesigen Stadtvogt nicht ein geringer Streit entstanden, der Verwaltung halben der Vogtei zu Menchingen, welche Kaiser Sigmund vor 56 Jahren dem Rat zu Augsburg verpfändet hatte. Und dieweil sich der Bischof in dieser Sachen aller Unbilligkeit gebrauchte, wurde Georg Marschall dieser Stadt und Landes Vogt dahin gedrungen, den Kaiser deswegen anzurufen, erlangte derohalb bei Sr. Majestät einen ernstlichen Befehl, darinnen dem Bischof geboten wurde, aller Empörung sich zu maßen, noch sonsten gemeiner hiesiger Stadt in etwas nachteilig zu sein." Auf dieses Schreiben hin also verfügte sich Friedrich zum Kaiser, um ihm den wahren Sachverhalt darzustellen.

116. Aber mein gnd. Her erlangt wider Gnab bey dem kayser. Ryt mit dem kayser von Jnsprugk pis gen Memmingen, vnd vnser Her, der kayser, vil gehaymer redt mit meinem gnd. Hern, wann er auf dem Velbt neben des kaysers Wagen ryten, mit Jm redent, vnd ze Nesselwangk war der kayser über nacht. Schenkt mein gnd. Her dem kayser xxx seckh mit Haber, bey xx Gulben Wert Visch, vnd was mein gnd. Her im Schloß, aber der kayser im borf 2c. Hett der kayser iiij° pferb.

Die geheimen Reben, welche Friebrich neben bem kaiserlichen Wagen reitenb entgegennahm, waren wahrscheinlich Verweise unb der Befehl, bem Reichsvogt zu Augsburg über die Verpfänbung der Reichsvogtei Austunft zu geben.[1]) Am 29. März nach Hause zurückgekehrt, hatte Friebrich die Freube, seinen Bruber wieber zu sehen, welcher von nun an ihm näher gerückt blieb.

117. Item am samstag vor bem Palmtag kom mein gnb. Her gen Dilling vnb sang am Ostertag bas Ampt ze Dillingen vnber ber Jnsel, vnb was die Hayl. Karwoche ze Dillingen vnb nit ze Augspurg, wann seiner Gnaben Bruber mein her Graf eytel Friberich von Hochenzoller kom von ber Mark geryten gen Dillingen vnb wolt eylent wiber reyten, bas sy boch bannocht etwas vor nothburftigklich mußten außrichten, vnb wegen ber Herschaft Hochzoller als Rechnungsaufnemer von ben Amptleuten 2c.

---

[1]) Braun, Bischöfe von Augsburg. III, 137.

Item auf demselben Ostertag hat mein gnd. Her ze Dilling Hof gehalten.

Eitel Friedrich II., der Stammhalter der gräflich Zollerischen Familie, welcher zwei Jahre jünger als Bischof Friedrich war und damals 36 Jahre zählte, lebte von seinen Jünglingsjahren an am Hofe des Markgrafen Albrecht Achilles zu Onolzbach. Als der Markgraf zur Kurwürde gelangt war und 1471 nach der Mark Brandenburg aufbrach, begleitete ihn Eitel Friedrich dahin. Der Preis für seine Anhänglichkeit an den fränkischen Vetter war die Hand der Markgräfin Magdalena, der Nichte Albrechts. Nach der Vermählung, welche am Sonntag Esto mihi des Jahres 1482 zu Köln an der Spree durch den Bischof Friedrich von Lebus unter Assistenz des bekannten Berliner Propstes Erasmus Brandenburger stattfand, wohnte das Ehepaar im Schlosse zu Crossen, woselbst Eitel Friedrich als Hauptmann das gleichnamige Land verwaltete. Nach Albrechts Tode (1486) unterstützte er dessen Sohn Kurfürst Johann Cicero bei Einrichtung seiner Regierung. Auf die Botschaft vom Tode Jost Nikolaus' eilte nun Eitel Friedrich aus der Mark herbei, um die Regierung seiner Stammlande zu übernehmen.[1] Wie es scheint, hatte der Bischof die Monate seit Josts Tode diese verwaltet. Die Worte „und wegen der Herrschaft Hochzoller als Rechnungsaufnehmer von den Amtleuten ꝛc." lassen das vermuten. Auch mochte wohl die wichtige Familienangelegenheit besprochen worden sein, von der wir im Folgenden zu berichten haben.

**118.** Item Georgii schickt mein gnd. Her ze Hilf dem römischen küng, der ze prügk in Flandern gefangen was, i° Fußknecht vnd vi pferd, was Junker Hannß von Landau Hauptmann.

Den bekannten historischen Hintergrund erzählt eine gleichzeitige Quelle wie folgt: „In der Fasten anno domini 1488 da kam dem römischen Kaiser Botschaft, daß die von Bruck (Brügge) in Flandern Sr. Majestät Sohn, König Maximilianum mit samt etlichen seiner Räte zu Bruck gefangen hätten. Demnach ließ der Kaiser an Kur-

---

[1] Märker, Eitel Friedrich II. Berlin 1857.

fürsten, Fürsten und Städte Gebotsbriefe ausgehen, daß sie auf St. Georgentag bei der kaiserlichen Majestät im Feld bei Köln am Rhein wider die von Bruck und ihre Helfer sein sollten, den röm. König zu retten und zu entledigen, bei der Pön criminis laesae maiestatis. Darauf ist das Reich dem römischen König zu gezogen."[1]) Über die Dauer und Kosten der Expedition berichtet eine spätere Notiz des Tagebuchs: „Item 4020 Gulden gingen auf die Reis in das Niederland, zu erledigen den römischen König. Hatte 100 Fußknecht, 6 Pferd, 1 Wagen 20 Wochen."

Die Lanzknechte wurden durch einen feierlichen Gottesdienst in den Krieg entlassen. Zu Nürnberg sang man ihnen im Jahre 1504 „mit den Schülern in Chorröcken und der Orgel eine schöne Meß und Glück zu St. Sebald, im Chor der (Flügel)altar aufgethan. Item der recht Prediger (der Feldkaplan) predigt und sang auch ihnen die Meß und wendet sich um am Altar und predigt ihnen, wie oft ein klein Volk groß Volk darnieder mit Gott's Hülf gelegt hat, item wie Josue Glück hett und mit kleinem Volk oblag, wie ihm Gott beigestund. Item da die Meß aus ist, da predigt wieder der vorig Prediger nach dem Segen." Sie empfangen sodann den Johannistrunk.[2])

## 13. Kapitel.
Friedrich reist ins Bad, in die Heimat. Rückkehr nach Dillingen.

Die Sorgen der letzten Monate mochten die Gesundheit des Bischofs angegriffen haben. Er gebraucht demgemäß eine Kur im Wilb= b. h. Naturalbad zu Pfeffers, welches Eigentum der gleichnamigen Fürstabtei und mit ihr, wie die Schweiz selbst, Teil des deutschen Reiches war. Der Kaplan fährt fort:

119. Item am Montag nach Philipi vnd Jacobi zog mein gnb. Her ze Dilling aus, vnd wolt reyten in das Wiltpab, kom benselben tag gen Elching, hielt ze morgens Meß, was Johannes ante portam latinam.

---

[1]) Glich geschicht, als man zalt 1488. Städtechroniken Nürnberg. XI, 715. [2]) Heinr. Deichslers Chronik. 30. April.

Am Aftermontag ryten wir bis gen Ochsenhaußen. Am Mittwoch gen Weingarten, am Donerstag gen Linbau.

Der Montag nach Philippi und Jakobi war der 5. Mai, denn am folgenden Tage feierte die Kirche, wie unser Tagbuch sagt, das Fest Joannis ante portam Latinam, welches auf den 6. Mai fällt. An diesem Tage celebriert Friedrich zu Elchingen die hl. Messe und reitet darauf nach Ochsenhausen, am Mittwoch (den 7. Mai) nach Weingarten. Beide Klöster sind Benediktinerabteien der Diözese Konstanz, Ochsenhausen drei Stunden von Memmingen, Weingarten in der Nähe von Ravensburg. An letzterem Orte wurde schon damals das sogen. „Heilige Blut", ein Tropfen des Blutes Christi, aufbewahrt. Den 8. ist Friedrich in Linbau.

Den 9. Mai langt der Bischof zu Feldkirch, den 10. in Mayenfeld an, von wo er Sonntags den 11., nachdem er der Sonntagspflicht genügt hat, die Reise nach Ragatz fortsetzt, sich nach Pfeffers der Maultiere bedienend. An demselben Tage (Vocem iucunditatis) gings in die Taminaschlucht hinab nach Bab Pfeffers, wo eine Badekur beginnt, welche bis 23. Mai dauert.

120. Am Freytag furen wir über den Bodensee gen Feldtkirch, Am samstag gen Mayenfelt, am suntag nach dem Ampt furen wir über den Reyn vnd komen gen Ragatz, ließen wir die Roß stan vnd namen marterer bis in das Dörflen. Vnd giengen eodem die dominica in das Pfeffers bad vnd badeten von dem suntag vocem Jucunditatis bis am Freytag ze Mittag vor pfingsten alle Tag bei viii ober ix stunden.

Das Badegebäude ruhte auf Balken über der Taminaschlucht, und die Badenden wurden an Stricken in die warme Quelle hinuntergelassen. Man blieb im Mittelalter bis zu 11 Stunden im warmen Bade. Abbildungen aus dieser Zeit stellen die Badenden essend und trinkend dar. Auch Badelieder haben sich erhalten, von welchen einige geistlich sind.[1]

---

[1] Ein Badelied beginnt: „Außen Wasser, innen Wein, laßt uns alle fröhlich sein." Dr. Kriegl, Deutsches Bürgertum im Mittelalter. Neue Folge. Frkf. 1871. S. 9.

**121.** Am Auffertag giengen wir gen Pfeffers, hielt mein gnd. Her Meß im Kloster. Item am Freytag vor Pfingsten giengen wir gen Pfeffers in das Kloster aus dem Bad vnd waren da über Nacht, am samstag ryten wir gen Chur, am Pfingstag lagen wir still ze Chur, laß mein gnd. Her Meß; am Montag ryten wir.

An Himmelfahrt Christi (den 15. Mai) besucht Friedrich die auf hohem Berge gelegene Abteikirche. Den 23. nimmt er das Nachtquartier bei dem Abte im Kloster, den 24. langt er in Chur an, feiert den 25. daselbst das Pfingstfest und reitet Montag den 26. Mai über Sargans dem Wallensee zu.

**122.** Am Aftermontag furen wir auf dem Waltersee vnd Zürchersee bis in ein Markt gegen Rappoltsweyll über vnd aßen da ze nacht, darnach namen wir marterer vnd ryten gen vnser lieben Frawen gen Einsidel, vnd ze morgens hielt ich in der vnser lieben Frawen Capell meß, darnach mein gnd. Her, am Mittwoch komen wir gen Rapoltsweyl, am Dornstag in das Turbatal in ein Dorff, war mein gnd. Her auch ich zu den pferden 2c.

Der Bischof fährt Dienstag den 27. Mai über den unheimlichen Wallensee, in welchen von hoher Felswand die Gießbäche herunterstürzen; bann über den östlichen Teil des Zürchersees und langt abends in Richterschwyl an. Von hier aus unternimmt er nach dem Abendessen noch eine beschwerliche Wallfahrt. Er steigt in dreistündiger Tour über den steilen Etzelberg und gelangt nach dem Kloster Maria Einsiedeln. Des andern Tags feiert er in der Kapelle der hl. Gottesmutter, welche St. Meinrab, sein Stammgenosse († 861), einst durch sein Gebet und seinen Martertod geheiligt hatte, das hl. Opfer und kehrt am gleichen Tage (28. Mai) über die lange Brücke nach Rapperswyl zurück.

Am Donnerstag den 29. Mai ging's von Rapperswyl in das „Turbathal", wohl das Thal der Thur im „Thurgau", wo die beiden in einem Dorfe bei den Pferden übernachten. Weit vom Bodensee kann dieses Dorf nicht gelegen sein, da Friedrich am folgenden Tage den See übersetzen und noch mindestens 8 Stunden reiten mußte, bis er, was der Kaplan sofort berichtet, am Freitag den 30. Mai in Sigmaringen ankam.

Die Überfahrt Friedrichs scheint nach Meersburg geschehen zu sein, denn die Cisterzienserabtei Salmansweil, in welcher er „einbeißt", d. h. einen Imbiß nimmt, ist drei Stunden Wegs von Meersburg gerade auf dem Wege nach Sigmaringen gelegen:

**123. Am Freytag kamen wir gen sümaringen, biſſen aber ze ſalmasweyl an. Am ſamſtag komen wir gen Heching vnd am ſuntag trinitatis weyhet mein gnd. Her die Kirchen ze Heching mit viii Altären vnd ſang das Ampt. Eodem die post prandium firmet mein gnd. Her bey vi° Menſchen.**

Zu Sigmaringen übernachtete der Bischof vom 30. auf den 31. Mai ohne Zweifel auf dem Schlosse der Werdenberger, seiner Oheime. Die stattliche Burg, seit dem Jahre 1535 in dem Besitz der Familie von Zollern, erhebt sich auf steilem Fels, dessen Fuß auf der nördlichen Seite die Donau rauschend bespült. Der Umstand, daß Friedrich auf der Route vom Bodensee her am Schlosse Heiligenberg vorbei geht, ganz in dessen Nähe aber, zu Salmansweiler, die Gastfreundschaft in Anspruch nimmt, rechtfertigt die Annahme, daß die Familie Werdenberg, welche mit ihrer Hofhaltung zwischen Heiligenberg und Sigmaringen wechselte, damals nicht auf dem Heiligenberg, sondern in Sigmaringen sich aufhielt.

Die Ritte Friedrichs erscheinen als sehr anstrengend, besonders wenn man bedenkt, in welch üblem Zustand damals die Wege sich befanden.[1] Der Bischof legte täglich gegen 12 Stunden zurück.

---

[1] Den 28. August 1485 wollte Kaiser Friedrich zu Reutlingen übernachten. Als er einzog, gingen die Pferde bis an den Bauch im Koth. Bei Hall, wo er in einem Wagen fuhr, mußte er Ochsenvorspann nehmen. Von Stälin, Württemb. Geschichte. Stuttgart 1856. III. 616.

Zu **Hechingen** wohnte Friedrich ohne Zweifel in dem Schlosse, welches sein Großvater Eitel Friedrich I. im Jahre 1434 zugleich mit einer neuen Stadtmauer angelegt hatte.[1]) Dasselbe bestand noch bis zu Anfang dieses Jahrhunderts. Die neue Kirche, welche der Bischof den 1. Juni konsekrierte, war von Jost Niklas unter Beihülfe Sigismunds von Hohenberg, seines Stiefvaters, erbaut worden. Sie war noch nicht ganz fertig und wurde laut einer Inschrift,[2]) welche in einer Fensternische der jetzigen Renaissancekirche angebracht ist, erst im Herbste vollendet. Diese Renaissancekirche ersetzt das von Friedrich geweihte Gotteshaus seit 1783.

Mit der Bemerkung, daß die Kirche acht Altäre habe, will der Kaplan ohne Zweifel die Anstrengung hervorheben, welcher sein Gebieter sich an diesem Tage unterzog; denn jeder Altar ist einzeln zu weihen.[3]) Man wird auch in der That die Kirchweihe mit dem Pontifikalamte und der Firmung der 600 Personen auf 7 Stunden berechnen dürfen. Tags zuvor hatte Friedrich 10 Stunden Wegs durch die steinigen Pfade der schwäbischen Alp zurückgelegt.

Schwerer wird dem Bischof der Gang nach Stetten zum Grabe des Vaters geworden sein. Er bringt für dessen Seelenruhe am 2. Juni das hl. Opfer dar, und nachdem er auch hier wieder den Unterthanen seines Bruders das Sakrament der Firmung gespendet hat, steigt er auf steilem Pfade, wohl in zahlreicher Begleitung, den Zollerberg empor, wo seiner die Freude wartet.

---

[1]) Stellien, Nachrichten über die Kgl. Stammburg Hohenzollern. Berlin, 1863. S. 33.

[2]) Anno Domini 1472 ist dieser Bau auf Margaretha angefangen und auff Galli 1488 vollbracht."

[3]) In einem Altar der 1788 abgebrochenen Pfarrkirche zu Hechingen befand sich folgende Schedula: In nomine Domini Amen. Noverint universi, quod nos Fridericus comes de Zolre, Dei et apostolicae sedis gratia Episcopus Augustensis anno Domini 1488 prima die mensis Junii cooperante nobis septiformis sancti spiritus gratia consecravimus hoc altare in honorem S. crucis, Sanctorum Nicolai Episcopi, Viti martyris, Francisci confessoris et Agathae virginis et martyris. Et reliquias plurimorum Sanctorum ibidem reclusimus. Jn cujus testimonium praesentem Zedulam scribi eamque nostro sigillo jussimus communiri. Siegel fehlt. Mitgeteilt von Herrn Lehrer Locher zu Sigmaringen.

**124.** Am Montag het mein gnd. Her Meß ze Stetten vnd firmt bei iiii° Menschen.

Vnd ryten darnach gen Zollern zu dem Mall, vnd beliben Montag vnd Aftermontag ze Zollern.

Der Zollerberg, ringsum bewaldet, ragt 1000 Fuß über Hechingen, 3000 über das Meer empor. Die Burg darauf, an welcher Friedrich von Jugend auf hatte bauen sehen, war jetzt voll= endet. Sie trug einen „Kaiserturm", zu welchem Kaiser Friedrich III. (1466) den Grundstein gelegt, und einen „Markgrafenturm", welchen der Markgraf von Brandenburg übernommen hatte. Der Rottweiler Poet Silberdraht hatte über die zerstörte Burg fünfzig Jahre früher die Verse gedichtet:

„O Hohenzollern, du wehrliches Haus,
Wie weit hast du gesehen überaus.
All um und um in Schwabenland
Warst du ob allen Häusern bekannt,
Daß all, die dich je hand gesehen,
Wohl mögen sprechen und jehen,
Daß wehrlicher Haus in dem Land nit gewesen ist,
Denn du bisher gewesen bist."

Nun war die Burg ansehnlicher und fester als zuvor.

Friedrich biktierte für die Mitte des westlichen Flügels noch einen „Bischofsturm", den er auch bezahlte, und zeichnete am südlichen Abhange der Bergspitze einen Blumengarten aus. Die St. Michaels= kapelle, mit ihrem einfachen Gewölbe, dessen Rippen sich ohne Krag= steine in die Wände verlaufen, ist noch dieselbe wie damals, als der Bischof von Zollern in ihr opferte. Als auch diese zweite Burg zur Ruine wurde, stand allein diese Kapelle unverwittert da, bis die Mauern der heutigen britten Burg sich wieder mit ihr vereinigten.[1]

In dem neuen Schlosse fand, wie der Kaplan erzählt, ein Fest= mahl statt. Das gräfliche Ehepaar, welches den Bruder und Schwager hier bewirtete, war noch jugendlich, denn Graf Eitelfriedrich zählte

---

[1] Stillfried, Beschreibung und Geschichte der Burg Hohenzollern. Berlin 1870. S. 45 ff.

36, die Markgräfin Magdalena von Brandenburg 27 Jahre. Sie hatten ein fünfjähriges Söhnlein, den Grafen Wolfgang, und ein noch jüngeres Töchterchen, Wandelberta.¹) Auch die Gräfin Helene, Friedrichs einzige Schwester, war zu Gaste; ebenso hatte sich, da es sich um eine wichtige Familiensache handelte, der jüngste noch lebende Bruder des Bischofs eingefunden, der, wie das Haupt des Zollerischen Hauses, Eitel Friedrich hieß. Zwei andere Brüder, Graf Friedrich Albrecht und Graf Johann Friedrich, waren (1483), der erstere bei Utrecht, der andere bei Dendermonde gefallen.

Ein wahrscheinlich von Peter Vischer aus Nürnberg in Erz gegossenes Grabdenkmal in der Kirche zu Hechingen stellt uns noch heute das Ehepaar, den Bruder und die Schwägerin Bischof Friedrichs, in Portraits dar.²) Graf Eitelfriedrich, ganz in Eisen gekleidet, mit wallendem Helmbusch, ist ein stattlicher Mann mit scharf geschnittenem Gesichte. In der Rechten hält er das lange Schwert, mit der Linken den Rosenkranz; um den Hals trägt er den Orden des goldenen Vließes, von dem auch das quabrierte Wappenschild über seinem Haupte umschlungen ist. Seine Füße sind auf einen Löwen gestellt. Ihm gegenüber steht die fürstliche Gemahlin, eine liebliche Frauengestalt in zierlichem Schleppkleide. Über ihre Finger gleitet der Rosenkranz; um den Hals trägt sie den Schwanenorden mit dem Bildnisse der hl. Maria. Derselbe umgibt auch das über ihrem Haupt befindliche Wappen, das den brandenburgischen Adler zeigt. Unter ihren Füßen liegt ein Hund, das Sinnbild der Treue. Um die Platte herum zieht sich die Inschrift:

"Ich Yttel Friberich Grave zu zoller geborn,
des heyligen Romischen reichs erbkamer erkorn
Warb ich bey kunig Maximilian.
Als sein hoffmaister jm allzeit unterthan
Unnb haubtmann des hohenberger landt

---

¹) Vgl. Dr. K. v. Behr, Genealogie der in Europa regierenden Fürstenhäuser. Dr. K. Th. Zingeler, Die Beziehungen des Hauses Hohenzollern zum Hause Baden. Sigmaringen 1884. 2. Aufl. S. 10.

²) Das Grabdenkmal, aus der vorigen, von Friedrich konsekrierten Kirche stammend, trägt die Jahreszahl 1500, wurde folglich nach dem Tode Magdalenas († 1496), aber noch zu Lebzeiten ihres Gemahls, Eitelfriedrich II., und ihres Schwagers, des Bischofs, angefertigt.

het ich im widerkawff zw unterpfandt
Unnd dartzw bue herschaft haigerlich erblich.
Mit meinem bruder Pischoff Friedrich
Macht ich bysen stift unser seel zw haill.
Ein Margrafin elich warb mir zw tayll
Von brandenburg des kurfurstlichen stamen.
Funf tochtern vn sex jun hetten wir zusamen
Vnnd ligen hye tod,
Gott helff uns aus aller nott."

Doch kehren wir wieder zu den Lebenden zurück. Die wichtige Familienangelegenheit, welche hier abgewickelt wurde, ist eine Erbverbrüderung mit dem brandenburgischen Stammesgenossen. Bischof Friedrich, sowie Eitelfriedrich, sein Bruder, und Eitelfriedrich, der jüngste Bruder, unterzeichneten auf der neuen Burg den 2. Juni eine Urkunde, in welcher bei Erlöschen des schwäbischen Stammes der Hohenzollern der fränkische als Erbe aller ihrer Güter eingesetzt wird.[1]

Das heimatliche Schloß mit der schönen Aussicht auf die Dörfer im grünen Thale und die Burgen in blauer Ferne beherbergte den Bischof nicht lange. Nach einem einzigen Rasttage setzte er den 4. Juni die Reise nach dem Kloster Zwiefalten fort. Die Schwester Helene begleitete ihn. Sie war die Gemahlin des Truchseß Johann von Walbburg zu Wurzach. Vielleicht war auch sie auf der Reise nach Hause.

125. Am Mittwoch ryten wir gen Zwyfalten in das Kloster, vnd meins gnb. Hern Schwester Truchsässin fur auch mit, vnb ze morgens corporis Christi giengen wir umb cum processione. laß mein gnb. Her

---

[1] In einem Zollerischen Repertorium aus dem Anfang des 17. Jh. ist das verloren gegangene Dokument unter Nr. 564 folgendermaßen bezeichnet: Testamentum oder dispositio ultima voluntatis Bischoff Friberichen zu Augspurg, graff Eitelfritzen vnd graff Friberich Eitelfriberichen zue Zoltern, aller breyer gebrüberer, barinnen Sie einander zue erben instituiret und uff den fall sie alle brey ohne Leibserben absterben sollten, bie Marktgrafen zue Brandenburg zu erben aller Jrer haab und gütern substituiret haben. Anno 1488. Stillfried, Hohenz. Forschungen S. 255 f.

Meß, vnd nach Tisch ryten wir gen ehing, am Freitag gen Elchingen, am samstag her gen Dillingen.

Hat Helene unterwegs Leib geklagt? Sie war kaum glücklich, denn ihr Gemahl hatte neben guten Eigenschaften einige sehr schlimme. Pappenheim schreibt von Friedrichs Schwager: „Er war ein vernünftiger, gerechter und gottesfürchtiger Mann, ein sonderlicher Liebhaber der Geistlichen, aber ein Buhler. Warb viel zu ehrlichen Sachen und Handlungen gebraucht, war ein guter Täbingsmann, legt viel Spän hin, aber nit ein guter Haushalter. Er fand 15000 fl. bar hinter seinem Vater, die verthät er und macht wohl 12000 fl. Schulden, wiewohl er seine Häuser besserte und baute, die sein Vater Georg gar hat lassen abgehn."[1]) Helene selbst eine „gaistlich, fromme Frauen", mochte damals in den zwanzigen stehen.

Helene stiftete nach dem Tode ihres Mannes zu Wurzach das Kloster Maria Rosengarten, in welchem sie als Nonne starb. In demselben Kloster befindet sich ihr Bild. Helene kniet, das Haupt in den Schleier gehüllt, in einem faltenreichen, braunen Mantel. Die gefalteten Hände sind von einem Rosenkranz umschlungen, das Angesicht ist auf die hl. Jungfrau gerichtet, welche in einem Rosengarten thront.[2]) Die auf Helene bezügliche Inschrift lautet:

„Anno 1514

Ist die hochgebohrne fr. fr. helena, ReichsErbtruchsässin, gebohrne gräfin zue hohen Zollerns, freyfrau zue Walbburg ꝛc., in dises Closter, Maria=Rosengarten genannt, als desen anfängerin eingetreten.

1515 de II. Nouem: in Gottsels entschlaffen."

Kehren wir zur Sache zurück. Friedrich und Helene machen

---

1) Chronik der Truchsessen S. 160 ff.
2) Ein zweites Portrait Helenens ist auf ihrem Grabmonument zu sehen, welches aus grauem Marmor gearbeitet, in die Façade der Wurzacher Pfarrkirche eingelassen ist. Der Stein, 1,80 m lang, 1,30 breit, stellt die Gräfin in einer Größe von 1,10 m dar. Sie kniet auch hier in gefaltetem Mantel, gehüllt in einen Schleier, welcher das Gesicht vom Munde bis über die Augen freiläßt, auf einem Betschemel, das geöffnete Gebetbuch in den Händen. Vor ihr schwebt Gott Vater, das Schwert in der Hand. Um das Bild sind 16 Wappenschilde gereiht, darunter das Montfortische. Dieselben sollen ohne Zweifel an ihre Ordensgenossinnen erinnern.

zu Zwiefalten ben 5. Juni die Frohnleichnamsprozession mit. Nach Tisch verläßt der Bischof die Schwester, um über Ehingen nach Dillingen zu reisen, wo er den 7. Juni ankommt. Vier Wochen später besucht er Augsburg wieder einmal.

Item in der Wochen nach Vdalrici (4. Juli) ryt mein gnd. Her gen Augspurg, was ij Nächt auß.

## 14. Kapitel.

Friedrich übernimmt das Kloster Ottenbeuren. Er reist nach Innsbruck zu Sigmund. Er feiert mit Geiler die Kirchweih zu Augsburg, visitiert Ottenbeuren. Geiler prebigt zu Augsburg.

Im folgenden knüpft das Tagebuch an eine frühere Bemerkung an. Das Kloster Ottenbeuren, des, wie der Kaplan (Nr. 9) sagt, dem Hochstift ganz unterworfen und mit Vogtei und aller Gerechtigkeit zugehörig war, wurde sogleich beim Regierungsantritte Friedrichs von Herzog Georg weggenommen. Den 29. Juli 1488 erfolgte nun die Herausgabe dieses Fürstentums in die Schirmvogtei des Hochstiftes. Tags darauf besetzte der Bruder des Bischofs mit einem Fähnlein Reiter dieses kleine Gebiet, bis der Bischof selbst kam, die Sachen zu ordnen:

126. Item in die Marthe hat Herzog Jörg mein gnd. Heren das Closter Ottobeyern wider geben durch Hern Caspar von Westenberg, Hansen von Bobmanns vnd Alberstorfer Rentmaister.

Item den nächsten tag nach Marthe ryt mein Her Graf eytel Friz von Zolern, Hannß von Westerstetten vnd Herr Leonhart Marschalk mit xxx pferden, eingenomen Ottobeyern anstatt mein gnd. Hern.

Item die Jacobi (25. Juli) ryt mein gnd. Her gen Augspurg, was ij Necht aus.

Darauf unternimmt der Bischof eine zweite Reise nach Innsbruck, welche vom 2. bis 23. September bauert. Am 7. September traf er in bieser Stabt ein, am 16. reiste er wieber ab.

127. Item ao. dnj eto. Im lxxxviii am Aftermontag vor vnser lieben Frawentag nativitatis Marie, ba ryt mein gnd. Her hie ze Dilling aus vnd kam am suntag gen Insprugk; am Montag was vnser Frawentag, hielt mein gndgr. Her Meß in ber Pfarkirchen ze Innsprugk auf einem Altar neben bem koraltar zu ber rechten hanb, sonst hielt ich gewonlich Meß auf ben turen ba ... Meß ist. Vnd was mein gnb. Her ba pis an Aftermontag nach Exaltationis sancte Crucis. komen am Aftermontag nach Mathei gen Dillingen.

Der Zweck ber Reise war, sich zu rechtfertigen gegen Anschuldigungen, welche bei Sigmund angebracht waren. Auch die Bürger von Füßen wollte Friedrich in Schutz nehmen. Diese hatten ben Erzherzog so verletzt, baß er ihnen ihre Straße nehmen unb bieselbe nach Reute gebaut haben wollte.

128. Vnd warb mein gnb. Her auf bieselben Zeit nit wol empfangen von Herzog Sigmund, wann er war versagt worden, vnd hetten auch die Burger von Füeßen ein Letz zerhawen, also bas Herzog Sigmund wolt die Straß genomen haben ben von Füeßen vnb für Reittern hineingemacht ꝛc.

Sigmund ließ sich burch Friedrichs Bruber, welcher ben Bischof begleitete, besänftigen. Letzteres war bei Sigmund immer mit einem Gelbgeschäft verbunden; so auch hier:

129. trug mein gnb. Her ab burch seinen Bruber eytel Fritz, für das Im Herzog Sigmund wiber genebig wart vnb In gar vil eer erbot; wart auch mein Herr Graf eytel Fritz von Zollern die Lanbvogtey ze Rotten-

burg auf dieselben Zeit versprochen, doch solt er darauf
Leyhen xx^m Gulden. hat seyd her mer darauf gelyhen.

Sigmund, der Münzreiche, verdiente diesen Beinamen mehr von
den Münzen, die er entlehnte, als von denen, die er besaß. Die
Schlösser, die er in Tirol baute, wie Sigmundskron, Sigmunds=
burg 2c. kosteten Geld und das Leben darauf noch mehr.[1]) Das Archiv
zu Innsbruck enthält einen Pfandbrief von Sigmund auf Eitelfried=
rich von Hohenzollern um 1000 fl. Einkommen aus Hohenberg, einen
Pfandlösungsrevers von Graf Eitelfriedrich um Schloß und Stadt
Haigerloch, einen Revers um die Hauptmannschaft in Hohenberg,
sämtliche Urkunden aus dem Jahr 1488.[2]) Die weltlichen Angelegen=
heiten zu Innsbruck wechselten zu Augsburg mit geistlichen ab. Geiler
war da. Aber Peter Schott hatte demselben folgenden Brief an den
Bischof mitgegeben:

„Mit Gegenwärtigem will ich eigentlich nichts erreichen, bester
Bischof, als das Eine, Dich von dem Versuche abzubringen, den
Doktor, den uns Gott geschenkt, allzu lang bei Dir zurückzuhalten.
Denn was ich sonst über Land und Leute schreiben könnte, das wird
er Dir selbst, wenn er bei Dir angelangt sein wird, erzählen. In=
des glaubte ich, auch mein genanntes Anliegen nicht weitläufig be=
gründen zu müssen, weil ja die Liebe, welche Deine bischöflichen Hoch=
würden zur Straßburger Kirche trägt, den verhängnisvollen Verlust
dieser Kirche auf die Dauer nicht ertragen könnte; es nicht ertragen
könnte, sage ich, daß wir, denen ein so trefflicher Dombechant entrissen
wurde, nun auch noch die einzige und unentbehrlichste Zierde, die
noch übrig blieb, unsern Prediger verlieren sollen."

Dem Schreiben war als kleines Geschenk der Frau Schott eine
Nuß beigelegt, auf welcher das Leiden Christi eingeschnitten war.[3])
Schott fährt fort:

„Meine Mutter, Hochwürdigster Vater, läßt um Entschuldigung
bitten, wenn sie es wagt, einem so vornehmen Herrn eine Nuß zum

---

[1]) Dr. Jos. Egger, Geschichte Tirols. Innsbruck 1872. I, 604 ff.
[2]) Schatzarchiv Nr. 750, Reg. Repert. II, 277, IV, 254.
[3]) Dies geht aus der Inhaltsangabe des Briefes hervor: Rogat, ne
praedicatorem Argentinensem apud se detineat et commendat munusculum
matris: nucem, in qua insignia passionis dominicae sublimissime incisa
fuere. P. Schott. Lucubr. fol. LXXVIII.

Geschenke zu machen. Da der Bote etwas Gewichtigeres nicht mitnehmen wollte, so hielten wir es für angezeigt, den Schwaben diesmal Nüsse zu schicken, die sie sprichwörtlich gerne essen."

„Doch Dir schickt sie nur eine als Glückszeichen mit der Bitte, sie zu versuchen. Du wirst sie süß und gesund finden und öfters einen Blick darauf geworfen, wird sie Sorge und Krankheit aus der Seele vertreiben."

„Zum Schlusse vermelden meine Eltern ihre Ehrfurcht und Empfehlung. Sei in Christo gegrüßt. Straßburg den 19. September 1488." Man sieht, wie innig der Bischof mit der Schott'schen Familie befreundet war.

Wenige Tage nach seiner Ankunft eröffnete Geiler eine sogenannte Mission, welche bis in den Januar des folgenden Jahres dauerte. Den Anfang derselben bildete die Engelweihe, d. h. das Kirchweihfest, welches Friedrich Sonntag den 28. September am Dome mit besonderer Feierlichkeit beging. Den 26. September traf er mit Geiler in Augsburg ein. Tags darauf wurden vor der Vesper die Reliquien vorgezeigt.

**130.** Item darnach ao. etc. lxxxviii Am freytag vor Michaelis ryt mein gnd. Her gen Augspurg vnd was da auf der Engelweyhe vnd pracht mit Jm einen Authorem Theologie doctorem Kayserſperg, der da predigt, vnd am samstag ze Nacht vor der Vesper zeigt man das Hayltum auf dem Fronhof, waren die Tuecher vmb den Stuel geschlagen.

Die Heiligtumsweisung geschah auf dem „Frauenhof" neben dem Dome. Friedrich stand auf der Tribüne, von 12 Prälaten umgeben, und ließ die einzelnen Stücke durch den Weihbischof zur Verehrung vorzeigen:

**131.** Vnd alſ man auf den Stuel kom, fing es an ze regnen, wer gar auß der massen schön zugangen, wo es schön Wetter wer gewesen, wan da was mein gnd. Her von Kempten, der Apt von Werd, der Apt von

Benediktpeüern, der Apt von Weſſesprunn, der Apt von ſant Vlrich ze Augſpurg, der Weyhbiſchof, der Apt von Kayßhaym, der Apt von Aurſperg, all in Jren Jnſeln, der Apt von Elching, der Abt von Fultenbach, der Probſt von Heilig kreutz, der Probſt von ſant Jörgen, all mit iren Ornaten; ſtand mein gnd. Her neben dem Weyhbiſchof, der rueſt das Hayltum aus vnd ich zwiſchen ꝛc.

Welche Reliquien wurden hier wohl gezeigt? Ohne Zweifel die des Domes und der Kirche St. Ulrich. Unter letzteren befinden ſich das ſogen. Ulrichskreuz: eine Partikel des Kreuzes Chriſti, einige Meßgewänder dieſes Heiligen, ein großer Kamm, mit welchem dieſer Biſchof vor der Meſſe gekämmt wurde; der Gürtel der hl. Afra ꝛc. Sämtliches wird noch heute zu St. Ulrich aufbewahrt.[1]

132. Jtem mein gnd. Her regiert die Veſper ſelbs, doch tet er den Habit ab, er het an Alb vnd ain guldin ſtuk, was ein leviten Rock, vnd den guldin roten Mantel darob vnd die Jnfel vnd regiert complet. Jtem ze Morgens die Mettin vnd vieng an die Prim, darnach thet er ſich an Episcopalia vnd gieng in processione, vnd ſang das Ampt löblich, ſtanden die Aept in Jren Habit in den Stulen hinder dem Ampt vnd giengen ze Opfer.

Zum vollen Ornat des Biſchofs gehören bekanntlich auch die Kleider des Subdiakons, ſowie des Diakons. Das Kleid des letzteren, die Tunica, und zwar eine goldburchwirkte, trug der Biſchof unter dem Pallium, als er die Komplet regierte.

133. auf den ſelben tag het mein gnd. Her groß Cöſtung, wann er ſpeißt die Aept vnd die Caplän vnd Diener ze Nacht, ze Morgens vnd an der Suntag nacht, er

---

[1] Die Domreliquien, wie ſie z. B. 1614 vorgezeigt wurden, ſind bei **Khamm**, Hierarchia I, S. 387 aufgezählt.

gab auch Fuetter von Hof vnd war da biß an Mittwoch, ryt gen Dillingen.

Während Geiler seine Predigten zu Augsburg fortsetzte, zog sich Friedrich den 1. Oktober nach Dillingen zurück, um nach 14 Tagen eine bischöfliche Expedition nach Ottenbeuren zu unternehmen.

Dieses gefürstete Benediktinerkloster machte Friedrich viel zu schaffen. Den 13. Oktober reist er ab, um dasselbe in Person zu ordnen und setzt zunächst den Abt Nikolaus Röslin, den er während der bayerischen Zwischenregierung zu Dillingen bei sich gehalten hatte, als Regenten des Klosters wieder ein, als Fürsten aber stellte er ihn unter Verwaltung zweier weltlicher Beamten:

134. Item am suntag vor Galli ryt mein gnb. Her aus ze Dilling vnd wolt gen Ottopeyern, vnd kom die erste Nacht gen Pfaffenhaußen, het sein Gnab vor nit gesehen, darnach den andern tag gen Ottopeyern, vnd setzt da den Apt Nicklaß wider eyn, vnd thet da zum oberVogt setzen Dietrich santhauser vnd eytel Hanßen als regenten.

Auch unter dem folgenden Abte schreibt sich Dietrich noch „Vogt und oberster Amtmann in weltlichen Händeln und Sachen des ehrwürdigen Gotteshauses Ottenbeuren."[1]

135. vnd ward Jörg von Wösternach verkünt, daß er Rechnung solte thun, so er ganz gewaltig was gewesen über das Closter, dieweyl es in Herzog Jörgens Gewalt was zwey Jar; thet er darnach Rechnung ze Augspurg in Gegenwertigkeit meins gnd. Hern von Augspurg vnd des Apts, auch des Rentmaysters Alberstorfers vnd bestand wohl.

Die bayerische Verwaltung unter dem Abministrator Georg von Westernach wird in den Annalen des Klosters sehr gelobt: „Westernach

---

[1] Feierabend, Jahrbücher des ehem. Reichsstiftes Ottobeuren, II, 759.

tilgte beträchtliche Schulden, trieb andere ein, die beinahe vergessen und schwer zu erheben waren, löste als Selbstliebhaber der Jagd einen großen Wildpark ein und leistete während der kurzen Zeit, was einige der Äbte in einem weiteren Zeitraum nicht leisteten." [1])

**136.** Item auf desselbmal, so mein gnd. Her ze Ottopeyern was, macht sein Gnad ordnung mit dem Apt, convent vnd andern; wardt aber hernach nit ordentlich gehalten.

Der Abt war ein frommer und einsichtiger Mann. Was den Bischof gegen das Kloster verstimmte, war vielleicht mehr politischer Natur. Das Kloster war schwierig, die patriotischen Opfer, welche der Bischof als Schirmherr demselben zumutete, zu bringen, indem es sich auf alte Kaiserbriefe berief, welche Freiheit von jeglicher Auflage verbürgten. Friedrich mußte die Immunität anerkennen und war genötigt, die Beisteuern als „gütliche Willfahrung" zu erbitten. Dies that er mehrfach mit Erfolg, so für den flandrischen Krieg (1489) und für den schwäbischen Bund (1491), welchem der Abt wiederum eigensinniger Weise nicht beitrat. Allmählich wurde bei Friedrich aus dem Bitten ein Fordern. Kurz vor seinem Tode diktierte er dem Fürstentum noch 15 Mann zu Fuß und einige Reisige und Rüstwagen, als Beitrag für den schwäbischen Kreis. [2])

**137.** Es ward auch seiner Gnaden schuldig das Gotzhauß ob den xi^m Gulden, ließ sein Gnad anstän vnd namb Bryeff mit sycherhayt vmb die sum gelts vnd begert nit das Gotzhauß zu verderben, sunder wiederhelfen, damit er sein gelt welt wider lassen anstän. Vnd auch den Apt vnd Convent selbs zusagt, wo sy sich recht hielten, er welt allen Vleyß ankeren vnd selbs des schaden haben, damit das Gotzhauß wider in ein ordentlich Wesen kämme. Wie es aber hin nach gat mit dem Apt [vnd] München ward man Jnne.

---
[1]) Feierabend II, 727. [2]) Ebenda II, 729 ff.

„Die Summe von 11000 fl., welche der Bischof beim Kloster stehen hatte, wollte er nicht abkündigen, sondern eher verlieren, wenn nur das Kloster wieder zu richtiger Lebensordnung käme."

Die Worte: „Wie es aber darauf ging mit dem Abt und München, ward man inne", beziehen sich auf die Zeit unter dem Nachfolger Nikolas, Matthäus Ackermann. Dieser Prälat, ein geborner Konstanzer, im Jahre 1492 gewählt, verfiel nach einem guten Anfang in das Wohlleben, so daß der Bischof gegen ihn einschreiten mußte. Wie es scheint, suchte Matthäus anfänglich die Strenge des Bischofs durch Geschenke zu lähmen. Wenigstens besteht noch ein Schreiben, in welchem sich Friedrich unter dem Datum Freitag nach Dionysii 1500 für solche bedankt.[1]) Doch dies hielt nicht lange vor. Noch zu Ende desselben Jahres traf eine bischöfliche Kommission ein, welche aus den Äbten Johann von Elchingen und Gregor von Blaubeuren, dem Herrn Wolfgang von Zillenhart, Domdekan von Augsburg und dem Stellvertreter des damaligen Generalvikars Johann Alendsee bestand. Die Untersuchung, welche mit äußerster Genauigkeit geführt wurde, hatte (1502) das Ergebnis, daß dem Abte alle Zeichen und Vorzüge seiner Würde zwar belassen, die Verwaltung der Güter aber einem bischöflichen Vogte und dem Großkellner des Stiftes Leonhard Widemann anvertraut wurde. Wie glücklich die Wahl des letzteren war, beweist die Thatsache, daß er nach Friedrichs Tode zum Abte gewählt (1508), als solcher nicht nur die klösterliche Zucht streng wahrte, sondern auch eine kleine Universität einrichtete.

**138.** Item mein gnd. Her, als lang er balag mit sampt dem Apt von Elching vnd Apt von Fultenbach, visitirten sy das Kloster, wann er was acht tag da vnd richtet auß dem Gotzhauß, was er verzert. Item hinnach in der Rechnung hetten sy bey x pferden, lagen ze Augspurg in der Pfalz auf meines gnd. Hern Kostung bey v tag, vnd was der Apt vor gewesßen bey ii Jaren in meines gnd. Herrn kost 2c. gewesen ze Dil-

---
[1]) Feierabend 2, 759.

lingen, also daß mein gnb. Her vil legt anß das Gotzhauß.

Die Visitation kostete das Kloster nichts, benn Friedrich bestritt alle Kosten, sogar im Kloster wollte er nicht freigehalten sein.

**139.** Item es legt mein gnb. Her etliche pferd vnb Fußknecht gen Ottopeuern, waren ba bey ij Monat, verzert iii° libr. hl., richtet mein gnb. Her auß, wann er mußt sy bahinlegen, so man besorget, sy würden vberzogen von wegen der ausgelassen München vnb anber Anstöß wegen.

Wenngleich „ausgelassene Mönche" mit anberen Ursachen ben Bischof veranlaßten, eine Besatzung nach Ottenbeuren zu legen, so gelangte bieses Kloster boch noch unter der Regierung Friedrichs zu einer gewissen Blüte. Der Humanist Ellenbog, welcher hier 1504 eintrat, beschreibt es seinem Bruber in ibyllischer Weise: „Komm hieher", sagt er, „bu wirst einen ebenso angenehmen als gesunben Ort finden. Du wirst hier grüne Wiesen, spiegelhelle Flüßchen, rieselnbe Quellen, Gärten mit Kräutern, fruchtbare Äcker und Bäume sehen. Ja, ein Paradies, ein Tempe ist hier; nirgendwo anders möchte ich leben. Anstatt des Lärmes der Straßen höre ich bas Singen ber Vögel; anstatt ber Trompete bie Schalmei unb bie Pfeifen ber Knaben unb nach bem Wechsel ber Jahreszeit balb einen singenben Ackersmann, balb einen singenben Schnitter unb bie nicht unangenehmen Stimmen ber auf bem Felde arbeitenben Mädchen."

Von ben Orbensgenossen, bie er bei seinem Eintritte im Kloster fanb, entwirft er ein sehr günstiges Bilb.[1]

---

[1] So schreibt er vom Prior: Quis eo morum facilitate iucundior? in officio sibi iniuncto vigilantior et ad exhortandum vehementior? Plus idem studet amari quam timeri. Von bem bamaligen Subprior: Habes in eo singularem erga Deum pietatem. Tam assiduus et frequens est in oratione, quam alius nemo. An bem Bruber Kaspar belobt er laboris constantiam et omnis otii fugam; an Hieronymus columbinam simplicitatem; an Lukas, quod non aliena, sed sua diligentissime agat; an Anton singularem rerum terrenarum contemptum. Der Bruber Philippus ist humilitatis exemplar singulare, Wolfgang hat eine große Fertigkeit in ber Verzierung

**140.** Item ryt mein gnd. Her von Ottenpeuern gen Augspurg vnd was da biß am Donerstag vor Anbree.

Da Friedrich sich acht Tage in Ottenbeuren aufhielt, so fällt seine Rückkehr in die Bischofstadt etwa auf den 21. Oktober, und nach obiger Zeitangabe blieb er diesmal daselbst über einen Monat, wohl um mit Geiler zusammen zu sein.

In der zeyt wolt mein gnd. Her haben gevisitiert die Clöster vnd Priesterschaft ze Augspurg, darnach durch ganz bistumb, ward meinem gnd. Hern auf dieselben Zeyt abgeschlagen.

Wer es Friedrich „abschlagen" konnte, die Geistlichen der Diözese zu visitieren, ist nicht recht klar, da er vom kanonischen Standpunkte dazu niemand um Erlaubnis zu fragen hatte. Vielleicht schlug ihm Geiler die Bitte, für diese Zeit mitzuwirken, ab, weil er die Thüren des göttlichen Wortes in Augsburg so offen fand.

Von der Wirksamkeit des letzteren handelt unser Berichterstatter nun in dem Folgenden, indem er den Prediger so neu einführt, als ob er ihn noch gar nicht erwähnt hätte.

**141.** pracht mein gnd. Her gen Augspurg ein hochgelerten doctorem theologie den predicator ze straßburg, was ein leyen priester, der prebigt von Michaelis biß an den tag der Unschuldigen kindlin, da nam er ganz vrlaub von Volk; vnd die Zeit prebigt er fast all tag ze Augspurg.

**142.** er fieng an ze prebigen das abc..., barnach die aygenschaft des bilgers, was thema: Non habemus hic manentem civitatem, sed futuram intramus. (Hebr. 13, 14.)

---

und Ausmalung der Bücher. Der Bruder Franz ist die tuba chori, quam si alioquin non noveris, non hominem, sed cornu audire credas, cetera in divinis gravem et maturum, in colloquiis fratrum vero iucundum. Vom jüngsten Mitbruder Jakobus sagt Ellenbog: Quamquam aetate ceteris sit minor, vitae tamen merito aut aequalis aut maior. Epp. l. I. 39. de a. 1507, ad Jacobum de monte Mariae.

Geiler fing an mit dem ABC. Diese herrliche Prebigt wurde gleich im folgenden Jahre in einem vom Redner selbst gemachten Auszuge gedruckt. Das Titelblatt stellt einen belaubten Baum dar, woran die dreiundzwanzig Buchstaben des ABC als Früchte hängen; unter dem Baume boziert ein Lehrer vor zwei Schülern. Den Inhalt bilden 23 Regeln für das christliche Leben, welche der Reihe nach mit den Buchstaben des Alphabets beginnen.

Zu G. heißt es:

„Gott um Gottes willen sollst bu bienen. Nicht bis fast[1]) geflissen der Hölle oder des Himmels, darein zu kommen. Empfiehl das Gott, und biene ihm um seinetwillen, schlicht, einfältiglich, aus dem Grund, weil er bein Vater ist und billig, daß du seines Willens fahrest."

Zu R hat er die Weisung:

„Ruf an die lieben Heiligen, nämlich die Mutter Gottes und beinen Engel, auch beinen Patron, des Namen bu haft. Hab eine Zuflucht zu Gott mit einer unzweifenlichen Hoffnung in allem beinem Gedrang, Anfechtung und Widerwärtigkeit. Und also trag dich hindurch in allen Dingen mit einem reichen Hoffen. Sprich: „So mich alle Welt laßt, so weiß ich noch einen getreuen Freund, der mich nit laßt, der ba mag wohl helfen; das ist Gott."

Zu T bringt er die Lehre an:

„Thue, als ob jeglicher Tag bein ganzes Leben wäre. Also wenn bu am Morgen aufstehst, so laß bir sein in beinem Herzen, als ob bu erst geboren seiest und vor nie in dieser Welt gewesen wärest und gewiß wärest, daß bu nit länger lebtest, denn bis Nacht. Und was bu gethan wolltest haben, so bu von hinnen müßtest scheiden, dasselb thu' von Stund an. Denn niemand weiß die Stund oder Tag, so er von hinnen scheiden mag."

Das „löblich und nutzlich Büchlein" vom Pilger kam in Augsburg 1498 heraus. Dasselbe beginnt mit den Worten: „Das ist der Pilger, den der würdig Doktor geprediget hat. Und das ist das Wort des Anfangs, und spricht Sanktus Paulus: „Wir haben hie keine bleibende Statt, sondern wir suchen eine künftige. So wir nun hie keine bleibende Statt haben und suchen eine künftige, so sind wir

---

[1]) Bis fast = sei sehr.

gleich als ein Pilger und wandeln also hie durch die Welt, bis wir kommen in unser Vaterland, d. i. in die ewig Seligkeit." [1])

143. Er prebigt die x pott, Er prebigt vii todsünd, successive de Gula macht er eyn hand mit yetlichen finger, wie der tewffel eyen Griff in die kelen ꝛc. Item x gradus qu . . . . . . .

144. Item per adventum all tag prebigt er zu sant Johanns; ze möglich zwischen v und vi fieng er an, vnd was sein thema: Venite, ascendamus ad montem dnj ysaye (2, 3), lernet den perg auffsteygen vnd ab ꝛc.

Die Kirche St. Johann, wo Geiler seine Adventsprebigten hielt, war auf dem Domplatze und wurde später abgebrochen. Die Adventsreden hatte Geiler nach einem Büchlein Gersons, seines Lieblingsautors, gearbeitet, welches den Titel „Berg der Beschauung" trug. [2])

145. Item lernet an den Heyl. Criftag machen eyn letzelten deßgenannt ꝛc., thet das drey tag piß Johannis, da segnet er das Volk vnd macht klag vnder dem Volk, wann es In gar gern hat gehört, thet bannocht hin nach Innocentium zwa prebig von der Aygenschaft der kind. thema: Nisi efficiamur sicut parvuli etc.

Den dreitägigen „Letzelten" bereitete Geiler den Augsburgern ohne Zweifel in Anspielung auf die „Lebkuchen", welche man sich über die Weihnachtszeit zum Geschenke machte. Es sind Passionsprebigten.

Der heiligmäßige Doktor mit dem ernsten Blick und dem eingefallenen Gesicht[3]) konnte einen tiefen Eindruck nicht verfehlen, da er überraschende Gebanken und eine wunderbare Popularität des Ausdrucks besaß. Seine ganze Erscheinung milderte die Schnurren, mit welchen er seine Vorträge würzte. Letztere sind manchmal so derb, daß man fast sagen möchte, er habe den Roraffen, den er so sehr verfolgte, zuweilen selbst besorgt. [4])

---

[1]) Dacheux, Die ältesten Schriften Geilers, Freiburg 1882. S. 227.
[2]) Ebenda XXXXII.  [3]) Geilers Portrait bei Dacheux, Un réformateur etc.
[4]) Ein Cyklus seiner Prebigten heißt der „Haas im Pfeffer".

## 15. Kapitel.

Bischof Friedrich macht bei Kaiser Friedrich III. zu Ulm einen Besuch. Visitationen. Geiler kehrt nach Straßburg zurück. Friedrich empfängt den König Maximilian zu Ulm. Er reist mit demselben nach Innsbruck. Hoher Besuch zu Augsburg.

Der Kaplan schickt sich nunmehr an, einen Besuch seines Bischofs zu Ulm bei Kaiser Friedrich III. zu erzählen, wobei ihm eine Auszeichnung, die seinem Herrn auf dem Münsterplatze zu teil wird, unvergeßlich ist.

**146.** Item am Dornstag vor Andres (27. Okt.) ryt mein gnd. Her gen Dillingen vnd was da bis am nähsten tag vor lucie (12. Dzbr.), ryt mein gnd. Her gen Vlm zu vnserm Hern dem kayser.

**147.** ze morgens in die Lucie gieng mein gnd. Her ze dem kayser an sein herberg. er lag in des Pfarrers Hauß, nit daz ze der pfarr gehört, vnd gieng mit vnsern Hern dem kayser, in die Pfarrkirchen zu dem Ampt, färt Im unter den Aerm, vnd wart mein gnd. Her gar schön gehalten von vnserm Hern dem kayser.

Der Kaiser wohnte „in des Pfarrers Haus", aber in jenem, das nicht zur Pfarrei gehört, d. h. in dem der Familie des Pfarrers gehörigen Hause. Der Pfarrer war Dr. Heinrich Neithart (1470—1500), das Quartier des Kaisers somit das Neithartsche Haus. „Es sind noch einige Hochzeitzettel dieses vornehmen und gelehrten Geschlechtes erhalten, auf denen die Prälaten von Ochsenhausen, Elchingen, Wiblingen 2c. als Geladene verzeichnet sind. Auch die Güterverrechnungen, die Gelöbnisse der Leibeigenen, der Amtleute, der Richter sprechen noch von dem Reichtum dieses Geschlechtes",[1] welchem das Münster eine schöne Kapelle und nach einander vier Pfarrer verdankte, wovon Heinrich der letzte war. Das Münster, die oben erwähnte Pfarrkirche, wurde gerade in diesem Jahre vollendet. Es hatte 51 Altäre, der Platz um dasselbe war ein „Gottesgarten".

---

[1] Dr. Pressel, Ulm und sein Münster. Ulm 1877, S. 52.

**148.** Vnd mein gnd. her trug darauf, wie er in den Pundt welte komen vnd in was gestalt, kom auch mein Her Graf eytel Friz von Zolern dahin.

Der „Punt", in welchen Friedrich „wollte kommen", ist der schwäbische Bund. Derselbe wurde 1487 gegründet und hatte den Zweck, den Landfrieden aufrecht zu halten. Die Mitglieder vereinigten sich gegen jeden Angriff von innen und außen, als wäre es jeglichem eigene Sache. An der Spitze des Bundes stand ein Bundesrat und ein Bundesgericht. Man stellte ein bestimmtes Kontingent im Fall des Krieges. Es war übrigens Zeit für Friedrich, sich aufnehmen zu lassen, denn der Kaiser hatte schon im vorigen Jahre den Prälaten, Städten und dem Adel Schwabens bei Verlust ihrer Freiheiten und bei Strafe von 100 Mark lötigen Goldes geboten, sich ungesäumt zu vereinigen.¹) Daß Friedrich so lange zögerte, ist um so auffallender, als sein Oheim, der kaiserliche Rat Graf Hugo von Werdenberg, der Faktor dieses Bundes war. Der Bischof wollte in dieser Sache, wie es scheint, mit der Stadt Augsburg gehen, welche ziemlich gleichzeitig (den 17. November) ihren Beitritt erklärte.

Vnd in crastino Lucie ryt mein gnd. Her vnd Jr Hr. Bruder, Graf Eitel Friz, gen Dillingen.

**149.** vnd darnach am donderstag vor thome ryt mein gnd. Her wider gen Augspurg vnd was da die Haylig zeit. hielt Hof den heil. Cristag, speisset i⁰ vnd lxxxx menschen. er sang die erst Meß vnd das tag ampt. Er laß die Frumeß zu sant Johanns, er laß in die stephani auf den alten Chor meß. Item er laß meß an sant Johanns tag auch auf den alten Chor altar vnd benedicirt amorem Johannis vnd trenkt selbst sein Hofgesind.

Der Dom zu Augsburg hat zwei Chöre, das eine nach Osten, das andere nach Westen Das alte Chor, auf dessen Hauptaltar

---

¹) Stälin 3, 620.

Friedrich an St. Stephanstag die Messe liest und Tags darauf amorem Johannis benediciert, ist der westliche romanischen Stils.

Der Ritus des in Deutschland gebräuchlichen Johannistrunks ist bekannt. Der Priester segnet am Feste dieses Apostels Wein. Darauf reicht er den Becher mit den Worten: Bibe amorem sancti Ioannis in nomine Patris etc.[1]) „Darum, ihr lieben Gesellen, denkt daran, daß ihr auch mit Andacht Johanns Trunk trinkt und ihn lieb habt und ihm gern dient, so hilft er vor aller Anfechtung und Betrübnis und nach diesem Leben das ewig Leben. Amen." So ein Prediger des Jahres 1504.[2]) Über die Weihnachtszeit beherbergte Friedrich einen werten Gast, den Grafen Eberhart im Bart:

150. Item Dns. von Wirtenberg was bey mein gnd. Hern die Heylig Zeyt in der Pfalz.

Auch zu St. Ulrich trafen Gäste ein: der Abt Johannes Rottenecker und der Abt von Münchaurach (beide aus der Diözese Bamberg), die vom Generalkapitel bestellten Visitatoren des Benediktinerordens.

151. Item es waren dahin komen Visitatores Ordinis S. Bened., der Apt von sannt Gilg ze Nürnberg vnd der Apt von Münichaurach, denen vom Orden was befolchen ze visitiren; verfügt sich mein gnd. Her zu In hinauf gen sant Vlrich vnd visitirt selbs mit Jne.

Schon vor den Weihnachtsfeiertagen hatte Friedrich das Chorherrnstift zum hl. Kreuz, die Benediktinerinnen zu St. Nikolaus und die Dominikanerinnen zu St. Katharinen besucht:

152. auch visitirt mein gnd. Her vor den Feyern[3]) zu dem Heyl. Creutz vnd Visitirt ze sant Nicklasen vnd ze sant Katherinen.

Die nächste Folge der Visitation zu St. Ulrich hat uns Wittwer in seinem Katalogus Abbatum beschrieben. Derselbe erzählt, daß

---

[1]) Der schöne Ritus des Johannissegens in Friedrichs Ritual fol. LIII.
[2]) Heinr. Deichslers Chronik. 30. April des Jahres.
[3]) Auch Markgraf Albrecht Achilles braucht das Wort „Feyern" für Feiertage. Minutoli, Kaiserl. Buch. S. 367.

im Jahre 1489 der Abt Johannes und der Bischof Friedrich „aus gewissen Gründen" Briefe an das Kloster Möll in der Diözese Passau geschickt hätten, worin die Bitte ausgesprochen war, an das Kloster St. Ulrich drei Mönche abzugeben, welche zum Prior, Subprior und Novizenmeister geeignet wären, ebenso einen Laienbruder für die Pforte und Handarbeiten. Die Erbetenen wurden an Jakobi desselben Jahres durch die in Augsburg noch anwesenden Visitatoren eingeführt. Indes scheint es den neuen Mönchen zu St. Ulrich wenig gefallen zu haben. Sie wurden auf Ostern 1491 von ihrem Abte nach Möll zurückgerufen. Einen weiteren Termin, den sich Bischof Friedrich und Johannes erbeten, dehnte man bis auf das Fest des hl. Ulrich (4. Juli) aus. So zogen die Reformmönche dann am 6. Juli nach nicht ganz zweijährigem Aufenthalte zu Augsburg wieder nach Möll zurück.

Ehe Geiler abreiste, visitierte Friedrich den 11. und 12. Januar noch 2 Klöster in Dillingen und den 16. Januar den Pfarrklerus daselbst.

**1489.**

**153.** Item am nächsten tag nach Epiphanie ryt mein gnd. Her von Augspurg gen Dilling, vnd darnach am sambstag Visitirt mein gnd. Her vnd Doctor Kayserspsrg vnd seine caplon die kleine samung, am Suntag die Großsamung, am Donerstag die Pfarkirchen vnd Priesterschaft.

Die „kleine Samung" war ein Frauenkloster Predigerordens zum hl. Ulrich. Die „große Samung", Franziskanerinnen des dritten Ordens, besteht noch heute. Meisterin derselben war zur Zeit dieser Visitation Barbara Wernher (1470—1511).[1]

Die Visitation des Spitals, welche Friedrich den 17. Januar vornahm, hatte zur Folge, daß der Hofkaplan auf der Kanzlei die „Gebrechen" und Mängel in der Verpflegung der armen Leute feststellen mußte. Das Ergebnis war ungünstig und verlangte Strenge.

**154.** Am Freytag den Spital vnd den Pfarrer daselb, den Spitalpfleger vnd Maister, am Sambstag

---

[1] Steichele, Bist. Augsbg. Dillingen.

verordnet mein gnb. Her seinen Caplan vnd Eytel Hannsen, auf der Canzley zu ver(hören) die prechen vnd mengel der Armen lewt im Spital vnd der eehalten, ward abgesetzt der Spitalmaister Hans tauler.

155. Item am samftag post octavam Epiphanie ryt Dr. Kaysersperg hie ze Dilling aus gen straßburg, wan die von straßburg hetten gar vil Brief geschickt meinem gnb. Hern vnd den Doktor, hetten ein Vnwillen, das er so lang aus was onerlaupt; wie wol mein gnb. denen von straßburg geschriben hett, hetten sie ein Verlangen nach ihrem Lehrer und prediger.

Die Abreise Geilers fällt auf den 18. Januar. Von den Briefen, welche von Straßburg aus an Friedrich geschrieben wurden, um Geiler wieder zurück zu bekommen, ist einer oben mitgeteilt. Von weiterer Korrespondenz ist uns Folgendes bekannt geworden:

Mitte Oktober richtete Friedrich an das Straßburger Kapitel die Bitte, ihm Geiler länger zu belassen. Die Kapitularen willigten ungern ein. Sie erklärten, „es wäre eine Schande für sie, wenn sie im Interesse einer fremden Diözese ihr eigenes Volk seines Hirten beraubten; so gewänne die Sache den Schein, als ob sie Geiler nicht hoch anschlügen, zumal er ein Lehrer sei, den man, wenn er nicht schon da wäre, vom äußersten Ende der Welt herholen müßte. Verweilte der Prediger allzulang zu Augsburg, so könnte leicht die Anhänglichkeit an ihn daselbst so groß werden, daß er dort hängen bleibe." [1] Also berichtet Schott unter dem 20. Oktober an Geiler.

---

[1] „Non mediocrem notam se in estimacione omnium incursuros, si populo sibi commisso pastorem adimentes eum alienis gregibus praeponerent. Videri sese parvi facere tantum doctorem, quem si non haberent, ad extremum usque orbis perquirere deberent. Subvereri se denique calliditatem Augustensium, qui tam diuturna familiaritate tui delectati viam aliquam machinarentur, qua te a se abstraherent." Schott ep. ad Keisersberg fol. 79.

Deffenungeachtet war Geiler manchen zu Straßburg mehr nötig, als erwünscht. Schott spricht auch dieses unverholen aus.[1])

Im folgenden Monate erbat sich Geiler selbst auf den Wunsch Friedrichs einen weiteren Urlaub und ließ die Sache durch Schott betreiben. Das Kapitel sagte nochmals zu, mit der Bitte, nicht zum dritten Mal mehr zu kommen. Auch diese Antwort berichtet Schott unter dem 21. November nach Augsburg.[2])

Darauf machte Friedrich den Straßburgern den Vorschlag, den Magister Rot, welcher den Geiler auf der Kanzel zu Straßburg vertrat, als Stellvertreter Geilers nach Augsburg zu schicken. Dies wurde nicht verworfen, dagegen das vorgängige Eintreffen Geilers zu Straßburg zur Bedingung gemacht.[3]) Rot war einverstanden nach Augsburg zu kommen, ob aber etwas aus der Sache geworden, ist nicht bekannt.

Nachdem Geiler zu Straßburg angekommen war, schrieb Peter Schott an Friedrich folgenden Dankbrief für Geilers Entlassung:

„Meine Eltern und ich danken Dir, Hochwürdigster Herr, zunächst für die Geschenke, welche uns große Freude gemacht haben, weil sie sehr schön sind, und noch größere, weil sie von Dir sind. Dann sprechen wir Dir besonders dafür unsern Dank aus, daß Du

---

[1] Gratulor tibi et populo Augustensi: illi quod doctrinam sanam tam avide sorbet, tibi vero quod non sine tuo merito fructus ei per te excrescit. Miseros nos qui, cum terra sine aqua simus, non tamen sitimus; dormitamus fateor ac consopiti stertimus in viciis. Sed quis nos quæso excitabit, nisi per te Doctorem nostrum Dominus? Op. cit. fol. 74.

[2] Petitioni tuae vel potius R. D. Augustensis paruit Capitulum Argentinense, et quamquam per sese tibi videatur benevolentissimum, tamen id ut facerent precati sumus. Facile quidem auditi, rogati tamen, ut te oraremus, ne tibi aliam dilacionem tertio peteres, quando quidem populus suus immo tuus te vehementer expectet. Schottii ep. ad Keisersberg fol. 74.

[3] Suasi magistro Rot, ut tibi succedat, qui licet non videat, quam utilitatem afferre possit, tamen motus suasione tua, quam te scribis totis viribus facere, si quid sit, in quo eius opera Dnus Augustensis ad tempus egeat, dicit obtemperaturum sese, paratumque ut eo aequo, quo tu ad nos veheris, ipse Dnm Augustensem petat. Neque enim est, ut prior abeat, id quod Dominus de Henneberg ne desideres rogat, ne scilicet ipse ante adventum tuum proficiscatur. Schottii ep. ad Jo. Keisersberg fol. 74.

uns den Prediger wieder zurückgegeben hast, nach welchem wir uns über alles sehnten. Damit hast Du nicht bloß uns, sondern allen Straßburgern eine wahre Wohlthat erwiesen. Was Du uns geschickt hast, ist allerliebst und nützlich; doch die meiste Freude hat uns das gemacht, daß wir den Prediger erzählen hörten vom Gottessinn Deines Volkes, und welch großer Eifer für Deine Herde Dich beseele, mit welcher Ausdauer Du tüchtige Prediger und Gehilfen in der Pastoration suchest und mit welcher Liebe Du die Gefundenen pflegest. So sagen wir denn dem gnädigen Gott Lob und Dank aus Herzensgrund, daß er seine Kirche doch noch nicht ohne Hirten ließ, die guten Willens sind, und beten zu ihm, daß er, was er in Dir angefangen hat, festige und erhöhe und mit Deinem Feuer auch andere entzünden möge."

„Lebe wohl! Wir empfehlen uns Dir unterthänigst. Straßburg den 28. Januar 1489."

Im August desselben Jahres befindet sich Geiler abermals bei Bischof Friedrich, wie wir von Peter Schott erfahren, welcher dieser Reise Geilers nach Augsburg in einem Briefe an Gabriel Biel zu Tübingen zufällig Erwähnung thut.[1]

Von da an ist Geiler bis zum Jahre 1503, in welchem Jahre er zu Füssen eine Unterredung mit Kaiser Maximilian hatte, aus unsern Akten verschwunden. In einem Briefe vom 2. August, worin er dieselbe beschreibt, äußert er zum Schlusse: „Mein Herr, der Bischof von Augsburg, hat auch an mich geschrieben und bringend gebeten, ich möchte nicht nach Straßburg zurückkehren, ohne ihn vorher in Sachen, die er mir mitteilte, besucht zu haben. Aus diesem Grunde werde ich nicht sobald, als ich mir vorgenommen hatte, zurückkommen."[2]

**156.** Item in der Mittwochen nach Oouli ryt mein gnd. Her gen Pfaffenhaußen vnd schlug an, wie er den weyher bauen wolt, was zwo necht da.

Pfaffenhausen ein Markt an der Mindel. Markgraf Heinrich von Burgau verkaufte denselben im Jahre 1292 dem Bischof Wolfard

---

[1] Lucubr. f. 85. [2] Scripsit mihi D. Augustensis et instanter rogavit, ne redeam Argentinam, nisi prius propter causas, quas patefecit, inviserim. **Epist.** Geileri ad Wimpheling, 2. Aug. 1503.

und dieser vergabte ihn an sein Stift.¹) Der Kaplan erzählt nun eine Begegnung seines Herrn mit König Maximilian, welcher den Bischof als einen alten Freund empfängt.

**157.** Item darnach anno etc. lxxxviiii am After=montag in der Charwochen ryt mein gnd. Her gen El=ching vnd was da vber nacht. ze Morgens am Mitt=woch ryt mein gnd. Her engegen dem römischen küng Maximiliano, der war die vergangen Nacht ze Geyßing geweßt, vnd ryt mein gnd. Her piß ze einem Dörflen, ligt villeicht ein halb meyl von Vlm, da kom geryten der rom. Küng.

Den 1. April erscheint Maximilian zu Stuttgart, den 11. und 12. in Schwäbisch Hall, den 14. in Geislingen.²) Das Dörflein, welches eine halbe Meile von Ulm an der Straße nach Geislingen liegt und welches Friedrich von Elchingen aus erreichte, ist wohl Jungingen.

**158.** stand mein gnd. Her ab vom Roß vnd sein Rät, vnd zoch der Marstaller das pferd nach meinem gnd. Herrn, vnd gieng villeicht piß auf ein halb acker=leng wegs engegen dem rom. Küng; vnd da der küng ze Jm kom, wolt er nit ze ihm reyten, er saß dan vor auf das Pferd.

**159.** also saß auf mein gbger Her vnd ryt zu dem küng vnd empfieng Jn, vnd ryt neben Jn biß gen Vlm. In der stat saßen auch die Rät wider auf, vnd ryten wir all mit vnsern Züglin neben des küngs zeug ein wenig hindann.

---

¹) Braun, Histor.-topogr. Beschreibung des Bistums Augsburg.
²) Stälin a. a. O. 3, XVIII.

**160.** da man schier ze der stat kam, da ryten herauß die von Ulm vnd empfiengen den küng abgestanden ze Fueß, thaten da ein redt mit erbietung, hielten ir knecht auf zwo akerleng wegs von In.

Die Begrüßungsrede hielt wohl der Bürgermeister Wilhelm Besserer.[1]) Übrigens war der Empfang der Fürsten im Mittelalter ein religiöser Akt. Der Fürst wurde unter einem Balbachin mit Gesängen in die Kirche begleitet, woselbst bestimmte Gebete[2]) über ihn gesprochen wurden. Der Kaplan erzählt den Hergang zu Ulm wie folgt:

**161.** da man gar kom ze der Stat, was versamet procession mit Hayltum vnd zwen Himmel, vnder dem einen gieng Pfarer vnd prozeßion. anber het man vermaynt, der küng solt dabvnter gangen sein, aber er ryt piß ze der kirchen.

Unter dem Heiligtum sind die Reliquien des Münsters gemeint, denn dies war die Kirche, in welche Maximilian einzog.

**162.** da stand er ab vnd gieng in die kirchen, sang man Te deum laudamus vnd Versicel: Domine salvum fac regem, mitte ei auxilium, nihil proficiat, dominus vobiscum, Oratio etc.

In dem Münster wurde der König auf einen Thron geführt, welcher im Chore aufgestellt war. Aus den Schriftversen, welche gesungen wurden, wählt der Kaplan nur einige aus, und auch diese nur andeutungsweise: Mitte ei auxilium de sancto. Nihil proficiat inimicus in eo etc. Die Oration ist dieselbe, welche heute noch pro rege im Meßbuch der katholischen Kirche steht.

**163.** darnach saß der küng auf das Pferd vnd ryt in sein herberg, hielt sein Züglin vor des küngs Her-

---

[1]) Ulmann, Kaiser Maximilian 1, 42.
[2]) Friedrichs Ritual enthält dieselben von fol. LXXXVI an.

berg, piß das er herauß komen, das sy nit absatzen. darnach ryt yetlicher, als er verordnet was. Item schenken bie von Ulm dem küng ein scheüren, gestand i°xxx gulden vnd darin iiii° gulden, mer i° Bisch, ii wegen mit Wein, i° Ime Haber.

Max wohnte wohl, wie sein Vater ein Jahr zuvor, im Reithartschen Hause. Die Geschenke der Ulmer waren ansehnlich, ein goldener Pokal, zwei Wagen mit Wein ꝛc.

**164.** Item mein gnb. Her ließ nit vnderwegen vnd wegen der vnru, hielt meß in cena domini in eyner Capell neben Elchinger Hof, da er den ze Herberg lag, communioirt da sein Hofgesint, auch mich.

Bischof Friedrich nahm sein Quartier in einem Hause, welches das Elchinger Kloster zu Ulm besaß. Dieser Elchinger Hof liegt in der Frauenstraße unfern dem Münster. Die Kapelle daneben, worin Friedrich den Grünen Donnerstagsgottesdienst hielt, ist das ehemalige, jetzt zu einer Privatwohnung eingerichtete Dreikönigskirchlein.[1]

Maximilian lud den Bischof ein, ihn auf seiner Reise nach Innsbruck, wohin er sich über Kempten begab, zu begleiten. Der Bischof nahm die Einladung an, doch wollte er zuvor noch in seiner Kirche den Dienst der heiligen Woche erfüllen, zuerst zu Dillingen, dann zu Augsburg.

**165.** Item in cena domini nach tisch ryt mein gnb. Her gen Dillingen.

Item am karfreytag hett mein gnb. Her vnd Ich metten in der Capell des Schloß ze Dillingen ut anno preterito.

**166.** Item am Osterabent ryt mein gnb. Her gen Augspurg, komt hineyn auf mittentag vmb xij.

---

[1] Schultes, Chronik von Ulm 1881. S. 44.

Item in vigilia pasche gieng mein gnb. Her in die Complet, so man heut circa quartam facht an, vnd regiert prout heri in registro.

Item ze morgens regiert mein gdger Her die Mettin vnd facht an ze leuten vor xii. letzt piß zwen schlecht, wir bettent die Meß vor in der Pfalz.

Item procebiert in der Mettin vnd allen actibus, wie in dom sangen regifter gefigniert ift.

Friedrich reifte am Karſamstag früh von Dillingen ab, traf nach ſechsſtündigem Ritt in Augsburg nachmittags 12 Uhr ein, verfügte ſich um 4 Uhr abends in den Dom, um daſelbſt im Chore das Completorium zu leiten. Prout heri in registro iſt unten näher erklärt: „Item procebiert in der Metten in allen actibus, wie im Domſangregiſter geſigniert iſt."

Am Oſterſonntag in der Früh ſteht er wieder im Chore des Domes, die Metten mit den Kanonikern betend. Sodann feiert er das Meßopfer in der biſchöflichen Pfalz. Darauf „leutet er von 12 bis es 2 Uhr ſchlägt." Das Leuten kann hier wohl nur predigen heißen. Tags darauf bricht Biſchof Friedrich von Augsburg auf, um zu Maximilian zu ſtoßen.

**167.** Item darnach am Montag Ryt mein gnb. Her von Augſpurg, wolt gen Innſprugk auf den kayſerlichen tag, komen dieſelbe nacht gen Puchlan. Item am Aftermontag ryten wir gen pernpeyern, am Mittwoch frü gen füeßen vnd aßen da ze morgen; nach tiſch komt potſchaft, wie der küng kam dieſelben Nacht gen Reytern, alsban geſchach.

Die Reiſe, welche Friedrich den 20. April antrat, ging alſo durch das berühmte Lechfeld zunächſt nach dem 8 Stunden entfernten Dorfe Buchloe, jetzt Knotenpunkt der Bahnen Augsburg und Memmingen. Am andern Tag (den 21. April) kam Friedrich nach einem

Mitte ungefähr gleichen Wegs in Bernbeuren, einem Dorfe, das unfern dem Lech gelegen ist, an, die noch übrigen 4 Stunden nach Füssen legte er Mittwoch den 22. April in der Früh zurück. Während er zu Füssen das Frühstück einnahm, erfuhr er, daß König Maximilian zu Reute in Tirol eingetroffen sei. Dieser Fürst war von Ulm über Kempten gereist, woselbst er sich den 20. April aufgehalten hatte.

**168.** saßen mein gnd. Her auf vnd ryt ze den küng gen Reytern, saß da ab, gieng ze den küng, was nit lang bey im, hielten wir vor der herberg des küngs, piß das mein gnd. Her wider auf saß; kam auch dieselbigen stund Hertzog Christoph von Bayern ze den küng gen Reytern. also Ryt mein gnd. Her denselben tag gen Puchelbach, was der Bischof von Eystett fürgefaren vnd tettens darvmb, das sy mit ze Herberg möchten haben.

Der Bischof stattete dem römischen König zu Reute einen kurzen Besuch ab und ritt dann sofort durch die Ehrenberger Klause an dem Heiterwanger See vorbei nach dem 3 Stunden entfernten Puchelbach. Dahin hatte sich auch der Bischof von Eichstätt, einer der vielen Fürsten aus dem Gefolge Maximilians, vorausbegeben, um in dieser Entfernung mit Friedrich eine Herberge zu bekommen.

Die beiden Bischöfe sind nun dem König um einen Tag voraus. Während dieser über den Fernpaß durch den in den Fels gehauenen Thorweg des Schlosses Fernstein den 23. April das prachtvolle Nassereit erreicht, treffen jene, nachdem sie den gleichen Weg gemacht und darnach in Mieningen gegessen hatten, an demselben Tage in Telfs ein. Am Freitag den 24. machten sie zu Zirl, einer Stadt am Inn, 3 Stb. von Innsbruck halt, wo sie eine Mahlzeit einnahmen und auf den König warteten:

**169.** Am Donerstag kam der küng gen Nazereith, ryt mein gnd. Her gen Delfs, am Freytag wartet mein gnd. Her vnd der Bischof von Eystett des küngs auf

der langen wiß zwischen Jnsprugk vnd Zirl, hettent ze
Miemigen geßen, ze zirl.

Der Kaplan geht nunmehr dazu über, die Beteiligung seines
Herrn an einem Huldigungsfeste zu erzählen, welches die Tyroler
Mitte Mai 1489 feierten. Erzherzog Sigmund, der Leibeserben
bar, hatte seinen Vetter Maximilian zum Nachfolger in Tyrol
und den österreichischen Vorlanden bestimmt. Derselbe läßt sich nun
auf seiner Reise nach Tyrol bei Jnusbruck festlich empfangen. Schau-
platz dieses Empfangs ist die lange Wiese zwischen Zirl und Innsbruck. Kaiser Friedrich und Erzherzog Sigmund gehen dem Sohne
und Vetter Maximilian, der erstere zu Pferde, der andere zu Wagen,
entgegen.

**170.** vnd da kom engegen haußen von Jnnsprugk
auf die Wiß der Romisch kayser Friderich geryten, wan
er vor ze Jnsprugk was gewesen seyd vor Weynacht,
kom auch mit dem keyser herausgeryten Hertzog Jörg
vnd Hertzog Wolfgang vnd Hertzog Christof von Bayern
vnd Herzog Sigmund von Oesterreich gefaren, der was
frölich, zu empfahen den röm. küng seinen Vettern.

Der Empfang wird durch den Hofmarschall Sigmund Bru-
schenk eingeleitet, welcher, vom Kaiser Friedrich vorausgeschickt, vor
Maximilian die Honneurs reitet und demselben über die Weise, seinen
Vetter zu begrüßen, noch besondere Belehrung gibt. Letzterer war
schwierig zu behandeln, da sein Gemüt noch unter den Korrekturen
litt, welche ihm Maximilians Vater, der Kaiser, hatte zu teil werden
lassen.[1])

**171.** Vnd als bald der küng vornen auf die Wisen
kam, da Reyten her Sigmund Prwschenk, des kaysers

---

[1]) Kaiser Friedrich hatte ihn 1487 mit wöchentlich 200 fl. unter Administration gestellt und ihm geboten, seine Räte zu entlassen. Im Februar
1489 hatte er allerdings dem Erzherzog die Bezüge verdoppelt. Dr. Jos.
Egger, Gsch. Tirols I, 618 ff.

Hofmarschall, hett bey xx Pferden eytel Apfelgraw, zu dem küng vnd macht ein Reblin vor Jm vnd empfieng ihn villeicht vnd wegen des keysers. Er sagt Jm auch villeicht, wie sich der küng halten solt gegen seinen Vetern Herzog Sigmunden, wann ich sach, das er mit Jm redt.

Beim Empfange selbst hatten nun Bischof Friedrich vnd Bischof Wilhelm von Eichstätt eine besondere Ehre. Sie machten die Adjutanten des Königs:

172. vnd ee das der küng zu dem kayserr kom vnd zu den andern fürsten, Rent mein gnd. Her vnd der Bischof von Eystätt zu dem küng, yetlicher Bischof auf ayn seiten dem küng, vnd ryten also fürbaß.

Der gebrechliche Herzog Sigmund war in der Chaise. Als Max mit den beiden Bischöfen nahte, sprach er, wiewohl in rauher Weise, nach dem Kaiser zu eine angenehme Sache aus. Er solle schauen, wo er einen Sohn habe, Maximilian sei fortan der seinige. Damit adoptierte er Maximilian.

173. vnd da sy villeicht ein akerleng wegs zusamen hetten, sprach Herzog Sigmund zu dem kayser: Ich will meinen sun empfahen, lugent Jr, wor Jr eyn sun habent, vnd sprach dem fur Mann zu, das er gen die Pferd schlug vnd rent, warf den Arm auf, was fast frölich.

174. Also empfieng Jn am ersten Herzog Sigmund vnd darnach der kayser, fur Herzog Sigmund zwischen dem kayser vnd küng, vnd dienten Jnn ander fürsten vnd hern, was gar vil Volk hinauß auf der Wisen, von raysigen pey tausent pferden.

175. Ryten also in die Stat, warb gemacht ein

Prozefion von der Priefterfchaft, vnd bez für die Prugk heraus, vnd ryt alfo nach der Prozefion biß zu der kirchen, ftand der küng ab, vnd gieng in die kirchen, bei der kirchen tür empfieng In die Herzoginn mit ihren Jungkfrawen, fang man Te deum laudamus et alia concernentia, ftand der küng.

Die Prozeffion, hinter welcher Maximilian ritt, bewegte fich über die Innbrücke zur damaligen Pfarrkirche, an deren Platz jetzt (feit 1717) eine zweite fteht.

Die Herzogin, welche den König Maximilian an der Kirchthüre mit ihren Edelbamen (die erfte Gemahlin Sigismunds hatte deren 50) empfing, war Katharina, die Tochter des Herzogs Albrecht von Sachfen. Sie war Sigmund im Jahre 1484 als eine Jungfrau von 16 Jahren angetraut worden.

**176.** Darnach gieng er in das fchloß, was er ze herberg verlegt in Herzog Sigmund; vnd was mein gnd. Her da ze Infprugk bis dnica. cantate, vnd wurden vil kurzweil da gemacht.

Das Schloß, in welches Max und wohl auch der Bifchof „verlegt" wurden, ift der durch den Erker mit dem goldenen Dachl' gezierte gotifche Bau, welchen Sigismunds Vater „Friedrich mit der leeren Tafche" fich als Refidenz hatte erbauen laffen.

Bifchof Friedrich hielt fich vom 24. April bis 17. Mai, denn auf diefen Tag fiel in jenem Jahr der Sonntag Cantate, in Innsbruck auf. Die vielerlei Kurzweil, die er während diefer drei Wochen durchzumachen hatte, beftand ohne Zweifel in den gewöhnlichen Hoffeften jener Zeit, dem Rennen, Stechen ꝛc. der Ritter.

**177.** Item am fambftag post vocem Jucunditatis ryt mein gnd. Her gen Augfpurg vnd wartet des röm. kings, der da kam am Aftermontag nach exaudi gen Augfpurg, vnd mit Im Herzog Albrecht von München der Pundt vnd ander Fürften Rät.

Der Sonntag Vocem iucunditatis ist der Sonntag vor Himmelfahrt Christi. Der Samstag darauf war in jenem Jahre der 30. Mai. Die Angelegenheit, welche den römischen König nach Augsburg führte, war, die bayerischen Fürsten für den schwäbischen Bund zu gewinnen und sie mit seinem Vater, Kaiser Friedrich, zu versöhnen. Albrecht der Weise insbesondere, das Haupt der bayerisch-münchener Linie (1467—1508) hatte sich am Kaiser schwer vergangen, da er dessen Tochter Kunigunde heimlich geheiratet und die Stadt Regensburg seinem Herzogtum einverleibt hatte. Auch mit seinen Brüdern Christoph und Wolfgang hatte Albrecht lebenslänglich Streit, weil er sie von der Regierung ausschloß.

Wehrlich beschreibt den Einzug Maximilians in Augsburg: „Darnach den andern Brachmonat (den 2. Juni) gleich in den Pfingstfeiertagen kam König Maximilian mit Albrechten, Christophen und Wolfgangen, alle drei Baierfürsten, so er nun mit einander versöhnt hatte, begleitet allhie an und ward von den Burgermeistern, wie gebräuchlich, vor dem Haußstädter Thor mit großer Ehrerbietung und Unterthänigkeit empfangen und unter einem seidenen Himmel zu Pferd sitzend, von den fürnehmsten Herrn des Rates in sein bestellt Losament mit großem Frohlocken und Jubilieren des Volkes begleitet und stattlich verehrt." Daß dieses Losament die bischöfliche Pfalz war, in welche Friedrich seinen königlichen Freund verlegte, verschweigt Wehrlich, weil er dem Bischof nicht gewogen ist.

**178.** verlegt mein gnb. Her den küng vnd Herzog Albrecht, waren in der Pfalz ze Augspurg ze Herberg, der küng in meins gnb. Herrn Gemach, Herzog Albrecht in der Cantzeley.

Item schankten die von Augspurg, das Capitel schankt i Credenz was lxx Gulden wert.

Schon des anderen Tags, Mittwoch den 3. Juni, begab sich Friedrich mit seinen Gästen nach Dillingen.

**179.** Item am Mittwoch ryt der küng vnd herzog Albrecht mit meinem gnb. Hern gen Dilling, waren da die Nacht im Schloß ze Dillingen, der küng in dem

Gemach auf den Wern pey dem Sall, Herzog Albrecht in meines gnd. Hern Gemach, belieb mein gnd. Her im thuren, vnd ich in meinem Gemach, sunst müeßt vast yederman weychen.

Das Schloß zu Dillingen ist wahrscheinlich im 10. Jahrhundert von den Verwandten des hl. Ulrich erbaut. Aus dieser Zeit stammt noch der ganze Unterbau aller vier Flügel, soweit er gekröpfte Quadern zeigt, ebenso der aus gewaltigen Steinen ausgeführte Schloßturm auf der nordwestlichen Ecke, in welchem Friedrich, wie wir oben hören, für diese Nacht wohnte. Die Gemächer auf den Wern, d. h. mit der Aussicht auf die Donauinsel zu, räumte der Bischof, da sie zugleich an den großen Saal stießen, dem Kaiser ein.

180. Item auf dieselben Zeit hatten mein gnd. Her groß kost, dann der küng hett iij$^c$ Pferd an trabanten, vnd Herzog Albrecht ij$^c$ Pferd, doch ryten bey xl pferd für Werd, das sy nit gen Dillingen komen.

Zur Erleichterung der Quartiere schickte Herzog Albrecht von seinen 200 Pferden 40 nach Donauwörth voraus. Denn über diese Stadt bewegte sich der Fürstenzug nach Nörblingen und von da nach Dinkelsbühl, woselbst den 10. Juni eine Bundesversammlung tagte, auf welcher Maximilian den widerspenstigen Herzog Georg den Reichen von Bayern-Landshut mit dem schwäbischen Bunde vertrug.[1]) Von Dinkelsbühl ging es nach Frankfurt, wohin schon auf den 7. Juni ein Reichstag angesagt war:

181. Den Punt vnd Reichstet verlegt mein gnd. Her auch ze Dlling, hetten bey i$^c$ Pferden, Herzog Jörgen Rät hetten xiii pferd. Am Dornstag Ryt der küng vnd Herzog Albrecht gen Nörlingen, wolten auf den tag gen Dinkelspühl vnd fürhin gen Frankfort xc.

Im folgenden trägt der Kaplan einen Zug der Vertraulichkeit

---

[1]) Stälin a. a. O. 8, 680.

zwischen Max und Bischof Friebrich nach, von welchem nur er und Kunz von der Rosen, Maximilians Hofnarr, Zeugen waren. Der König machte dem Bischof nachts 10 Uhr noch eine Zimmervisite, bei welcher er demselben einen wertvollen Becher schenkte.

**182.** Gieng der küng ganz allayn mit meinem gnd. Hèrn auf seinen thuren ze Dilling, ze schauen sein Gemach ze Dillingen. Nyemant mit dem küng dan Contz von der Rosen vnd Ich mit meinem gnd. Hern, was ze Nachts vmb zechne, schenkt der küng meinem gnd. Hern in das Gemach eyn scheurn, was lxx gulden wert ꝛc.

Hiemit bricht der Kaplan seine Erzählung ab und verzeichnet nur noch Finanzielles.

**183.** Item mein gnd. Her hat ausgeben für meinen Hr. selig Bischof Hannsen 2701 gulden.

Die angeführte Summe sind wohl Schulden, welche Friedrich von seinem Oheim übernehmen mußte. Denn die Leichenkosten für denselben sind oben berechnet und belaufen sich höher.

Item im ersten Jarn meins gnd. Hern Regiments hat sein gnd. Her verpauen 971 gulden.

Item vmb Brief, die Straßvogtey nit abzelösen 93 Gulden.

**184.** Item mein gnd. Her hat gepauen ein kastenhauß ze Augspurg, Ein stabl ze Wittislingen, ein stall im Pauhof ze Dillingen vnd ein Pinderhauß zwischen den toren im schloß, gestatt alles tausent gulden.

Der Fruchtkasten, welchen Friedrich baute, ein sehr ansehnliches Gebäude mit Treppengiebeln, steht am Frohnhof, zwischen dem bischöflichen Schloß und dem Dome, und trägt noch heute ein großes in Stein gehauenes Zollern-Wappen an seiner Front mit der Jahrzahl 1497.

**Wittislingen** ist ein Pfarrdorf, eine Meile nordwestlich von Dillingen, an einem Ausläufer der rauhen Alb. In der Kirche daselbst sind die Eltern und Ahnen des hl. Ulrich begraben. Der Zehnten dieses Dorfes gehörte seit 1818 zur bischöflichen Kammer, daher Friedrich hier ein Stadl, d. i. eine Scheune baut.

Außer dem Stall im bischöflichen Bauhof, d. i. Meierhof, zu Dillingen errichtet Friedrich zwischen den Thoren seines Schlosses zu Dillingen, d. h. wohl im Zwinger zwischen dem ersten und zweiten Thore, ein „Faßbinderhaus".

Item mein gnd. Her hat kauft ein Hauß von den Schloß über, ist gewesen der . . ., was gestatt Hundert vnd dreyzechen Gulden.

Vielleicht hängt dieser Kauf mit Verschönerungen zusammen, welche Friedrich mit dem Schlosse zu Dillingen vornahm, und die ihn zeitlebens beschäftigten. Wie unten bemerkt wird,[1]) ließ der Bischof auf der Altane an dem Turme des Schlosses neben der Schneiderstube ein Stüblein für den Kaplan herrichten. Sodann richtete er im Turme selbst eine Kapelle zum hl. Kreuz ein. Er führte an der Befestigungsmauer her einen Gang, „zu gehen in die Pfarrkirche". Derselbe mündete „oben im Chor", d. h. in eine Loge des Chores aus, woselbst Friedrich sich einen Stuhl herrichten ließ, um dem Pfarrgottesdienst anzuwohnen.

Auch das **Denkmal**, welches die durch die letzten Dillingischen Grafen geschehene Übergabe des Schlosses und der Grafschaft Dillingen an das Hochstift verewigt, rührt wahrscheinlich von Friedrich her. Dasselbe ist aus grauem Sandstein und zeigt in der Mitte die Burg Dillingen mit dem Eingangsthor und den Ecktürmen, darunter das gräflich Dillingen'sche Wappen. Links kniet Bischof Hartmann, eine sehr edle Gestalt in Mantel und Mitra; seine Linke hält den Stab, die Rechte legt sich leicht an die Brust. Rechts ist Graf Hartmann IV., sein Vater, als ein bärtiger Greis dargestellt. Das wallende Gewand ist gegürtet; auf dem Haupte trägt er ein dunkles Baret; die Hände sind zum Gebete gefaltet. Über dem Bilde des

---

[1]) Nr. 199 und 200.

Schlosses schwebt die hl. Jungfrau ¹) mit dem Jesuskinde von Engeln getragen. Unter dem Ganzen liest man die Widmung:

Virgo decus coeli, miseris spes unica salve
Atque arcem hanc serves tempus in omne tibi,
Quam pater et gratus Hartmannus uterque damus; Sit
Praesul in hac tutus, qui tua templa regit.

Selbst für Parke sorgte der Bischof. Der Kaplan berichtet: „Mein Herr hat eingefaßt im Lust den Brunnen und Röhrkasten und den Brunnen oben am Berg bei Oberbillingen lassen fassen und neue Teichel gelegt bis in den Röhrkasten im Lust." Derselbe Autor merkt des weiteren an: „Item hat lassen ausraumen zwei Weiher, einen im unteren Lust, gestand viel Gelds, den anderen bei des Pfarrers Garten." Endlich melden die Herrn von Zimmern, daß der Bischof kurz vor seinem Tode Häuser erkauft allernächst dem Schloß zu Dillingen, genannt auf dem Berg, „die brach er hinweg, desgleichen St. Ulrichs Kapellen, dahin macht er einen Baumgarten." ²)

185. Item den Haynhofern hat mein gnd. Her geben auf die 1800 Gulden.

Item mein gnd. Her hat erkauft ze Neslwang ii *π̄* gelts järl. vmb lx *π̄* Gulden.

Über Nesselwang und das folgende Bernbeuren ist oben (Nro. 25) gesprochen.

186. Item mein gnd. Her hat lasen pauen den Stabl ze pobing, gestatt xxx Glben.

Item vmb ein Zehenden zum kurzenhof von Peter Graf von Bernbeyern xxv Glb.

Item vmb ain Hofstatt auf dem Stain ze Füeßen hat mein Her geben Xvi Glb.

187. Item mein gnd. Her hat lassen machen iij New

---

¹) Das Bild der hl. Jungfrau wurde in der zweiten Hälfte des 16. Jh. durch ein anderes ersetzt.
²) Chronik. ed. Barak 2, 268.

Weyher vnd sunst ander Weyher bessern, gestanden vi° liii Glben.

**188.** Item mein gnd. Her hat kauft von Herzog Sigmund von Oesterreich i gulbin kelch mit eyn gulbin Paten, eyn gulben Büchß zu den Oblaten, ij gulbin käntlein, eyn gulbin Pacem, Eyn gulbin Glöggkel, das was alles ytel gut ducaten-Gold, gestatt vii° Gulben Rhein, vnd die obgeschriben kleynet seyn gewesen Herzog Carls von Burgundi, da er erschlagen wart, fand man sy Im Her, warb Herzogens Sigmund von Oesterreich.

Friedrich erwarb sich auch von Herzog Sigmund von Östereich die kostbaren Meßgeräte, welche Herzog Karl der Kühne von Lothringen im Felde mit sich führte. Dieselben waren nach der Schlacht von Nancy, 5. Januar 1477, in welcher dieser Herzog besiegt wurde und fiel, bei der Plünderung des Lagers aufgefunden worden. Nicht nur der Kelch und die Patene, sowie das Kußkreuz (Pacem), sondern sogar die Hostienbüchse und die Schelle waren von Gold.

**189.** Item mein gnd. Her hat abgelößt ein ewigen Zinß vlrichen v. schwangaw vmb v° 1 Glben.

Schwangau, ein Dorf samt Schloß und einer Kapelle des hl. Georg, bei welcher Ulrich von Schwangau im Jahre 1491 am Veitstage eine ewige Messe verordnete, welche Bischof Friedrich den 22. Juni 1499 bestätigte.[1]

Item mein gnd. Her hat verpauen im graben ze Füeßen am Schloß durch den Fels gebrochen gestatt iiij Glben.

Item mein gnd. Her hat lassen legen teichel im Lust[garten] gestanden lx glben.

---

[1] Braun, Histor.-topogr. Beschreibung der Diözese Augsburg.

Eine weiter unten (192) folgende Bemerkung: „Item 200 fl. gangen auf einen Zug, welcher Steine aus dem Graben zu Füssen in das Schloß zu ziehen hatte", weist auf ausgedehnteres Bauen zu Füssen hin. Und wirklich verdankt sich das Schloß zu Füssen ganz unserm Bischof. Der noch gut erhaltene Bau hat drei Flügel, von welchen der nördliche und südliche je 60 Schritte, der westliche Verbindungsflügel 50 Schritte lang sind. Nach Osten ist der Bau durch vorgestellte Befestigungen geschlossen. Diese, aus zwei Türmen und einer Umfassungsmauer bestehend, lassen einen Platz vor sich frei, wodurch der Schloßhof größer und lichter wird. An dem einen dieser Türme, welcher das Thor in den inneren Hof bildet, sieht man das Zollerische Wappen mit der Jahreszahl 1499. Im Hofe sind zwei Sonnenuhren angebracht, deren eine die Jahreszahl 1499, die andere 1501 trägt. In der südwestlichen Ecke führt ein schön in Sandstein gearbeiteter Treppenturm in den südlichen Schloßflügel. Das gotische Portal aus grauem Sandstein trug früher die Jahreszahl 1499. Über demselben ist ein ausgezeichnet schönes Sandsteinrelief mit den Bildern der hl. Maria mit dem Jesuskinde, St. Ulrich und Afra, eingelassen, darunter die Inschrift: Fridericus ex comitibus de Zoler episcopus Augusten. me fecit 1503. Dieselbe Inschrift steht am Pleichthore und am St. Sebastiansthore der Stadt und stand auch an dem jetzt abgetragenen Augsburger Thore. Bischof Friedrich hat also auch die Stadt befestigt.[1])

Gallus Knöringer, Mönch zu Füssen, welcher Friedrich persönlich kannte, berichtet auch, daß Friedrich „viel neuer Gemäch gebauen habe im Schloß, auch St. Veitskirchen im Schloß." Unter den Gemächern, welche Friedrich im Schloß zu Füssen baute, ist das prächtigste der noch gut erhaltene sogen. Rittersaal. Von den Glasmalereien seiner Fenster ist noch ein Medaillonbild übrig, eine fromme Zeichnung in gelber Farbe, die Verkündigung Mariä darstellend. Das bemalte Kasettenwerk des Plafonds zeigt in der Mitte, in halb erhabener Arbeit, Maria mit dem Kinde, darunter das Zollerische Wappen. Die zwei Felder daneben enthalten St. Ulrich und Afra,

---

[1]) Steichele, das Bistum Augsburg, historisch u. statistisch beschrieben. Augsb. 1876, unter dem Artikel Füssen. Vgl. Dreher, Zollerisches aus Füssen ꝛc. S. 5 u. 10.

die Schutzheiligen Augsburgs. In den übrigen Feldern sind Bischofs=
gestalten, wahrscheinlich Augsburger Heilige. Sie sind nicht zu be=
stimmen, da ihnen die Abzeichen fehlen. Sämtliche Reliefs schauen
mit ausdrucksvollem Ernste auf den Besucher herab.

Die Kirche St. Veit, in die Spitze des südlichen Flügels
eingebaut, ist jetzt ein Schuppen. Wir fanden darin eine, wahrschein=
lich einst zum Altare gehörige Reliefplatte, St. Ulrich und Afra vor=
stellend, mit dem Zollerischen Wappen.

**190. Item mein gnd. Her hat abgekauft Rumolz=
ried von stofel Burggrafen vmb iii [?] Glben.**

Rumolzried, jetzt Rommelsried, Pfarrdorf im Landgericht
Zusmarshausen, Kapitel Agenwang. Die Lehenschaft der Kirche kaufte
Bischof Wolfrab im J. 1293 von Heinrich Markgrafen von Burgau,
und Bischof Friedrich verleibte dieselbe 1492 dem Spital zu Dil=
lingen mit Vorbehalt des Kollationsrechts ein.[1])

**Item mein gnd. Her hat den zehenten ze pfronte
wider zu den stift pracht geyt dafür xxij Glben. leyp=
ting dem Peutenger.**

Pfronten (Ad frontes) eine schön am Fuße der Tiroler
Alpen gelegene Pfarrgemeinde, 2 Stunden von Füssen. Der „Peu=
tenger", an welchen der Zehnten verpfändet gewesen zu sein scheint,
und der nun eine Lebensrente von 32 fl. jährlich erhält, ist wohl
ohne Zweifel der berühmte Augsburger Patrizier Konrad Peu=
tinger, welcher 1493 Syndikus dieser Stadt wurde. Zu Pfronten
wurden unter Bischof Friedrich zwei Benefizien gestiftet.

**Item mein gnd. Her wolt gelößt haben Pfersee
statt i$^m$vii° glben. hat das Capitl ze Augspurg gelößt,
doch mag es mein gnd. Her wan er mag wider lösen.**

Pfersee ist ein Pfarrdorf an der Wertach ganz nahe bei
Augsburg. Das Kollationsrecht besaßen die Bischöfe von Augsburg,
welche dasselbe aber häufig samt den Gütern an Augsburger Patrizier

---

[1]) Braun, Histor.=topogr. Beschreibung 2c.

verpfändeten. Bischof Heinrich versetzte diese Pfarrei im Jahre 1345 an Konrad Onsorg. Bischof Friedrich löste sie 1491 wieder ein.[1])

**191.** Item mein gnd. Her hat erkhauft Aysling mit seinen zu=Gehör von den Graffen von Werdenberg Jn octava Joannis evangeliste ao. lxxxix vmb xxi$^m$ glben. tragt viiij$^c$ gulden gült vnd anders.

Item xlij Gulden hat gestanden der Zehentstabel ze pfronten, hat mein gnd. Her vom newen lassen pauen.

Aislingen, Pfarrdorf im Landkapitel Zettingen, Landgericht Dillingen. Der Ort hatte einen eigenen Adel, dem auch der Kirchensatz gehörte. Nachher kam solcher an die Grafen von Weroenberg, welche ihn 1489 käuflich an Bischof Friedrich überließen. Friedrich dotierte damit den 4. Dezbr. 1498 das von ihm errichtete Kollegiatstift St. Peter zu Dillingen.[1])

Im Jahre 1653 wurde unter einem Marienbilde in der Kirche zu Aislingen noch folgende Inschrift gelesen:

Pluribus ut posset benefactor adesse benignus
Atque Tua grata benignitate frui,
Arcem hanc et vicum Fridericus episcopus emit,
Adiunxitque opibus, virgo Maria, Tuis.
   Empta est anno Chri. 1488.[2])

Um mit vollerer Hand die Armen mehr zu beglücken,
Bei Dir, himmlische Frau, reicheren Dank zu erstehn,
Hat ein Zollernsprosse die Burg und das Dörflein erworben
Und Dir den irdischen Schatz um diese Perle gemehrt.

Man erinnere sich, daß das Hochstift Augsburg der hl. Mutter Gottes geweiht ist.

**192.** Item ij$^c$ Gulden gangen auf eyn Zug, sol stain auß dem graben ze Füeßen in das schloß ze ziehen.

Item i$^c$ Glben auf den Weyher ze Pfaffenhaußen, ist vor Wüst gelegen.

---

[1]) Braun, Histor.-topogr. Beschreibung 2c.
[2]) Steichele, Beiträge 1, S. 192.

Pfaffenhausen, ein Marktflecken an der Minbel. Markgraf Heinrich von Burgau verkaufte denselben samt dem Pfarrlehen 1292 an den Bischof Wolfrab, und dieser vergabte beides an sein Stift. Friedrich, ein Freund der Naturschönheiten, korrigierte mit Vorliebe Seeen, deren es in seinem Gebiete viele gab. So hier, wo er auch das Schloß ausbesserte, wie sofort gesagt wird.

**193.** Item ij° glben auf den Weyher im vntern Lust gangen an kost, hat in vom newen lassen außführen.

Item i° Gulden vnd mer im Schloß ze Pfaffen=haußen verpawen.

**194.** Item iiij$^m$ vnd xx Gulden gangen auf die Rayß In das Nyberlant, zu erledigen den röm. küng, hett i° Fußknecht vi pferd ein Wagen xx wochen.

Der Wortlaut dieser Nachricht über die Reise in die Niederlande hat einige Schriftsteller zur Ansicht verleitet, als ob Friedrich selbst ins Feld gezogen sei. Wir konnten darüber nichts finden. Oben (118) schickt Friedrich den Hauptmann Hans von Landau mit ebenso viel Mannschaft und Pferden dahin ab, als hier berichtet sind. Es ist also jene Expedition gemeint.

**195.** Item i° IX Glben vmb acht sölben ze Wolpach erkauft von Jacob Burgawer ze Zusmershaußen.

Item iij° Glben Abolzried abgelößt von stoffel Burgraff.

Abolzried, Pfarrdorf im Landgericht Zusmarshausen.[1])

Item lxxx Gulden vmb ein Mülin ze Wittislingen, ist des Spitals ze Lauingen gewesen.

Item vi° Glben vmb ein Hof vnd was darzu ge=hört, ist des Ravenspurgers gewesen.

---

[1]) Braun, Histor.-topogr. Beschreibung.

Item ij° Glben vmb zway höff, seint gewesen Ru=
dolfen von Hocheneck.

196. Item vi° Glben vmb ein Mülin vnd Vihwayd
ze Wasserburg.

Item xxii Glben vmb ein Zehenden aus zway
viertheylen Guts kaufft, genannt legerlen ze pernpeyern.

Item iiij° Glben vmb ein mül ze puchlaw erkauft
von Hannsen Müller.

197. Item xxii° lxx glben hat mein gnd. Her ge=
schikt am letzten in das Nyberlant, zu bestellen knecht
drey vierteyl Jars, iiii ze roß vnd xviii ze Fuß.

Item ii° Gulden zum ersten von wegen des punds
auf den Zug gen Oesterreich.

198. Item kauft Gündtreming, Ich mayn ix^m Gulden.

Gundremingen, Kapitel Jettingen, Pfarrdorf im Landgericht
Dillingen, ging mit Alslingen von ben Werdenbergern an Friebrich über und wurde von diesem gleichfalls dem Kollegiatstift Dillingen geschenkt.[1])

Item kauft kreyt vmb vj^m. Gulden, doch für ij^m iiij°
Gulden gibt man dem scharschacher ij° Gulden leipding,
vnd der Schühlen gibt man auch leiptding für.

Es ist vielleicht Wildbad Kreuth gemeint, dessen Mineral-
quellen seit 1500 bekannt sind. Das Dorf gehörte der Abtei Tegernsee, in deren Umgebung es auch liegt.

199. Item mein gnd. Her hat lassen pauen eyn
stüblen auf der anthan an dem thuren auf der schneider=
stuben eynem Caplan.

Item zway thor heußer ze Buchlaw.

Item eynen gangen auf der Maur von dem Schloß,

---

[1]) Braun, Histor.-topogr. Beschreibung.

zu gangen in die Pfarkirchen ze Dillingen, vnd ein stul oben im Chor.

200. Item eingefaßt im luft den prunen vnd rörkasten, vnd den prunen oben am Perg bey ober=Dillingen lassen fassen, vnd new teychel gelegt bis in den rörkasten im Luft.

Item ein Capell in einem thurn ze Dillingen, im Schloß zum h. †.

201. Item hat lassen ausraumen zwen Weyher, einen im untern Luft, gestand vil gelts, den andern bey des Pfarers garten.

Item hat lassen pawen eyn schon Stadel ze Nortfelden.

Item hat lassen pauen den Klauser see, ist wüst gelegen, gestand ij° Gulden.

202. Item hat lassen einfaßen den Berg des schloß ze Dillingen mit einer dicken Maur.

Item hat lassen machen ein Badstuben im Luft ze Dillingen.

Friedrich vermehrte zu Dillingen auch die Befestigungswerke. Eine hohe, dicke Mauer aus geköpften Quadern mit Zwischenfüllung lief nördlich um die Stadt und bildete aus ihr ein Kastell. Zu diesem ließ Friedrich gemeinschaftlich mit dem Stadtrate nun auch die später angewachsene Vorstadt in Osten durch eine Mauer hereinziehen, welche man mit Thor und Türmen versah.[1]) Zur Unterhal-

---

[1]) „Nachdem wir den zwinger mit verfasten thurmen vmb der stattmur vnd darzu ein newe maur auch mit thurmen vnd eingefasten thoren vmb die vorstat auf vnsere costen mit zuthun vnd hilff gemeiner stat Dillingen gemacht, schließen wir mit dem Stadtrate einen Vertrag dahin, daß zur Unterhaltung des Zwingers, der Mauern, Türme und Thore jeder der beiden Teile jährlich auf St. Thomas des Zwölfboten Tag 5 rhein. Gulden zu erlegen habe." Mon. Boica. 34 b, 327.

tung hatte jeder der beiden Teile jährlich auf St. Thomas des Zwölfboten Tag, 5 rhein. Gulden zu erlegen.

**203. Item vil meßgewant laſſen machen vnd kelch vnd ander Ornet.**

Friedrich beteiligte ſich auch an der Herſtellung eines koſtbaren Altars für die Domkirche, welcher unter ſeinem Vorgänger angefangen und unter ſeinem Nachfolger beendigt wurde. Der Aufſatz dieſes Altars beſtand aus ſilbernen Tafeln, welche in getriebener Arbeit das Leiden Chriſti darſtellten. Dieſelben hatten ein Gewicht von 330 Mark und wurden von dem Goldarbeiter Peter Rimpfinger verfertigt.[1]

Auch ließ Friedrich einen Turm des Domes decken, einen Knopf von Kupfer, der zwei Schaff Getreide faßte, mit einem Kreuze, auf dem ein Hahn ſitzt, 390 Pfund ſchwer, verfertigen, deren Vergoldung 119 Dukaten gekoſtet haben ſoll.[2]

Mit Vorſtehendem iſt das Tagebuch über die drei erſten Regierungsjahre Biſchof Friedrichs zu Ende. Wir werden nunmehr gemäß dem Plane, den wir Eingangs dieſer Schrift ausgeſprochen haben, auch alles Übrige zur Darſtellung bringen, was uns aus den folgenden Lebensjahren dieſes Biſchofs bekannt geworden iſt. Hiebei werden wir die Dinge nach drei Geſichtspunkten ordnen. Wir werden Friedrich als Biſchof, dann als Reichsfürſten, endlich als Mitglied der zolleriſchen Familie betrachten.

## 16. Kapitel.
### Friedrichs Hilfsbiſchöfe.

Ehe wir den Grafen Friedrich als Biſchof des weiteren ſchildern, iſt es wohl angemeſſen, derjenigen Männer zu gedenken, welche ihn in den biſchöflichen Handlungen als ſeine Gehilfen unterſtützten. Die Hilfsbiſchöfe von Augsburg führten den Titel von Abrymetum.

---
[1] Der Altar trug die Inſchrift:
Praesul Joannes sculpturam cooperat istam,
Quam Fridericus item consectans proximus auxit,
Huic quoque succedens Henricus cuncta peregit.
Perfectum Anno MDVIII.
[2] Khamm u. a.

Friedrich hatte nacheinander zwei **Weihbischöfe**. Den ersten, **Ulrich Geislinger**, hatte er von seinem Oheim Werdenberg übernommen. Geislinger gehörte dem Franziskanerorden an, wurde zum Bischof geweiht 1473 und starb 1493, er war folglich noch sieben Jahre lang Friedrichs Gehilfe. Er wird von Wittmer als ein sehr heiterer Mann bezeichnet. Wir sahen ihn oben bei Friedrichs Konsekration beteiligt.

Nach Ulrichs Tod berief Friedrich den **Johannes Kerer**, Münsterpfarrer zu Freiburg, zu seinem bischöflichen Gehilfen.[1]) Von diesem Prälaten ist mehr bekannt. Kerer, zu Wertheim an der Tauber um 1436 als der Sohn eines unbemittelten Webers geboren, wurde 1452 zu Heidelberg als Student der Philosophie eingeschrieben und erhielt daselbst 1456 den Grad des Magisters. Im Jahre 1457 übernimmt er zu Freiburg eine städtische Lateinschule als deren Rektor, sodann wird er 1460 an der inzwischen ebendaselbst errichteten Universität Professor der Philosophie. In dieser Stellung blieb Kerer zehn Jahre, nach welchen er sich aus der philosophischen Fakultät verabschiedete, um sich den theologischen Studien zu widmen. Im Jahre 1474 erhielt Kerer die Münsterpfarrei zu Freiburg, wiewohl er erst Subdiakon war. Bald darauf wurde er durch den Weihbischof von Basel zum Priester geweiht. Als Münsterpfarrer predigte Kerer jeden Sonntag und spendete fleißig das hl. Bußsakrament.[2]) 1481 ließ er sich zum Doctor Decretorum promovieren, wurde Mitglied der Juristenfakultät, ohne Vorlesungen zu halten. In demselben Jahre bekleidete er auch das Amt eines Rektors der Universität. Der Bischof von Basel ernannte ihn zu seinem Stellvertreter im Kanzleramte an der Universität zu Freiburg, Erzherzog Sigismund verlieh ihm den Titel eines Hofkaplans, desgleichen der Bischof von Straßburg. Im

---

[1]) Engelberti Klüpfelii, Augustiniani, Vetus bibliotheca ecclesiastica. Vita, Joannis Kereri Vol. I p. 1—111. Die bei Khamm Hierarchia zwischen Geislinger und Kerer aufgeführten zwei Hilfsbischöfe, ein gewisser Dr. Joannes und ein Heinrich Negele, haben als solche nie existiert. Die Bulle Alexanders VI. setzt den Dr. Kerer ausdrücklich in die Stelle des mit Tod abgegangenen Ulrich ein. Der von Khamm angeführte Dr. Joannes ist eben Johannes Kerer.

[2]) In der Kapelle zum hl. Martinus, woselbst er beicht zu sitzen pflegte, wollte Kerer laut Testament begraben sein.

Jahre 1481 war Kerer Superintendent der Universität, d. h. Sitten=
richter über Lehrer und Schüler. Als solcher findet er im gleichen
Jahre, daß manche Professoren der philosophischen Fakultät faul seien;
ähnliches hatte er in demselben Amte 1491 an einem Theologieprofessor
auszusetzen.

Ohne Zweifel war Friedrich von Zollern mit Johannes
Kerer in den Studienjahren zu Freiburg bekannt geworden. Ein
Brief des Peter Schott an Geiler, welcher unter dem 7. August 1481
vom Wildbad aus datiert ist, spricht von Kerer als einem gemein=
samen Freunde und rühmte dessen Unterhaltungsgabe. Kerer mache
über Tisch Witze "zum sich krank lachen."[1] Als Friedrich nun 1493
einen Weihbischof brauchte, bot er dem Freunde seiner Freunde, welcher
sich durch Pastoraleifer und Gelehrsamkeit gleichmäßig auszeichnete,
diese Stelle an. Zugleich bat er, wie es scheint, diesen geschäfts=
tüchtigen Mann, selbst nach Rom zu reisen und sich die Stelle zu
verschaffen.[2] Kerer entsprach dieser Bitte.

In Rom erledigte sich alles leicht. Eigentlich wurde, wie die Akten
ausweisen, das längst unter den Muhamedanern eingegangene Bistum
Adrimetum mit Kerer besetzt, sodann im gleichen dem neuen Bischof
eine ständige Absenz nach Augsburg bewilligt, wo er Friedrichs Ge=
hilfe sein sollte. Der Papst Alexander VI. setzt demselben ein jähr=
liches Gehalt von 200 fl. fest und befiehlt dem Bischof Friedrich und
seinen Nachfolgern die pünktliche Auszahlung dieses Gehaltes in
strengster Weise, zur Hälfte auf Weihnachten, zur Hälfte auf Johannis.
Sollten die Portionen auf diese Termine oder 30 Tage später nicht
eingehen, so darf der Bischof von Augsburg die Kirche so lange nicht
betreten, bis genüge geschehen ist, weigert er sich ganz, so verliert er
das Bistum.[3] Außerdem bekam aber Kerer vom Papste noch eine

---

[1] "Sane maiorem voluptatis nostrae partem tibi, vel potius Domino
doctori (Kerer) de Friburgo debemus, quia ad nos eum miseritis, qui omeliis
et scomatibus suis coenam nostram adeousque condiverit, ut risu pene
omnes defecerimus praesertim famulae nostrae." Petri Schottii, Lucubratiunculae fol. XII. v⁰.

[2] Die Universitätsakten zum Jahre 1493 bei Klüpfel a. a. O. S. 40.

[3] Decernentes Fridericum episcopum et successores eius ad integram
solutionem pensionis eiusdem tibi faciendam fore efficaciter obligatos ac
volentes et eadem autoritate statuentes quod illi et Friderico episcopo et

Vicarie zu Straßburg, später noch einige andere Kirchenstellen. Den 8. Mai 1493 wurde Johannes Kerer zu Rom in der Kirche S. Maria dell' Anima zum Bischof geweiht, nachdem er zuvor die Münsterpfarrei zu Freiburg in die Hände des Papstes abgegeben hatte. Dann zog er sofort nach Augsburg.

Über Kerers Wirksamkeit als Hilfsbischof zu Augsburg hat sich leider weniges erhalten. Den 5. Juli 1495 konsekriert er die Kollegiatkirche zu Grönenbach, in demselben Jahre und später einige Altäre zu hl. Kreuz in Augsburg, am Feste der hl. Elisabeth 1497 einen Altar im Kloster St. Ulrich ebenda. Im Jahre 1500 assistiert er mit dem Abte zu St. Ulrich seinem Bischof Friedrich, als dieser die Kaiserin Blanka in der Kirche dieses Klosters empfieng.

Die durch Kumulus erhöhten Einkünfte machten Kerer reich, und er verwendete seine Gelder auf bedeutende Stiftungen,[1]) unter welchen die sogenannte Sapienz zu Freiburg, deren Fond noch heute besteht, die erste Stelle einnimmt. Ihre Gründung zeigt, daß Kerer das Herz zu Freiburg zurückgelassen hatte. Von Augsburg aus kaufte er ein Haus zu Freiburg, in welchem er eine Kapelle einrichtete, und bestimmte dasselbe zum Alumnat für zwölf Studierende aus den verschiedenen Fakultäten. Er entwarf selbst die Statuten und unterstellte die Anstalt der Universität.

Nach Friedrichs Tode reiste Kerer nach Freiburg, wo ihn die Spitzen der Stadt und der Universität ehrend empfingen. Hier ordnete er seine Stiftung noch des näheren. Zwei Jahre später, den 15. September 1507, starb er zu Augsburg und wurde in der Gottesackerkapelle daselbst begraben. Kerer hatte diesen Ort der letzten Ruhe gewünscht, falls seine Leiche nicht gut nach Freiburg gebracht werden könnte. Im Jahre 1591 wurde wenigstens sein Leichenstein dahin gebracht, wo er sich noch heute in der Universitätskirche befindet. Der-

---

successoribus praefatis, qui in dictis festivitatibus, vel saltem intra 80 dies pensionem huiusmodi non persolverit cum effectu eisdem ingressus ecclesiae sit penitus interdictus . . et, si perseveraverit, regimine et administratione illius ecclesiae sit privatus. Die unter dem 29. April 1493 ausgefertigten Aktenstücke bei Klüpfel Bibliotheca eccles. I Vita Kereri.

[1]) Ein von Friedrich unter dem 25. April 1494 ausgestellter Brief erteilt Kerer das Recht, frei über seine Hinterlassenschaft zu verfügen. Derselbe ist abgedruckt bei Klüpfel.

selbe zeigt uns den Professor in bischöflichen Kleidern, die Mitra auf dem Haupte, den Stab in der Rechten, das Evangelienbuch in der Linken, eine kleine schmächtige Gestalt mit rundem, feinem Gesichte, aus welchem das Auge lebhaft hervortritt.

## 17. Kapitel.
### Bischof Friedrichs priesterliche Wirksamkeit.

Geiler hatte dem Bischof Friedrich bei dessen Erhebung zur bischöflichen Würde den Rat gegeben, nicht allzu vieles an andere zu hängen, sondern möglichst viel selbst zu thun. Wie gewissenhaft Friedrich diesen Rat in den drei ersten Jahren befolgte, hat uns das Tagebuch gezeigt. Wir sehen ihn allerorts im Pontificalornat. Manche Aufzeichnungen, welche uns über die folgenden Jahre erhalten sind, beweisen, daß er immer dienstthuender Bischof blieb. Diese Aufzeichnungen sollen hier zusammengestellt werden.

Das Jahr 1491 brachte den Augsburgern ein großes Kirchenfest. Friedrich, ein eifriger Verehrer seiner hl. Vorfahren, ließ zu St. Ulrich die Reliquien des hl. Simpertus, des elften Bischofs der Augsburger Kirche, eines Zeitgenossen Karls des Großen, erheben und aus dem alten Sarge in einen neuen übersetzen. Er beauftragte den Abt dieses Klosters, das Grab zu öffnen. Dieser bestimmte vier Religiosen dazu, denen er vier Laien zugab. Nachdem sich diese acht Personen durch den Empfang der hl. Sakramente nach Vorschrift der Kirche sich vorbereitet hatten, begaben sie sich in der siebenten Stunde an den Ort, wo die Überreste des Heiligen ruhten und gruben hier nach. Sie stießen schon in der elften Stunde auf den Stein, welcher den Sarg bedeckte. Der Abt erstattete sogleich dem Bischof Bericht. Dieser setzte die Erhebung der hl. Gebeine auf den Tag des hl. Andreas fest und befahl, dem Volke dies von den Kanzeln zu verkünden.

Bei der Erhebung selbst scheint der Bischof nicht zugegen gewesen zu sein. Der Abt von St. Ulrich leitete die Feierlichkeit. Es wurde zuerst ein bischöfliches Mandat verlesen, daß unter Strafe der Exkommunikation sich niemand erfrechen soll, von den hl. Gebeinen etwas wegzunehmen.[1]) Darauf wurde unter dem Geläute aller Glocken

---

[1]) Die Urkunde des Abtes Johannes von Giltlingen vom 30. Novbr. 1491 über die Auffindung der Reliquien des hl. Simpertus in den Monumenta Boica 23, 620 ff. und jene des Bischofs Friedrich contra alienatores Reliquiarum s. Simperti vom 7. Okt. 1491, ebenda S. 614 ff.

der Stein gehoben und so das Grab geöffnet. Es folgte eine Prozession, in welcher der Dombechant Ulrich von Rechberg das hl. Haupt und vier Domherren den hl. Leib trugen, darauf ein Pontifikalamt des Abtes von St. Ulrich, welchem der Generalvikar Heinrich von Lichtenau, der Abt von Kaisersheim und andere anwohnten. Auch die Marschälle Friedrichs, Wilhelm von Pappenheim, Mang von Hohenreichen, sowie die Ritter Johann von Westerstetten, Christoph von Rechberg, die Patrizier Johann Langenmantel, Ludwig Hofer, Sigismund Gossenbrot, Lukas Welser, der Stadtvogt Georg Ott u. a. erschienen als Zeugen. Der Sarg mit den hl. Resten wurde wieder verschlossen und bis Ostern 1492 in der Sakristei aufbewahrt. Während dieser Zeit machte man alle Vorbereitung, um die Übersetzung der Reliquien mit Pracht zu begehen. Die hl. Gebeine wurden in Wein gewaschen, von dem Klosterphysikus Dr. Bartholomäus von Weilheim in Gegenwart des Konvents zusammengefügt und in den neuen Sarg geschlossen. Auch wurde eine ansehnliche Grabstätte über der Erde an der dem Heiligen geweihten Kapelle gebaut. Als Tag der neuen Beisetzung wurde der dritte Tag des Osterfestes, auf welchen auch der römische König Maximilian mit anderen Reichsfürsten in Augsburg erscheinen sollte, festgesetzt.

An diesem Tage, den 23. April, ging sodann die Feierlichkeit in folgender Weise vor sich. Bischof Friedrich weihte zuerst den neu gebauten Altar[1]) des hl. Simpertus; darauf hielt er eine feierliche Prozession. In derselben trug Friedrich das Haupt seines heil. Vorfahren Simpert; ihn begleitete der römische König Maximilian. Die übrigen in einem kupfernen Sarge verschlossenen Gebeine wurden von dem Weihbischof Ulrich und den Äbten Johann von St. Ulrich, Bartholomäus von Donauwörth, Georg von Fultenbach und Georg von Roggenburg getragen. Diesen folgten die Herzöge von Bayern Christoph und Wolfgang, Graf Eberhard von Württemberg. Auch begleitete diese Prozession das Domkapitel, der Kanzler des Königs von England, ferner der zehnjährige Neffe des Bischofs, Franz Wolfgang, Graf von Hohenzollern, Christoph von Sonnenberg u. andere. Von den Patriziern erwähnen wir den Konrad Peutinger.[2]) Die

---
[1]) Sender, Chronik, Hdf. des städtischen Archivs zu Augsburg. fol. 252.

[2]) Es ist also unrichtig, daß sich Peutinger gegen die Echtheit des

Prozession zog nur um den Klosterdistrikt. Nach der Rückkehr in die Kirche feierte Bischof Friedrich auf dem neugeweihten Altare das Hochamt. Darauf wurde das Haupt in die Sakristei gebracht, die übrigen Gebeine aber, außer einigen, die der römische König und der Bischof empfingen, wurden in die zubereitete Grabstätte übersetzt.[1]) Im Jahre 1504 am Tage vor Lamberti wohnt Bischof Friedrich mit Maximilian einer ähnlichen Feier zu Donauwörth bei.[2]) Um dieselbe Zeit erhob er den Leib der hl. Radegund in der Kapelle des Schlosses Wellenburg.[3])

Wir lasen im Tagebuch, wie Friedrich den Bischof Groß von Bamberg konsekrierte. Den gleichen Dienst erwies er auch dem neu-erwählten Bischof von Regensburg, Rupert II., Herzog von Bayern. Die Konsekration durch Friedrich fand statt am Katharinentag 1493 in Anwesenheit des Abtes von St. Emmeran und vieler Prälaten.[4])

In demselben Jahre 1493, Mittwoch nach dem Palmtag, er-weist Bischof Friedrich dem Kloster St. Ulrich die Ehre, zwei neu-

---

Simpertusgrabes erhoben habe. Wehrlich schreibt: „Weiter wurde in diesem Jahr Zimpertus der Ehrwürdige aus seinem Grab (welches, dieweil es steinern und die Buchstaben D. M. darein gehauen gewesen, von dem uner-fahrenen Pöbel für eines großen Heiligen Begräbnis gehalten worden, solang bis Konrad Peutinger erwiesen, daß dem nicht also, und Ursach gegeben, daß derselbe Stein aus der Kirchen hinweggethan worden) allhie wiederum ausgegraben, und hernach in Osterfeiertagen des nächsten Jahrs in Gegen-wart des Königs in einen kupfernen Sarg wiederum gelegt. Und ward da erstmals unter die Heiligen gezählet und auf Papsts Zulassung und Bischof Friederichen Confirmirung mit einem Festtag geehrt." Augsb. Chronik II, 248 f. Es mag sein, daß Peutinger einmal einen heidnischen Stein aus St. Ulrich hinaussprach; mit dem Simpertusgrabe hängt die Sache, wie die Akten der Auffindung beweisen, nicht zusammen. Auch bestand die Verehrung des hl. Simpert schon Jahrhunderte vor Friedrich, und wurde dieser Heilige nicht unter Friedrich, sondern schon 1450 unter dem Bischof Peter durch Nikolaus V. kanonisiert und sein Fest auf den 13. Oktober angesetzt. Siehe Braun, Gesch. der Bischöfe ec. I, 129.

[1]) Die Urkunde des Bischofs Friedrich super translatione s. Simperti episc. vom 23. April 1492 gedruckt in den Mon. boic. 23, 623 ff.

[2]) Königsdorfer, Gesch. des Klosters Donauwörth. I, 312. [3]) Rhamm.

[4]) Laurentius Hochwart, Catalog. episcop. Ratisbonensium, bei Öfele I, 224, b.

errichtete Altäre zu weihen, den einen in der Kapelle des hl. Dionysius, den andern in der Kapelle des hl. Benediktus.¹)

Am Samstag vor dem Fronleichnamsfeste 1497 kam Bischof Friedrich und sein Bruder Friedrich, Graf von Zollern, im Gefolge Kaiser Maximilians zu K a u f b e u r e n an. Am F r o n l e i c h n a m s t a g e selbst sang der Bischof in der St. Martinspfarrkirche daselbst das Hochamt und trug dann bei der Prozession die Monstranz durch die Straßen der Stadt. Der Kaiser folgte mit brennender Kerze. ²)

Der zu Augsburg im Jahre 1500 gehaltene Reichstag brachte für Friedrich mehrere liturgische Verrichtungen mit, welche der Chronist Sender, Benediktiner zu St. Ulrich, ein Zeitgenosse unseres Bischofs, ziemlich ausführlich beschreibt.

a) Den 9. Mai hatte Friedrich die Königin Blanka, Maximilians Gemahlin, zu empfangen. Abgeholt von einer Prozession mit dem Heiligtum, kam sie in die Stadt eingeritten, neben ihr rechts der Kardinal Friedrich von St. Severin, ihr Vetter, links der Erzbischof von Mainz, hinter ihr das „Frauenzimmer" auf 18 weißen Pferden, alle in Schwarz gekleidet, mit goldenen Ketten um den Hals, den schwarzen Hut köstlich ausgeputzt. Es folgten 7 Wagen mit Edelfrauen. Als die Königin zu unserer Lieben-Frauen-Kirche kam, stieg sie ab und wurde von Herzog Jörg von Bayern und Albrecht von Sachsen in den Chor der Kirche geführt. Hier empfing sie Bischof F r i e d r i c h, umgeben von dem Weihbischof, dem Abt von St. Ulrich und dem Domkapitel, welches das Te Deum sang. Es folgten die Kollekten, welche von Friedrich gebetet wurden, worauf die Königin in die Dompropstei geleitet wurde, woselbst ihre Herberge war. Ein gedeckter Gang aus Brettern, 471 Schritte lang, führte von diesem Gebäude in die bischöfliche Pfalz. Von den Kosten desselben hatte auch Bischof Friedrich einen Teil übernommen. ³)

b) Den 29. April ließ Maximilian in der Kathedralkirche durch unsern Bischof F r i e d r i c h die Exequien für seinen Vetter Leonard, Grafen von Görz, halten. Unter dem Amte gingen

---

¹) Wittwer, Catalogus Abbatum.
²) Hörmann, Chronik von Kaufbeuren I, 305 Hdf. im Besitze dieser Stadt.
³) Senders Chronik, Hdf. im Stadtarchiv zu Augsburg fol. 276 ff.

zu Opfer der König, der spanische Gesandte, der Erzbischof von Mainz, Herzog Albrecht von Sachsen, Herzog Georg von Baiern, Markgraf Friedrich von Brandenburg, Bischof Gabriel von Eichstätt, Herzog Heinrich von Mecklenburg; diesen folgte die Königin Blanka, von den Herzogen von Bayern und Braunschweig begleitet. Bei dem zweiten Gange wurden geopfert: 1) des Verstorbenen Fahne nebst seinem Helm und Schilde; 2) ein Pferd, ganz mit schwarzem Tuche bedeckt; 3) die Wappen der Grafschaft Görz mit dem Epitaphium des Verblichenen; 4) ein Pferd, welches an der Stirne das Wappen desselben trug. Nach dem Opfer wurden Fahne, Helm, Schild, Wappen und Epitaphium bei dem Altar aufgehängt und die Pferde abgeführt. Auf das Traueramt folgte das Lobamt, welches der Bischof von Triest hielt. Die Musik wurde von der königlichen Kapelle besorgt.[1])

c) An Pfingsten, 8. Juni, sang Bischof Friedrich im Dom das Amt, wobei die Reichstagsmitglieder zu Opfer gingen, voran König Max; ihm folgten der Kardinal Friedrich, der Bischof von Mainz, Herzog Friedrich von Sachsen, Churfürst, Ernst Herzog von Sachsen und Erzbischof von Magdeburg, Herzog Albrecht von München, Herzog Jörg von Landshut, Markgraf Friedrich von Brandenburg, die Bischöfe von Würzburg und Eichstätt.

„In Mitten des Chores sind aufgemacht gewesen köstliche guldene Teppich, da ist vor des römischen Königs Stand die römische Königin gestanden. Der König hatte gelben Damast an und auf dem Baret einen köstlichen Kranz. Des Königs Kanterey hat mit allen Saitenspielen das Amt vollbracht." [2])

d) „An unseres Herrn Fronleichnamstag, 19. Juni, ist alle Priesterschaft aus den Pfarren und Klöstern mit ihrem Pfarrvolk und hochwürdigsten Sakramente im Dom zu einander kommen. Da ist man daselbst ausgegangen mit gemeiner Prozession durch den Frohnhof. Daselben auf der Pfalz sind alle Fenster mit goldenen Tüchern umhängt gewesen. Denn daselben ist gestanden die römische Königin mit ihrem Frauenzimmer. Bischof Friedrich hat das hochwürdigste Sakrament getragen. Nach dem hochwürdigsten Sakrament ist gangen Herzog Friedrich mit einem bloßen, aufgehobenen Schwert, darauf der römische König und andere Fürsten und Herren

---

[1]) Sender, fol. 275. [2]) Ebenda, fol. 283.

in großer Zahl. Auch die Kanterey des Königs und anderer Fürsten mit Trummeten und allem Saitenspiel. Auf dem Perlach hat sich die Prozession von einander getrennt, ein jeglicher Teil ist seiner Kirchen zugegangen. Der König und die Königin haben darnach das Amt zu hl. Kreuz gehört." ¹)

e) Am Ulrichstag, 4. Juli, war zu St. Ulrich Festgottesdienst. Bei demselben fiel unserem Chronisten Folgendes auf: „Da das Evangelium gelesen war, da ist der Präzeptor von Memmingen, Maximilians Hofkaplan, zum Pult gegangen und hat das Evangelienbuch genommen, das hat er Bischofen Friedrich in seine Hand gegeben. Darnach ist Bischof Friedrich mit dem Evangelienbuch schier bis zu dem Ort gegangen, wo der König gestanden. Da ist von stund der Erzbischof von Mainz aus seinem Stuhl gegangen. Dem hat der Bischof das Evangelienbuch krebenzt. Der ist mit dem Buch vor den römischen König gegangen und hat sich zu drei malen bis auf die Kniee geneigt und das Buch dem König krebenzt zu küssen." In gleicher Weise wurde bei der Königin verfahren, nur durfte sie das Buch nicht küssen. ²)

Als diese Feierlichkeit stattfand, war die Kirche St. Ulrich, welche 1474 vom Sturme niedergeworfen worden, noch nicht ganz ausgebaut. Das Chor fehlte.

f) Den 12. Juli desselben Jahres legte König Maximilian den Grundstein zum Chore der Kirche St. Ulrich. Bischof Friedrich war krank und ließ sich, da der Weihbischof Kerer nach Freiburg verreist war, bei dieser Feier durch den Erzbischof Berthold von Mainz vertreten. Auch dieser ging altershalb an einem Stabe. ³)

Am Weihnachtsabend desselben Jahres 1500, empfing Bischof Friedrich den päpstlichen Legaten Raimund, Kardinal und Bischof von Gurk, welcher die „römische Gnad", d. h. den Jubiläums-Ablaß für die deutschen Lande mitbrachte. Am Weihnachtsfeste selbst wurde im Dome nach Sitte das Kreuz aufgerichtet. Friedrich, der Legat und der Stadtrat beschlossen dabei, das geopferte Geld soll „weder der Papst, noch der römische König, noch ein anderer Fürst berühren, sondern es soll zu Hilf der Christenheit wider die Türken hier im

---

¹) Sender, fol. 284. ²) Ebenda, fol. 289. ³) Ebenda, fol. 289, b.

Dome behalten werben." Zu den Stöcken und Truhen bekamen die Schlüssel der Weihbischof und der Stadtrat.¹)

Das Jahr 1503 brachte eine große Teurung. Auch wurden allerorts, wie die Chroniken berichten,²) in der Leinwand, die man trug, rote Kreuze gesehen, ein Zeichen sehr gedrückter Stimmung, die epidemisch einriß. Da hielt Bischof Friedrich einen Bittgang von der Domkirche nach St. Ulrich. Auch Kaiser Maximilian und seine Gemahlin Blanka wohnten dieser Bußfahrt an, welche gegen 60 000 Menschen zählte. Der Klerus war dabei in folgender Weise vertreten. Die Kanoniker, Vikarier und Scholaren des Doms zählten 110, die zu St. Moritz mit den Schülern 138, der Konvent zu St. Ulrich 28 Mönche und 78 Scholaren, die Religiosen zu St. Georgen mit ihrer Schule 66, die zum hl. Kreuz 54, die Dominikaner 27, die Minoriten 20, die Karmeliter 21 Köpfe.³)

## 18. Kapitel.

**Die wunderbare Hostie zum hl. Kreuz. Streit über sie. Bischof Friedrich in diesem Streite.**

Bischof Friedrich, welcher mit so großem Eifer der Heiligtümer seiner Bischofsstadt wartete, hatte eines derselben, und zwar das hervorragendste, fast die ganze Zeit seines Lebens hindurch zu verteidigen.

Die Sache ist diese.⁴) Im Jahre 1194 empfing eine Augsburgerin in der Kirche zu hl. Kreuz die hl. Kommunion. Sie genoß aber die hl. Hostie nicht, sondern nahm dieselbe heimlich aus dem Munde und verbarg sie, in eine Hülle von Wachs eingeschlossen, in ihrem Hause. Fünf Jahre später stellte sie, von Gewissensbissen ge-

---

¹) Sender, fol. 302, b.

²) Sender schreibt zu 1502: „In diesem und dem nachfolgenden Jahr sind hie und anderswo rote und schwarze Kreuz und ander Zeichen des Leidens Christi gefallen auf die Hemden der Frauen und Mann und auf die Schleyer, und nach 4, oder 6, oder 8 Tagen giengens von ihn selbs ungewaschen und ohn' allen Schaden, wie ich es selbs oft gesehen hab." fol. 305, b.

³) Khamm u. a.

⁴) Darüber: Sigismund Welzhofer: Die wesentliche Gegenwart Jesu Christi in der wunderthätigen Hostie, beim sogen. wunderbarlichen Gute beim hl. Kreuze in Augsburg. 1799. Unruhig, aber unter Mitteilung der Alten geschrieben. Anastasius Vochetius, Thaumaturgus eucharisticus etc. Augustae Vind. 1637, beide Verfasser Chorherrn zu hl. Kreuz.

foltert, das Sakrament samt der Wachshülle dem Propste vom hl. Kreuz, Bertholb, zurück. Als der Propst das Wachs öffnete, stellte sich der Rand der Hostie fleischartig gleich einem dünnen, roten Faden dar. Und als er nun das Wachs auf beiden Seiten ablöste, spaltete sich die Hostie in zwei Teile, doch so, daß die Hälften mit fleischartigen Fasern zusammenhingen. Bertholb trug die Sache dem damaligen Bischof Ubalskalk vor.

Ubalskalk untersuchte die Sache und übertrug das Sakrament, welches mittlerweile die rote Fleischfarbe angenommen hatte, weil er daran ein Wunder erkannte, in festlichem Zuge in den Dom. Hier nahm er wahr, daß die Hostie in der Zwischenzeit drei bis viermal dicker geworden war, und von Ostern bis auf das Fest des hl. Johannes des Täufers, vorzüglich unter dem Amt der hl. Messe im Angesicht des Volkes dergestalt angeschwollen war, daß sie das Wachs von sich selbst völlig ablöste. Der Bischof schloß darauf das Sakrament samt dem abgelösten Wachse in ein kristallenes Gefäß ein und stellte es wieder in die Kirche zum hl. Kreuz zurück, woselbst es noch heute unter dem Namen „wunderbares Gut" aufbewahrt wird. Er ordnete überdies ein jährliches Fest dieses Wunders an und erhob die Kirche zum hl. Kreuz zur Pfarrkirche.[1])

Ubalskalk sagt in der Urkunde, durch welche er die Pfarrei hl. Kreuz errichtete, ausdrücklich, daß er das Wunder mit eigenen Augen gesehen habe.[2]) Es wird auch aus jener Zeit von keinem Zweifel berichtet, vielmehr besuchten in der Folgezeit viele Bischöfe das wunderbare Gut und stellten auf die Wallfahrt zu demselben Ablaßbriefe aus.

Mit dem Jahre 1451 scheint die erste Unsicherheit in der Behandlung des Wunderbaren Gutes eingetreten zu sein. Das in diesem Jahre gefeierte und vom Kardinal Nikolaus von Cusa bestätigte Provinzialkonzil von Mainz verfügte die Beseitigung der veränderten

---

[1]) Die Erzählung der Ereignisse in den Lektionen des Breviers für hl. Kreuz, wahrscheinlich von Ubalskalk.

[2]) Cum enim divina favente ac cooperante potentia caro et sanguis Christi in eodem monasterio S. Crucis visibiliter et miraculose in sua forma supercoelesti ac sanctissima revelatione videntibus nobis licet peccatoribus apparuerit etc. Die Urkunde bei Welzhofer.

Hostien und der geröteten Linnen, um die Wallfahrten zu denselben abzuschneiden.¹)

Zwar wurde dieses Dekret nicht auf die Hostie zu hl. Kreuz angewendet; denn fünf Jahre später (1456) erteilt der Kardinal Peter von Schaumburg, Bischof von Augsburg, welcher dem erwähnten Provinzialkonzil selbst angewohnt hatte, den Besuchern des Wunderbaren Gutes einen Ablaß,²) desgleichen auch 1474, unter Werdenbergs Regierung, der Kardinal Markus, Patriarch von Aquileja, welcher bei seiner Anwesenheit zu Augsburg dieses Heiligtum in Augenschein genommen hatte. Aber die Art der Verehrung wurde eine andere. Anstatt daß man die hl. Hostie dem gewöhnlichen Sakramente gleichstellte und ihr die Anbetung zuerkannte, behandelte man sie wie eine Reliquie Christi, und anstatt „Wunderbares Gut" nannte man sie nur noch „das heilige Gut." Eine noch ungedruckte Chronik, in der fürstlichen Bibliothek zu Donaueschingen befindlich, gibt hierüber Aufschluß. Der Verfasser Hieronymus, Augustiner zu hl. Kreuz, fing dieselbe 1495 auf Weisung des damaligen Propstes Vitus Fakler zu schreiben an, ist also Zeitgenosse Friedrichs und lebte zum Teil unter diesen Ereignissen.³)

Im Jahre 1485 fand das bisher nur zu hl. Kreuz und St. Moriz eingeführte Fest des Wunderbaren Gutes auch im Kloster zu St. Georgen Eingang. Dies beweist einen Aufschwung in der Verehrung der hl. Hostie, aber es knüpfte sich daran auch ein Wider-

---

¹) Der Tenor ist: Si quae etiam sint in dioecesibus hostiae transformatae aut pallae rubricatae, si quidem hostiae tales sumi possunt, eas sumi faciant. Alioquin eas totaliter occultent aut recondi disponant, ut sic omnis occasio cursuum auferatur. Klüpfel S. 243. Vgl. Braun, Bischöfe III, 30.

²) Die Urkunde bei Welzhofer, Beilage E Nr. III.

³) Hieronymus schreibt um 1500: Multis retroactis temporibus praefatum Sanctum vilescere coepit (fol. 25 a) nec cultu latriae adorabatur, ymo sine candela et campanella portabatur, sed tantum pro reliquiis habebatur. Tum quia a multis scripta doctorum non sunt intellecta, quae huiusmodi sacramenta cum reliquiis servare praecipiunt (wohl das Mainzer Dekret). Quippe ubi alias servari deberent (wie im Falle zu Augsburg). Ex his et aliis devenit error talis usque ad nostra tempora infrascripta durans, quod iam nunquam nec dicebatur sacramentum sed sacrum Bonum vulgo „das heilig Gut", nec putabatur ibi Christus realiter existere prout in consueto sacramento altaris.

stand, welchen Friedrich sofort nach der Besitznahme des Bistums antraf.

Was war nun natürlicher, als daß der Bischof seinen berühmten Lehrer Geiler, der ja ein Fachtheologe war, berief? Und wirklich findet sich im Chronikon des Bruders Hieronymus die Nachricht, daß Geiler über das Wunderbare Gut zu Augsburg geprediget habe. Geiler sprach sich, wie die angeführte Quelle sagt, nicht entschieden für die wirkliche Gegenwart Christi in der wunderbaren Hostie aus, empfahl aber doch, den Glauben an dieselbe festzuhalten, indem er sich auf gewisse Lehrer berief.[1]) Dieses Predigen Geilers fällt sehr wahrscheinlich in das Jahr 1489, in welchem Jahre derselbe, wie wir oben sagten,[2]) im August wieder zu Augsburg erscheint, das er doch erst im Januar nach längerer Thätigkeit verlassen hatte.

Der Widerspruch ruhte nicht, sondern kam nach einigen Jahren in verschärfter Weise zu Tage. Es war Sitte, in der Fronleichnamsoktav allabendlich im Dome über das hl. Sakrament zu predigen. Diese Predigten wurden im Jahre 1491 durch Bernard Stunz, Chorvikar am Dome, besorgt. Derselbe bestieg am Freitag nach dem Fronleichnamsfeste die hl. Stätte und behauptete in seinem Vortrage, „es seien nur Fabeln und alte Weibermärchen, was mit dieser Hostie sich zugetragen haben soll. Jedenfalls dürfe man sie nicht zur Anbetung aussetzen, weil Christus in ihr nicht gegenwärtig sei. Man müsse sie zurückthun und nie mehr vor dem Volke aufstellen; damit sei nur der Einfalt und dem Aberglauben Nahrung gereicht. Wo nicht, so müsse Augsburgs Ehre scheitern und seine Rechtgläubigkeit verdächtig werden."[3]) In diesem Sinne sprach Stunz auf der Domkanzel auch an den folgenden Tagen, und er wurde, wie es scheint, von Kanonikern Augsburgs in seinen Ansichten unterstützt.

Der Domprediger hatte zwei Fragen angeregt, eine historische

---

[1]) Super hoc tamen semel quidam doctor s. theol. dictus Kaisersperg praedicavit. Etsi non expresse dixerit corpus Christi subesse, tamen quosdam doctores allegando ad credendum iniciavit. Et ut non saepius monstraretur monuit magnificando. Quamquam forsitan ad eius officium (utpote quia doctor theologiae) spectasse videbatur, ut clarius dilucidasset. Nam et inquisitor hereticae pravitatis postea de hoc eum doctorem notavit. Hieronymus.

[2]) S. 166.   [3]) Welzhofer, S. 71.

und eine theologische. Die historische lautete: Ist das auch geschehen, was man von der Hostie zu hl. Kreuz behauptet, oder, was dasselbe ist: Liegt hier ein Wunder vor? Die theologische war: Wenn hier ein Wunder vorliegt, ist dann, nachdem die Gestalt des Brotes doch durch das Wunder verändert ist, die so veränderte Hostie auch noch ebenso wirklich Christi Leib, wie die Hostie in der Fronleichnamsmonstranz der Leib des Herrn ist, und muß sie demnach ebenso an= gebetet werden? Stunz scheint beide Fragen verneint zu haben. Aber er ließ sich, wie es scheint, auf das Historische nicht ein, weil er glaubte, die Anbetung des Wunderbaren Gutes auch theologisch beseitigen zu können mit dem Satze, daß Christus im hl. Sakramente nur so lange gegenwärtig sei, als die Gestalt des B r o t e s dauert, und dem Schlusse, daß somit die zur Gestalt des F l e i s c h e s veränderte Hostie jedenfalls nicht mehr der Leib des Herrn sein könne.

Der Bischof wurde schwankend und ließ die hl. Hostie abermals in den Schatz der Kirche unter die Reliquien zurückstellen.

So stand die Sache, als der Dominikaner H e i n r i c h  J n s t i t o r i s, J n q u i s i t o r haereticae pravitatis und päpstlicher Legat, im Frühjahr 1492 zu Augsburg anlangte. Friedrich glaubte, daß der Streit das Amt dieses Mannes berühre, und legte ihm denselben vor. Institoris besichtigte das Heiligtum und sprach sich vor dem Bischof für die Anbetung desselben aus.[1]) Ehe Friedrich aber diese wieder einführte, schlug er dem Legaten vor, die Universität Ingolstadt zu befragen. Der Legat reiste selbst dahin, besprach den Dr. Johannes von Adorf, welcher damals Rektor war, und legte ihm die formulierte Frage vor, „ob, wenn nach geschehener Konsekration die Gestalten des

---

[1]) Hieronymus: Postquam ergo eidem honor et reverentia maior de die in diem coepit exhiberi, noluit ulterius omnipotens Deus populum suum errare, sed veritatem manifestando declaravit, ut sequitur. Temporibus enim praefati Domini Viti praelati nostri quidam doctor sacrae theologiae Hainrious Institoris ordinis praedicatorum, inquisitor haereticae pravitatis, cum vidisset praefatum sanctum (fol. 25, a) in monstrancia lignea contineri et audisset, quod non pro sacramento haberetur, sed a populo „d a s   h a i l i g   g u t" nominaretur, (tractatu desuper notabili edito) incepit publice praedicare, etiam in ecclesia cathedrali coram clero post prandium collacionem fecit. Et mandavit, ne ulterius ita vocaretur, sed pro sacramento miraculoso haberetur et cultu latriae adoraretur.

Brotes aufhören, dafür aber die Gestalten des Fleisches und Blutes sich darstellen, auch unter solchen Gestalten der wahre und göttliche Leib Christi zugegen sei."[1]) Die Theologen antworteten in einem uns noch erhaltenen Gutachten, „es sei keineswegs zu zweifeln, daß in der Hostie beim hl. Kreuz zu Augsburg, wo man nicht Brots-, sondern Blutsgestalt sehe, der wahre Leib Christi enthalten sei, und daß sie deswegen ebenso wie andere Hostien, wo man nur die Brotsgestalt sehe, anzubeten sei."[2])

Der Dominikaner machte sich nun an ein gelehrtes Werk über diese Sache und hielt, während er daran arbeitete, 36 Reden teils zu hl. Kreuz, teils im Dome, welche er später (1496) zu Nürnberg im Druck herausgab. Das Werk selbst war dem Propste zu hl. Kreuz Vitus Faller gewidmet und wurde gleichfalls 1496 gedruckt.[3]) Es behandelt die Fragen über Substanz und Accidentien mit Rücksicht auf das Wunder zu hl. Kreuz, hat Quästionen, Conklusionen, Corrolarien ꝛc. Im Vorwort wird Heinrich gegen den Magister Stunz persönlich,[4]) und das mag er auch in den 36 Predigten gewesen sein. So verstummte das Murren nicht, und Friedrich sah sich genötigt, nach weiteren Autoritäten sich umzusehen. Er schrieb nach Erfurt, woselbst er einst, wie wir oben hörten, das Rektorat honoris causa inne gehabt hatte.[5]) Die Antwort der dortigen Fakultät, vom 30. Januar 1494 datiert, geht dahin, der Bischof solle die hl. Hostie mit Auge und Hand genau untersuchen und sich überzeugen, ob die sakramentalen Gestalten noch da oder verwest seien. Im Falle

---

[1]) Et ne solus hoc sentire videretur, hoc idem fecit declarari in studio Ingolstadensi, ad quod accesserat. Licet multae fierent murmurationes contrariae, nullus tamen neque maiorum audebat ei contradicere eo, quia scripturis confirmabat. Hieronymus.

[2]) Das Gutachten ist bei Welzhofer abgedruckt als Beilage F.

[3]) Der Titel des Buches ist: Impugnatio erroris asserentis, sacramentum miraculosum eucharistiae, dum apparet in hostia forma crucis, carnis aut imaginis, non esse verum sacramentum.

[4]) Augustensis populi ambiguum propulsavit dogma, et hoc ex incauta cuiusdam praedicatoris sententia, quem et nominare doctorem seu theologum ordo rationis dedignatur.

[5]) Hieronymus: Demum etiam noster V. p. dns praepositus supradictus quendam licenciatum artium d. Stephanum Rösslin transmisit ad universitatem Erfordensem, ubi hoc per totam facultatem theologicam declaratum

der Verwesung, da man nichts mehr von der Brots- oder Fleisches-
gestalt entdecken könne, als etwa nur einen zarten Staub, der sich
vielleicht an das Glas angehängt habe, sei es außer Zweifel, daß mit
Aufhebung der Gestalten auch die Gegenwart des wahren Leibes Christi
aufgehört habe, mithin auch die Anbetung aufhören müsse; und in
solchem Falle könnten derlei Überbleibsel dem Volke nur noch als Re=
liquien zur Verehrung gezeigt werden. Hingegen in dem Falle, daß
die Gestalten des Brotes oder Fleisches noch wahrnehmbar wären,
was sie (die Theologen) als Abwesende weder verneinen noch bejahen
könnten, trügen sie keinen Anstand zu behaupten, daß der wahre Leib
Christi zugegen und daß derselbe anzubeten sei. So hätten die meisten
hl. Lehrer der früheren Zeit gelehrt. Wenn aber jemand aus from=
mem Zweifel anders dächte, so sei er nicht als Ketzer zu verdammen.[1])
Die Theologen von Erfurt machten den letzteren Beisatz offenbar, um
den Bernhard Stunz und seine Anhänger vor einem allzu strengen
Verfahren des Inquisitors zu schützen.

Friedrich besichtigte, dem Rate der Erfurter folgend, die hl.
Hostie unter Zuziehung seiner geistlichen Räte. Er fand das vom
Bischof Udalskalk aufgedrückte Siegel unverletzt, dann stellte er fest,
allerdings ohne die hl. Hostie anzufühlen, daß nicht Staub, sondern
sehr dicke Gestalten des Fleisches und Blutes sichtbar seien. Er glaubte,
daß der früheren Verehrung dieses Sakramentes, d. h. der Anbetung
desselben, nun nichts mehr im Wege stehe, und ließ am 10. Mai
1495, einem Sonntage, den Ausgang der Sache durch seinen Ge=
neralvikar Heinrich von Lichtenau im Dome öffentlich mit folgenden
Worten verkünden: „Weil unser Bischof, als guter Hirt und getreuer
Vater immer besorgt für das Heil der ihm anvertrauten Seelen, hat
vernehmen müssen, daß seine Schäflein unter einander uneinig wären,
was für eine Verehrung man dem wunderbaren Sakramente zu er=
weisen habe, welches zu Augsburg in der Kirche zum hl. Kreuz auf=

---

fuit, ut absque dubio cultu latriae adoraretur, quamdiu ibi manerent species
miraculosae et non in pulverem redigerentur. Confecit hoc episcopus scri-
bendo universitati, et universitas respondit episcopo. Expensis tamen
nostris factum est anno Domini 1493. Quae omnia in scriptis apud nos
clarius inveniuntur.

[1]) Das ganze Gutachten bei Welzhofer, Beilage G.

bewahrt wird, hat der erwähnte Bischof, damit jenem nicht die pflicht=
schuldige Anbetung zur Beleidigung Gottes und zum Nachteil der
Seligkeit der Menschen entzogen werde, sich über diesen Punkt alle
Mühe gegeben, gelehrte Männer befragt, Universitäten zu Rat gezogen
und dann beschlossen, die Urteile derselben kund zu machen. Das wird
geschehen in der nämlichen Kirche zum hl. Kreuz heute Nachmittag
nach der Vesper und morgen, weil ohnehin der jährliche Gedenktag
dieses wunderbaren Sakraments einfällt, gleich nach der Frühmesse."[1])

Des Nachmittags erschien zu hl. Kreuz der uns schon bekannte
Magnus Pirgmann, Friedrichs Pönitentiar, und predigte über das
Thema: Tantum ergo sacramentum veneremur cernui. Er ver=
langte für das Wunderbare Gut die Anbetung, indem er sich auf die
Gutachten von Ingolstadt und Erfurt berief, die er auch publizierte.[2])

Das Wunderbare Gut blieb nun wieder in latreutischer Ver=
ehrung. Institoris sprach am Tage vor dem Fronleichnamsfeste 1495
die Exkommunikation über jeden Widersprecher aus. Friedrich bewil=
ligte unter dem 17. Oktober desselben Jahres allen, welche zu hl.
Kreuz reumütig beichteten und kommunizierten, einen Ablaß von 40
Tagen. Einen gleichen hatte schon den 21. Februar der päpstliche
Legat Leonellus von Chieregati erteilt, nachdem er sich von
dem Wunder genau überzeugt.[3]) Friedrich besuchte die Kirche zu hl.
Kreuz oft. Einmal brachte er auch seinen Bruder Eitelfriedrich sowie
den Markgrafen Sigismund von Brandenburg dahin.[4]) Beide besahen
die hl. Hostie und empfingen in der Kirche derselben die hl. Kom=

---

[1]) Welzhofer, Beilage H.

[2]) Haec autem omnia et sententiae doctorum intimata sunt (fol. 26 a)
populo ex ordinacione dni Episcopi August. in die eiusdem Sacramenti vel
revelacionis sanguinis Christi per duos sermones sero et mane factos (nam
tunc erat illud festum in 2 a feria) per Dnm Magnum Pirckman poeniten-
ciarium August., qui pro themate id habebat: Tantum ergo sacramentum
veneremur cornui etc., anno Dni 1495.

[3]) Nos miraculosum illud sacramentum intuentes et propriis
oculis nostris videntes et conspicientes heißt es in seinem Ablaßbrief.
Siehe Welzhofer, Beilage N.

[4]) Fr. Hieronymus macht unter 1495 den Eintrag: Visitaverunt
nostrum monasterium Episcopus Augustensis Fridericus et frater eius comes et marchio Sigismundus, qui comites etiam tempore pascali in monasterio nostro communicaverunt et ibidem miraculosum Sanctum conspexerunt.

munion. Um die Sache abzuschließen, veröffentlichte Friedrich unter dem 15. Januar 1496 ein Pastoralschreiben folgenden Inhalts:

„Friedrich, durch Gottes und des apostolischen Stuhles Gnade Bischof von Augsburg, wünscht den Christgläubigen der Gegenwart und Zukunft das ewige Heil im Herrn. Mit nachstehendem Erlasse glauben wir unserer Hirtenpflicht zu entsprechen und die Rechtgläubigkeit unserer Anvertrauten zu festigen.

Wie bekannt, hat in früherer Zeit unser Vorgänger Bischof Ubalskalk das Wunderbare Gut im Kloster zu hl. Kreuz mit eigenen Augen besichtigt und sich über das, was sich mit demselben begeben, genau unterrichtet. Er hat auch, damit die Sache durch die Länge der Zeit nicht verdunkelt werde, einen Teil der Dompfarrei mit Bewilligung des Domkapitels und des Dompfarrers abgetrennt und daraus die Pfarrei hl. Kreuz errichtet. Er schloß das Wunderbare Gut des weiteren in einen Kristall ein und ordnete manches an, um das denkwürdige Wunder der Vergessenheit zu entreißen, wie das alles im Stiftungsbrief der Pfarrei und in den Tagzeiten, welche jährlich im Chor derselben gebetet werden, urkundlich enthalten ist.

Wiewohl nun das Wunderbare Gut bis auf den heutigen Tag unversehrt sich erhalten hat und den Gläubigen immer gezeigt worden ist, seit Menschengedenken auch niemand dagegen aufgetreten ist, wovon wir uns aus den geschichtlichen Dokumenten überzeugt und auch die Ansicht gewonnen haben, daß es mit der Verehrung der Anbetung müsse behandelt werden, so mögen doch einige aus frommen Zweifeln anders gedacht haben, einige aber haben vermessener Weise das Gegenteil zu behaupten sich nicht gescheut.

Da wir nun aber für das Heil der Gläubigen zu sorgen verpflichtet sind, so mußten wir aufmerksam werden über einen Fall, der zum Nachteile des Seelenheils gereichen kann dadurch, daß ein wahres Sakrament für keines gehalten wird.

Demgemäß wollten wir die geeigneten Mittel anwenden, und haben wir die theologische Fakultät zu Erfurt und dann noch Doktoren anderer Universitäten darüber zu Rate gezogen, haben ihre schriftlichen Antworten in bester Form erhalten, haben nach ihrem Gutachten das wunderbarliche Sakrament durch uns und andere dazu gewählte Gottes- und Rechtsgelehrte aufs fleißigste besichtigt, jedoch die Befühlung auf Anraten der nämlichen Gelehrten unterlassen, weil sie ohne Brechung des Sakramentes und Unehrerbietung gegen dasselbe nicht hätte geschehen können, und man eine dabei unterlaufene Künstlichkeit nicht annehmen konnte, da der Kristall verschlossen und das wunderbare Sakrament von jeher dem Volke öffentlich gezeiget ward. Nebst dem haben wir die Schreiben unseres Herrn Vorfahrers, Bischofs Ubalskalk, die Geschichte des wunderbaren Sakraments, die Tagzeiten von demselben, die Wunder, so sich inzwischen dabei zugetragen, den Ablaßbrief des Legaten Leonellus von Chieregati, Bischofs von Konkordien, der jenes wunderbare Sakrament und alle Ereignisse desselben mit eigenen Augen durchforschet, eingesehen, verstanden und besserntwegen jenes Gotteshaus mit Ablaßgeschenken gnädig begabt hat, alles nochmal mit vielem Fleiße durchgemustert, alles reiflich erwogen und nach ernster Beratschlagung für gut erachtet.

Und so wollen wir es nun gehalten wissen, daß dieses wunderbare Sakrament, welches man in seiner äußerlichen Darstellung ganz und unverwesen sieht, von den Christgläubigen könne und müsse mit **göttlicher Anbetung, wie das gewöhnliche Altarssakrament, verehrt werden**; und es wäre unerlaubt, demselben die latreutische Anbetung zu versagen. Wir befehlen demnach allen und jeden Rektoren, Pfarrern, Kaplänen und übrigen Priestern unserer Pfarrgotteshäuser in Kraft des hl. Gehorsams und ersuchen auch alle Prediger, von was immer Orden oder Stand sie sein mögen, daß sie, sobald sie hiezu aufgefordert seien, dem Volke dieses Vorbesagte fleißig von der Kanzel verkünden, mit der angehängten Bedrohung, im Falle sich jemand dieser unserer Verordnung sollte widersetzen und das Volk entweder in den Predigten oder auf anderem Wege anders belehren und irre führen, ein solcher nebst der Rache Gottes, die er zu befürchten hat, auch von uns eine so strenge Ahndung soll zu erfahren haben, daß er andern zum Beispiele diene, damit sie nicht ein Gleiches wagen."

Zum Schlusse bestätigt Friedrich den Ablaßbrief des Legaten Chieregati und fügt eine eigene Ablaßerteilung von 40 Tagen hinzu. Gegeben zu Augsburg 1496 den 15. Januar.[1]

Den 28. Juli 1496 stellte auch der Erzbischof von Mainz,

---

[1] Der lateinische Hirtenbrief bei Welzhofer, Beilage O.

Bertholb von Henneberg, bei seiner Anwesenheit zu Augsburg auf den Besuch des Wunderbaren Gutes einen Ablaß aus. Den 1. August desselben Jahres willfahrte das Domkapitel den Bitten des Vitus Fakler und nahm das Fest des Wunderbaren Gutes in den Kalender der Domkirche auf. Das Instrument über diese Aufnahme ist vom Dombechanten Ulrich von Rechberg, dem Generalvikar Heinrich von Lichtenau, Archibiakon Johannes Gossolt und acht anderen Domherren unterzeichnet.[1])

Die geringe Zahl der Namen unter der Urkunde fällt auf, da das Domkapitel doch 40 Stellen außer dem Dechanten hatte. Freilich waren manche Stellen mit Auswärtigen besetzt, aber es fehlen z. B. Veit Niberthor († 1531), Ulrich von Westerstetten († 1505), Georg Neithart ꝛc. Das Geheimnis deckt uns der Bruder Hieronymus in seiner Chronik vom hl. Kreuz auf. Stunz, der weiter agitierte, hatte neue Kapitulare für sich gewonnen. Auch der Stubienrektor Michael Stock war auf seine Seite getreten. Im Jahre 1497 hielt Stunz sogar die Fronleichnamspredigten im Dome in gleichem Sinne wieder.[2]) Dies veranlaßte Friedrich, neue Gelehrte in dieser Sache zu vernehmen, welche er diesmal aus den Klerikern der Diözese wählte.

---

1) Mitgeteilt von Welzhofer, Beilage M.

2) Hieronymus: Circa illa tempora presbyter vicarius chori August. magister Bernhardinus Stunz feria VIta post festum corporis Christi anno 1497 cum post vesperas loco (fol. 28 a.) coadiutoris praedicaret in ecclesia beatae Virginis cathedrali, forte etiam impulsus a certis detractoribus, qui invidebant solemnem acceptionem supradictam in choro August. incepit sacramento nostro signis gestibus, verbis multipliciter detrahere, obloqui et historiam et cetera annihilare.

Cumque hoc v. p. dominus noster praelatus comperisset, articulos contra eum coram domino vicario produxit et accusationes. Quas etiam (licet occulte) confecit dominus sigillifer episcopi dominus Johs Fischer, qui multum favebat sacramento.

Dictus autem Stunz timens inclamavit capitulum et canonicos ecclesiae Aug. Cumque post multas conventiones et concordias eodem anno in vanum factas res semper prioraretur et multi minus caute de sacramento loquerentur, et ille doctores diversos inclamasset pro suo adiutorio, quos false informaverat, intantum quod ista controversia duravit usque ad festum sequens inventionis Stae crucis sequenti anno. Inquibus multos fautores habuit, praesertim Dmn. Magistrum Michaelem Stocum seu rectorem scolarium in summo.

Es waren die Doktoren der Theologie Jodokus Gay von Memmingen und Wolfgang Eiselin von Landsberg.

Der Bischof wies diese Männer an, die Schriften des Legaten Institoris, die Urteile der Universitäten, sowie die übrigen Dokumente einzusehen, besonders aber das Wunderbare Gut zu besichtigen. Sie kamen diesen Weisungen nach und schlossen sich in schriftlichen Berichten den Ansichten Pirgmanns an. Sie suchten auch den Stunz zum Widerruf zu bestimmen, jedoch ohne Erfolg. Stunz fand für gut, sich den Augen der Gegner zu entziehen und verließ, wie es scheint, die Stadt. Dies war vor den Fasten 1498.[1]) Auf die Osterzeit, da Friedrich zu Augsburg residierte, verwendete sich der Bürgermeister bei ihm, daß Stunz wieder zu Gnaden angenommen würde. Friedrich willigte ein, nur verbot er demselben über die Sache zu predigen.[2]) Die beiden Doktoren dagegen fanden sich auf Befehl Friedrichs in der zweiten Woche nach Ostern desselben Jahres wieder zu Augsburg ein, um die Anbetung des Wunderbaren Gutes dem Volke abermals zu empfehlen. Sie hielten abwechselnd drei Reden auf dem Fronhof neben dem Dome und drei zu hl. Kreuz. Der Andrang des Volkes war groß; denn in allen anderen Kirchen war während dieser Zeit das Predigen eingestellt.[3])

---

[1]) Interim tamen vocati fuerunt a Dmno Friderico episcopo Aug. duo doctores s. theologiae Dominus Jodocus Gay de Memmingen et dom. Wolfgangus Eiselin de Landsperg. Qui cum omnia una cum sacramento conspexissent, concluserunt et unanimi scripserunt Domino episcopo, quod ibi esset verum sacramentum (fol. 28 b.) et quod error, quem praedictus sacerdos seminaverat, deberet omnino revocari. Sed et illi duo praedicti doctores cum praedicto sacerdote personaliter locuti sunt. Sed ipse indurato corde permansit. In tantum quod etiam ad tempus dicitur fugam arripuisse timens. Facta sunt haec ante ieiunium.

[2]) In ieiunio vero vocati sunt iterum praedicti duo doctores, ut post pasca venirent. Cumque in festis paschalibus Dominus episcopus Aug. Augustae esset, magister civium et cives intercesserunt pro praedicto Bernhardino Stunz, ut eum in gratiam reciperet. Quod et fecit prohibens, ne unquam amplius de hoc praedicaret. Si tamen praepositus S. Crucis aliquid contra eum haberet, hoc omnino nollet concordare, sed eidem sua iura relinquere.

[3]) Postea supervenerunt praefati duo doctores et inceperunt praedicare dominica „Misericordias Domini" alternatim, et in eadem hebdomada erat

Der Generalvikar Heinrich von Lichtenau ordnete an, diese Predigten sowie die übrigen Publikationen zu den Akten zu nehmen, desgleichen den Ablaßbrief Chieregatis. Das geschah Martini 1498 in Gegenwart des Offizials Konrad Fröhlich, des Johannes Fischer, Sekretär (Sigillifer) Friedrichs, und mehrerer anderer Zeugen.[1]) Aber noch acht Jahre, also zwei über die Lebenszeit Friedrichs hinaus, versuchte das Kapitel, die Geschichte des wunderbaren Gutes und das Fest desselben im Dome abzuschütteln,[2]) bis unter Friedrichs Nachfolger Heinrich von Lichtenau durch eine neue Sanktion der Streit erlosch. Hiebei wurden auch sämtliche Akten abermals geprüft und zu einer förmlichen Geschichte zusammengeordnet, welche für unsere Erzählung mit eine Quelle ist.[3])

## 19. Kapitel.
Friedrichs Kirchenverwaltung. Allgemeine Reformen. Stiftungen. Regesten.

Wir haben oben gehört, daß Friedrich sofort nach dem Antritt seines Amtes eine Synode nach Dillingen berief, auf welcher den Welt- und Klostergeistlichen die Pflichten ihres Standes eingeschärft

festum Philippi et Jacobi et invencionis S. Crucis. Et tulerunt errorem commendantes sanctum. Et tres sermones fecerunt in curia palacii episcopi vulgo auf dem fronhof, et tres in ecclesia nostra cum maximo concursu populi. Nam omnes sermones sublati fuerunt in aliis ecclesiis et monasteriis propter hoc. Facta sunt haec anno domini 1498. (29 a.) Haec omnia una cum sermonibus in actis apud custodem nostrum lucide inveniuntur.

[1]) Sed et dominus vicarius Rmi dni episcopi Hainricus de Liechtenau consensit, ut praedictae omnes praedicationes et publicationes ex parte praedicti sacramenti autoritate ordinaria confirmarentur, roborarentur et autenticarentur. Similiter et indulgentiae a dmno Leonello legato dmni nostri papae traditae, qui viderat hoc sacramentum, vidimentur. Factum vesperi Martini 1498 in praesencia venerabilium dominorum domini Conradi Frölichs officialis, dni Johannis Fischer sigilliferi, dni nostri praepositi, dni Castuli custodis et mgri Symonis Grym fiscalis et dni Petri Mor scribae curiae August.

[2]) Et varii eventus usque ad octavum annum contigerunt, volentibus canonicis ecclesiae Augustensis historiam Sacramenti abicere. Chronik des Fr. Hieronymus fol. 29, b. Der Verlauf unter Bischof Heinrich fol. 30.

[3]) Die Kontroversen wurden nur noch im Wirtshaus (circa vina) geführt, „das Fest sei nicht approbiert" 2c.

wurden. Die Akten jener Synode gab er jedem Priester gedruckt in die Hände. Friedrich nahm die neu erfundene Buchdruckerkunst noch des weiteren in Dienst.

In der Verwaltung der Sakramente war manches nicht einheitlich. Darum ließ Friedrich nach älteren Codices ein Obsequiale oder Rituale fertigen und gab es im Drucke heraus. Der Buchdrucker Ratbolt besorgte den Druck, Friedrichs Leibarzt Adolf Occo, ein Humanist, verfaßte die Vorrede in zierlichem Latein. Dieselbe besteht in einem Briefe an Ratbolt, worin der Zweck des Rituals ausgesprochen wird. Das Buch, aus 95 Blättern in Quart bestehend, erschien im Jahre 1487. Es ist demselben das Bildnis Friedrichs in einem bemalten Holzschnitt vorgedruckt, neben dem Bischof das Zollerische und das Werbenbergische Wappen. Denn schon Werbenberg hatte zu diesem Missale, wie Occo in der Vorrede sagt, den Plan entworfen. Einige ihm eigentümliche Ceremonien sind oben beschrieben.[1]) Die Segnung des Wetters (benedictio aurae) mit der hl. Eucharistie wird darin untersagt.

Friedrich bemerkte in seiner Diözese einen ziemlichen Mangel an Missalien und in den vorhandenen einen auffallenden Unterschied des Textes und der Ceremonien. Um Einförmigkeit herzustellen, entschloß er sich, ein verbessertes Missale im Druck herauszugeben. Demselben ist ein Hirtenbrief vorgeheftet, in welchem abweichende Liturgieen untersagt werden. Das Missale, gleichfalls von Erhard Ratbolt gedruckt, trägt die Jahrzahl 1491. Das Wappen Friedrichs und die Schutzpatrone Augsburgs in Holz geschnitten zieren das Titelblatt. Im Jahre 1496 erschien von diesem Buche eine zweite Ausgabe.[2])

Außer dem Missale war Friedrich auch mit Beiratung Ulrichs von Rechberg, Dombekans, Heinrichs von Lichtenau, Generalvikars, Konrads Fröhlich, Offizials, und des ganzen Kapitels für den Druck eines Breviers zum Gebrauche in seiner Diözese besorgt. Er übertrug die Verfertigung desselben gelehrten Männern, unter welchen Geiler war, der, wie wir aus einem seiner Briefe an Friedrich sehen,

---

[1]) S. 92.
[2]) Zapf, Buchdruckergeschichte Augsburgs S. 102. 117. Notit. litterar. libror. impressor. Bibl. S. Ulrici II.

das Psalterium übernommen hatte. Sie lieferten ein nach dem alten Ritus der Augsburger Kirche verbessertes Brevier, welches im Jahre 1493 aus der Druckerei Ratdolts hervorging. Es geht diesem Werke, das aus zwei Foliobänden besteht, eine Vorrede voraus, in welcher der Geistliche belehrt wird, wie er das Brevier beten soll.[1]) In den Jahren 1495 und 1504 wurde dieses Brevier abermals gedruckt. [2])

Friedrich überwachte das öffentliche Breviergebet und suchte es durch Stiftungen zu fördern.

Der Chor zu St. Moriz wies früh morgens zuweilen Lücken auf. Deswegen beauftragte der fromme Bischof den 18. Juni 1497 die Kanoniker dieser Kirche, fleißiger in der Frühe zur Zeit, wo die Vikarier Messe lesen müßten, in dem Chor zu erscheinen. Sie faßten hierauf, um seinem Auftrage nachzukommen, und damit der Chordienst weder durch notwendig zu haltende Kapitel noch durch nötige Abwesenheit der Vikarier leiden möchte, den Beschluß, zwei Choralisten zu bestellen und sie durch einen von jedem Kanoniker zu entrichtenden Beitrag mit 10 fl. rhein. zu besolden.[3])

Im Jahre 1488 leitete Friedrich die Errichtung eines Kollegiatstifts zu Dillingen ein. Dies ist uns durch eine Urkunde bewiesen, in welcher er dem Georg Volz, Pleban von Aislingen, welcher den Großzehent daselbst zur Errichtung dieses Stiftes freiwillig angelassen hatte, zum Unterhalt seines Pensionisten Georg Seibold aus den pfarrlichen Einkünften jährlich 70 fl. anweist. Zehn Jahre später war diese Stiftung vollendet. Die Errichtungsurkunde vom 4. Dez. 1498 macht die Benefiziaten der Kirche zu Dillingen zu Kanonikern, welche die Tagzeiten zu singen haben. Sie stellt für dieselben einen Präzeptor,[4]) und für den pfarrlichen Gottesdienst einen Pleban auf. Für den Präzeptor weist sie den Großzehnten zu Aislingen, Glött und Gundremmingen an und inkorporiert diese Pfarreien zu Gunsten der Präzeptorie mit dem Vorbehalte der standesmäßigen Sustentation der dortigen Geistlichen. Das Gehalt der

---

[1]) Intendens potissimum laudem Dei, deinde officii satisfactionem, meriti augmentum atque ecclesiae et benefactorum suffragium.
[2]) Zapf, a. a. O. S. 107. 115.
[3]) Urkunde im bischöfl. Archiv. Braun, a. a. O. S. 125.
[4]) Der jeweilige Präzeptor wurde von Friedrichs zweitem Nachfolger, Christoph von Stadion, zum Dekan erhoben. Braun, Bischöfe. III. S, 123.

Kanoniker wurde nach Sitte zu einem Teil in Präsenzen ausgeteilt. Dem Präsenzer wies Friedrich für die Verteilung der Präsenzgelder auf die Kirche zu Bischach jährlich 50 fl. an. Die Statuten dieser Kongregation fordern von den Kanonikern den klerikalen Anstand in Kleidung und würdige Verrichtung des Gottesdienstes.[1]

Zwei weitere Stiftungen waren auf die Hebung der Pastoration berechnet, die Stelle eines Pönitenzers und die eines Predigers.

Friedrich schuf in der Domkirche zu Augsburg die Stelle eines **Pönitentiars**. Er verordnete zum Unterhalt des Pönitenzers ein jährliches Gehalt von 32 Gulden rhein. aus der bischöflichen Kammer; auch inkorporierte er diesem Amte das Benefizium des hl. Viktor, welches 4 Mark Silbers trug. Den Pönitenzer machte er verbindlich 1) im Dome die Beichtenden anzuhören und ihnen eine heilsame Buße aufzulegen, 2) so oft es nötig sei, in der Stadt und in der Diözese zu predigen und den Klerus und das Volk zu visitieren, endlich 3) bei dem Altar des hl. Viktor den gestifteten Gottesdienst zu halten. Alexander VI. bestätigte auf des Bischofs und des Kapitels Ersuchen diese Stiftung unter dem 2. Mai 1496.[2]

Wie oben gesagt wurde, beriet sich Friedrich, sobald er den Bischofsstab der Augsburger Kirche übernommen hatte, mit seinem Freunde Geiler über die Errichtung einer Predigerstelle am Dome zu Augsburg. Dem Vorhaben müssen große Hindernisse im Wege gestanden haben, denn erst im Jahre seines Todes 1505 war der Bischof imstande, diese Stelle zu eröffnen. In der Stiftungsurkunde verschafft er zum Unterhalt des Predigers: 1) 100 fl. aus dem Zehent zu Gremheim und 50 Schaff Getreide von dem bischöflichen Kasten zu Augsburg, nämlich 10 Schaff Kern, 15 Schaff Roggen, 5 Schaff Gersten und 20 Schaff Haber, 2) vereinigte er mit diesem Amte das Benefizium des heiligen Johann in der Kirche desselben auf dem Freithofe mit allem Einkommen und Zugehörde.

Von dem Prediger forderte er, daß er entweder schon Doktor oder Lizentiat der Theologie sei, oder innerhalb zweier Jahre das Doktorat annehmen solle. Das Präsentationsrecht überließ er dem Kapitel mit der Bedingung, daß dasselbe bei jeder Vakatur einen

---

[1] Im Reichsarchiv zu München.
[2] Bischöfl. Archiv zu Augsburg.

Mann von dem erbaulichsten Lebenswandel, und der durch eine zwei Monate lange Prüfung bewährt und seinem Amte gewachsen erfunden würde, wählen und den Gewählten dem jeweiligen Bischof oder seinem Generalvikar präsentieren solle.

Der bestellte Prediger hat folgende Verbindlichkeiten zu erfüllen: 1) Soll er nachmittags in der Kathedralkirche in deutscher Sprache predigen an allen Sonn- und Festtagen, dann bei allgemeinen wider die Ungläubigen, wegen epidemischer Krankheiten, wegen Ungewitter, Kriegen, zur Erhaltung des Friedens 2c. zu haltenden Prozessionen, oder bei Ankunft eines päpstlichen Legaten oder einiger Fürsten, ferner in der Fasten alle Tage und im Advent dreimal in der Woche, wenn es dem Prediger nicht zu beschwerlich fällt. In dem Falle aber, daß er Krankheits- oder anderer Ursachen halber nicht predigen kann, soll der Pönitenzer seine Stelle vertreten, oder ein anderer Säkular- oder Hülfspriester von dem Kapitel dazu beauftragt werden. 2) Soll der Prediger wenigstens einmal in der Woche über die Theologie lesen, wenn je Zuhörer gegenwärtig sind. 3) Soll er jährlich zwei Reden an den Clerus halten, die eine auf die Christferien, die andere nach Bestimmung des Dombekans und des Kapitels. 4) Wenn er sonst noch öffentlichen Disputationen, Predigten und andern feierlichen Handlungen sich unterziehen wolle, so stehe es in seiner Willkür und bei dem Gutachten des Dombekans. 5) Soll er ohne Erlaubnis nicht über Nacht außerhalb der Stadt bleiben, auch ihm, außer der Fasten- oder Adventszeit, nicht länger als vier Wochen von der Stadt entfernt zu sein erlaubt werden, es sei denn, daß ihm der Bischof die Visitationen oder Reformationen der Klöster und die Inquisition übertrage. 6) Wenn er Krankheits-, Alters- oder anderer Ursachen halber seinem Amte nicht mehr sollte vorstehen können, so soll er einen Säkularpriester, der diesem Amte gewachsen und dem Kapitel angenehm ist, bestellen und ihm für seine Mühe die Hälfte des Einkommens der Prädikatur überlassen. 7) Soll er das Volk zur Unterstützung der Kathedralkirche und der Fabrik ermahnen und in seinen Reden das Volk nicht wider den Clerus anreizen, wenn er nicht von dem Kapitel bestraft werden wolle. 8) Soll er auf der Kanzel mit Anstand erscheinen und sich betragen; jedes Ärgernis meiden, keine Unruhe veranlassen, dem Pfarrer und seinen

Hülfspriestern nicht hinderlich und ihren Rechten keineswegs präjudizierlich sein. 9) Soll er ohne besondern Auftrag des Bischofs oder seines Generalvikars keine Bulle oder Briefe publizieren.

Weiter wurde verordnet, daß er bei feierlichen Prozessionen und bei Festlichkeiten im Habit der Kanoniker erscheinen und den ersten Platz nach den Kanonikern, die keine Kapitularen sind, einnehmen solle. Wenn er seinen Pflichten nicht Genüge thue, sondern sie vernachlässige, soll er von dem Dekan mit der Einziehung seiner Revenüen oder auf eine andere zweckmäßige Art bestraft, und jene sollen zur Vermehrung des Prädikaturfonds oder zum Ankaufe eines Hauses und einiger Bücher verwendet werden. Wolle er sein Amt aufgeben, so solle er es sechs Monate zuvor dem Dekan und Kapitel eröffnen, damit diese zu rechter Zeit Vorkehrungen treffen könnten. Nach Verlauf derselben könne er sein Amt in die Hände des Bischofs oder seines Vikars und des Kapitels resignieren. Entstehe zwischen dem Kapitel und dem Prediger ein Zwist, so soll solcher nach dem Statut: De Canonicis contra Decanum entschieden werden, zerfalle er aber mit andern Personen, so müsse er es sich gefallen lassen, sich wie die übrigen Kanoniker vor dem Dekan, dessen Jurisdiktion er vollkommen unterworfen ist, zu stellen. Bei dem Antritte seines Amtes soll er mit auf das Evangelium gelegten Fingern dem Bischof, Dekan und Kapitel Gehorsam und Ehrerbietigkeit geloben, und versprechen, alle Nachteile abzuwenden, allen Nutzen der Kirche zu befördern und seine Pflichten getreu zu erfüllen.

Dem Domkapitel gestattete Friedrich, jedoch allezeit mit Consens eines jeweiligen Bischofs, an diesen Verordnungen nur in zufälligen Dingen etwas zu verändern.

Wolfgang Zülnhart, Dombekan, und das ganze Kapitel reversierte sich gegen den Bischof und versprach, alles auf das genaueste zu beobachten und alle Punkte des Stiftungsbriefes zu erfüllen. (Geschehen zu Augsburg den 2. Januar 1505.[1]) Als Domprediger wird zu Friedrichs Zeit Markus Avunkulus genannt, welcher später unter B. Heinrich Weihbischof wurde.[2]) Gehen wir zu anderem über.

---

[1]) Die Stiftungsurkunde im bischöfl. Archiv zu Augsburg. Vgl. Braun, Bischöfe III, 129—133. [2]) Schematism. v. Augsb. aus dem Jahr 1762.

Es hat für uns keinen Wert, sämtliche Verwaltungsregesten der bischöflichen Kanzlei Friedrichs aufzutreiben und zusammenzustellen. Was sich aber gelegentlich barbot, wollen wir nicht vorenthalten; es ist Folgendes:

Friedrich erhält 1491 von Innocenz VIII. die Vollmacht das **Gelübbe der Wallfahrt nach Rom** allen aufzulösen.¹)

Den 18. November desselben Jahres genehmigt Friedrich die vom Domherrn Pankraz Mäuslin gestiftete **Vikarie des hl. Apostels Bartholomäus**.²)

Er schenkte in demselben Jahre dem **Spital zu Dillingen** das Patronatrecht auf die Pfarrei Rumelsried und den Zehnten zu Winbach.³)

Friedrich bestätigte den 15. Dezember 1496 die von Johann v. Tiezesau, Kapitular zu Augsburg und Eichstätt und Probst zu St. Peter, auf dem **Perlach** gestiftete **Vikarie des hl. Wolfgang**.⁴)

Im Jahre 1497 bestätigte er das von Konrad Wenger, Domkapitular von Brixen, zu **Sonthofen** gestiftete **Spital**, und den 18. April desf. J. die Stiftung der Vikarie der Heiligen Augustin, Anna und Agatha.⁵)

Den 18. April 1498 genehmigte er die von dem Abt und Konvent zu St. Ulrich angeordneten Jahrestage, Messen, Exequien, wie auch die Verbindlichkeit, das Tenebrae zu Ehren des Leidens und Todes unseres Heilandes alle Freitage unter Läutung der Glocken zu singen, und erteilte den dieser Andacht Beiwohnenden Abläffe.⁶)

Den 8. Mai d. J. bestätigte er die von Peter Leberer in der Kapelle der hl. Jungfrau Maria bei den Leprosen außer der Stadt Füssen, mit Konsens des Abts und Konvents zu St. Mang gestiftete und botierte ewige **Messe** und befreite die zu derselben vermachten Güter von aller Last der weltlichen Macht.⁷)

In demselben Jahre stiftet Bischof Friedrich zu **Nesselwang** an dem Krankenhaus, das er früher errichtet hatte,⁸) ein **Kuratbenefizium**.

---

¹) **Urkunde im bischöfl. Archiv.**
²) **Braun, Bischöfe III, 122.** ³) **Ebenda.** ⁴) **Ebenda 124.**
⁵) **Ebenda.** ⁶) u. ⁷) **Desgleichen.** ⁸) **Siehe oben S. 55.**

Den 19. Dezember 1498 bestätigte Friedrich das von Mang, Marschall von Hohenreichen, seiner Ehegattin und seinem Sohne, zu **Wertingen** in dem Schlosse gestiftete und dotierte **Benefizium**, erteilte dem Stifter und dann dem Senior seiner Familie das Patronatrecht und machte den Kapellan verbindlich, dem Pfarrer wie andere Kapläne Hülfe zu leisten.[1]

In diesem Jahre hieß er auch die Errichtung der **Präbikatur in Aichach** gut.[2]

Zu **Tättenwies** wird an den Frauenaltar, „darauf auch St. Ottilia rastet", 1499 eine ewige Messe gestiftet. Bischof Friedrich bestätigt dem Kloster St. Ulrich das Patronatrecht darüber, nachdem die übliche Kongrua mit 32 fl. gewährleistet ist. Den 30. April 1500.[3]

Friedrich bestätigte den 24. Juli 1500 die von Johann Allantsee, Kanoniker zu St. Peter, mit Consens des Dombekans und des Kapitels gestiftete **Kaplanei des hl. Salvator auf dem neuen Gottesacker bei St. Stephan**.[4]

Unter Bischof Friedrich wurde die prächtige Stadtpfarrkirche zu **Nördlingen** vollendet. An die Barfüßerkirche in dieser Stadt baute der Bürger Johann Scheuffelin eine **Kapelle zur hl. Anna** an. Den 7. Juli 1501 bewilligt Friedrich jährlich auf Annentag eine **Prozession** mit dem Allerheiligsten von der Kapelle in die Klosterkirche und ein **Hochamt** in der Kapelle.[5]

Dem Kloster Irsee wurde den 19. Septbr. 1501 eine Kapelle zu Ehren der hl. Anna in Kaufbeuern zu erbauen gestattet.[6]

Die Gründe aller dieser frommen Stiftungen setzt uns der feste Ritter Ulrich von Hohenschwangau auseinander, wobei er sich als einen befriedigenden Dogmatiker beweist. Er verlangt in einem Briefe an unsern Bischof die Bestätigung einer ewigen Messe, welche er in die St. Georgenkapelle daselbst gestiftet habe, „weil die hl. Schrift alle christgläubigen Menschen getreulich unterweiset, daß wir mit unserem zeitlichen und zergänglichen das ewig immerwährend Gut in himmlischen Freuden mit allen daselbst Einwohnern ewiglich mitnießen und besitzen. So dann der hl. Apostel Paulus spricht: Wie

---

[1] Braun, a. a. O. S. 126. [2] Ebenda. [3] Steichele, Bist. Augsb.
[4] Städtisch. Archiv. [5] Steichele, Bist. Augsb.
[6] Irseeische Urkunde, siehe Braun S. 128.

Waſſer Feuer, alſo ablöſcht das Almoſen die Sünden. Und weil Gott Vatern nichts genehmeres, gefälligeres, noch den Seelen zur Erlöſung nichts fruchtbareres iſt, wann göttlicher, dann die hl. Meß. So dann Gott der Sohn, Jeſus Chriſtus, unſer Herr, am Abendeſſen aufgeſetzt hat, ſprechende: So oft und dick ihr das werdet thun, thut in meinem Namen, und die heilig chriſtenlich Kirch angenommen und zu vollbringen löblich aufgeſetzt hat." Das Schreiben Ulrichs iſt unter dem 15. Juni 1499 ausgeſtellt. Friedrich genehmigt die „Gottes= gabe" des Ritters ſchon unter dem 21. Juni zu Augsburg, nachdem er die Anſicht ſeines „in Chriſto lieben Johannes Heſſen, Pfarrers" des dortigen Gebietes, eingeholt, in einer lateiniſch und deutſch aus= geſtellten Urkunde, weil er „aus innerſten Begierden begehrt, daß der göttliche Dienſt grüne und gemehret werde", und ſpricht dem Stifter ſchließlich, was dieſer auch verlangt hatte, „gedachter Meß Vaterlehen" d. h. das Patronatrecht zu. Am 15. Juli darauf übergibt der Ritter dem Prieſter Magnus Hatz, den er zu dieſer Kaplanei er= wählt, die Präſentations=Urkunde, ſie dem Biſchof perſönlich zu überreichen.[1])

## 20. Kapitel.

Fortſetzung. Biſchof Friedrich und die Klöſter.

Eine beſondere Aufmerkſamkeit wendete Biſchof Friedrich den Klöſtern und Stiftern zu.

Das vorzüglichſte Kloſter zu Augsburg und das erſte in der Diözeſe war die Reichsabtei St. Ulrich. Als Abt derſelben traf Friedrich bei der Übernahme der Diözeſe den Johannes von Giltlingen an. Die erſte Viſitation dieſes Kloſters nahm der Bi= ſchof, wie uns der Kaplan erzählte, im Jahre 1488 mit dem Abt von St. Gilg zu Nürnberg und dem Abt von Münchaurach, den vom Ordenskapitel beſtellten Viſitatoren, vor. Die Mönche zu St. Ulrich waren litterariſch[2]) und pädagogiſch thätig,[3]) nur die Asceſe war

---

[1]) Die Urkunden von Schwangau ſind in Kopie im Pfarrarchiv zu Füſſen.

[2]) Die drei Vorgänger Giltlingens hatten in die Kloſterbibliothek 1000 Bände angeſchafft. Wittwer.

[3]) der scholasticus iuvenum Peter Berkmaier war zugleich lateiniſcher Dichter. Wittwer a. a. 1487,

den Visitatoren nicht streng genug, wiewohl man niemals Fleisch aß. Der **Katalogus Abbatum**, den ein damaliges Mitglied des Konvents verfaßte, weist eine ziemliche Selbständigkeit der Konventualen, sowie ein Interesse für Solatia und kostbare Gefäße auf. Es ist oben erzählt, wie ein Versuch, Reformmönche von Mölk, wo man sich der Bursfelder Kongregation angeschlossen hatte, nach St. Ulrich zu verpflanzen, scheiterte.¹) Giltlingen schloß sich vornehm von den Mönchen ab. Dieser Prälat hatte dessenungeachtet unsterbliche Verdienste. Unter ihm erstand die Kirche St. Ulrich aus den Trümmern in schöner Gothik. Die Maler der Augsburger und Ulmer Schule schmückten die neugebauten Altäre, und der Goldschmied Georg Selb hatte ein kostbares Kirchengerät nach dem anderen abzuliefern.

Zu St. Ulrich bestand eine Pfarrei. Für dieselbe war ein Leutepriester da, welcher die Pastoration ausschließlich besorgte und einen eigenen Altar vor dem Chor in der Kirche besaß. Mit dem letzten dieser Pfarrer, Johannes Ziegler,²) lebte das Kloster in heftigem Streit. Friedrich nahm sich zum Verdruß der Mönche des Pfarrers an.³) Der Abt aber appellierte nach Rom und setzte die Inkorporation

---

¹) Von zwei Brüdern, welche bei den Bursfeldianern, der eine zu Tegernsee, der andere zu Würzburg, nicht ganz ein Jahr hospitierten, kam der von Würzburg elend zurück. Er hatte statt Wein blos Bier bekommen und Bausteine tragen müssen. Wittwer.

²) Ziegler wird von Wittwer als ungebildet (idiotissimus) geschildert. Kaiser Friedrich III. hatte ihn angestellt. Als der Vorgänger Giltlingens auf die geringe Befähigung dieses Mannes hinwies, sagte der Kaiser: „Wenn er dem Bischof gut genug war zum Weihen, so ist er mir auch gut genug zum Verleihen."

³) Wittwer ist sehr ungehalten darüber, daß die Einladungen zu seinen Diners bei Friedrich so wenig nützten, und daß die Akten allemal den süßen Worten, deren der Bischof sich bei der Tafel bediente, nicht entsprachen: Fuerunt autem factae preces pro illo ydiota et adversario iniusto huius loci a pluribus, praecipue ab episcopo Augustensi Friderico de Zolren et a canonicis suis. Et si ipse ydiota obtinuisset sententiam contra nos, forte nullus eorum neque episcopus neque canonicus astitisset nobis contra eum, sed omnes unanimiter dixissent: Noli parcere abbati et conventui unum obulum, licet ipsi plura convivia i. e. copenmal (**Bischofsmahl**) receperunt in monasterio et semper dulcia verba abbati dederunt, sed falsa et adulatoria fuerunt. Kat. Abb. ad. ann. 1495.

der Pfarrei in das Kloster durch. Der Pfarrer wurde mit jährlich 70 fl. abgefunden. Die Mönche hatten ohnehin längst das Predigt= amt besorgt. Die Inkorporationsurkunde ist vom 1. April 1495 ausgestellt. Bischof Friedrich bestätigte diese Inkorporation erst unter dem folgenden Abte den 13. September 1496 unter dem Vorbehalt folgender bischöflicher Rechte: 1. Sollen bei der Wahl eines Abtes statt der ersten Früchte 22 fl. rheinisch bezahlt werden, 2. alle Jahre das bisherige cathedraticum mit 5 Pfund Pfennig berichtigt wer= den und 3. die Steuer, so oft sie von der Geistlichkeit gefordert wird, erlegt werden. [1])

Den 28. Januar 1496, an einem Donnerstag, starb Giltlingen nachts 12 Uhr. Der Prior Konrad Mörlin verfügte sich morgens 5 Uhr mit drei Konventualen in den Palast des Bischofs, demselben dieses Ereignis zu melden. Einer dieser Konventualen war unser Chronist Wittwer, der diese Audienz genau erzählt. Der Bischof nahm diese Mönche väterlich auf, reichte jedem die Hand und sagte: „Liebe Brüder, ich condoliere euch und dem Kloster herzlich über den Tod eures Abtes, besonders auch wegen verschiedener Gefahren. Denn der Legat a latere und der römische Kaiser sind gerade hier. Darum müssen wir und ihr auf der Hut sein, daß wir ihren Hän= den entrinnen; sie könnten uns leicht einen zum Schaden aufzwingen."[2]) Darauf ließ er uns Platz nehmen und fragte über den Tod Gilt= lingens, wiewohl er alles schon wußte. Der Prior weinte und wollte sich entfernen. Er aber hieß uns abermals und zum dritten Mal sitzen. Der Prior bemerkte, die Befürchtungen des Bischofs seien auch die der Mönche, und bat um Schutz. Friedrich antwortet: „Liebe Brüder, glaubet mir! Ganz sicher werde ich euch Beistand leisten, und ich werde sogar Leib und Leben und meine ganze bischöf= liche Gewalt für euer Kloster einsetzen. Ich bin freilich heute von

---

[1]) Monum. Boica, vol. XXIII 638. Vgl. Braun, Geschichte der Kirche und des Stiftes St. Ulrich, Augsb. 1817. S. 428.

[2]) Dilecti fratres! Ego condoleo vobis et monasterio ss. Vdalrici et Affre de obitu abbatis vestri propter diversa pericula, quia Legatus a latere et Rex Romanorum sunt hic. Ideo videndum est vobis et nobis, ut evadamus manus eorum, qui forte possent nobis facere damna seu intrusionem.

Sr. Majestät zu einer Reichsversammlung nach Frankfurt gerufen, aber ich werde wegen dieses Falles nicht gehen, sondern mich entschuldigen. Ich habe durch einen Boten einen Brief an den Erzbischof von Mainz gesendet, daß er mich bei den Fürsten entschuldige.¹) Doch ist es nicht gut, daß ich mich gleich bei dem Kaiser entschuldige, das muß ich später thun, denn es ist besser, daß der Legat und der Kaiser nichts vom Tode des Abtes wissen.²) Aber glaubet mir, ich werde fest einstehen für euer Kloster, weil es in meiner Diözese das vorzüglichste ist, wegen der Heiligen, die hier ruhen, und wegen der Stadt, in welcher es sich befindet."³) Friedrich fügte noch hinzu: „Ich habe meine Leute nach Dillingen vorausgeschickt, und hier erwarten sie mich außer sieben Personen, die ich bei mir haben wollte, aber ich gehe nicht von eurem Kloster weg, bis ihr einen Abt habet."⁴) Darauf fragte er, wann wir den Abt bestatteten, „denn ich will dabei sein."⁵) Der Prior antwortete: „Hochwürdiger Vater, zwischen 8 und

---

¹) Dilecti fratres, credite mihi! Absque dubio ego faciam vobis fidelem assistenciam, et ponam animam, corpus ac episcopatum pro monasterio vestro. Licet deputatus sim per regiam Majestatem, hodie recedere ad dietam et convocacionem principum in Frankfordiam, nolo tamen recedere propter obitum abbatis vestri et utilitatem monasterii ss. Vdalrici et Affre, excusaboque me apud regiam Majestatem etc. Insuper misi epistolam per nuncium specialem ad archiepiscopum Moguntinensem, ut eciam habeat me excusatum apud principes etc.

²) Mit knapper Not hatte Bischof Friedrich einen Trompeter abgewehrt, den Maximilian dem Kloster Hl. Kreuz als Bruder aufhalsen wollte. Die Chronik des Hieronymus erzählt (c. 1490) vom Propst daselbst: Sustinuit adversitates propter preces regales cuiusdam praebendarii, qui fuerat fistulator regis, quem cum multo labore cum auxilio episcopi vix impedivit, ne reciperet praebendam in monasterio laicalem.

³) Non est faciendum, quod statim excusem me apud Regem, quare non recesserim, sed tempore oportuno hoc faciam; melius est enim, ut Legatus et Rex ignorent obitum abbatis vestri, quam ut sciant. Sed credatis mihi, firmiter ego omnia agam pro utilitate et honestate monasterii ss. Vdalrici et Affre, quia habeo illud, et est principale in nostra dioecesi, tum propter sanctos in eodem quiescentes, tum civitatem et nomen episcopatus nostri scil. Augustensis.

⁴) Misi familiam meam ad Dillingen, et ibi me expectat praeter septem personas, quas volo habere mecum, et non discedam a monasterio ss. Vdalrici et Affre, quosque eligatis abbatem.

⁵) Ego enim volo interesse ejus sepulture.

9 Uhr." Der Bischof: "Schön, ich habe nämlich heute Gäste zu Tische, die Gesandten der Könige und Fürsten, so kann ich gut dem Gottesdienst anwohnen, bis die Leiche in die Kirche getragen wird, dem Placebo und den übrigen Ceremonien."[1]) Mit diesen Worten entließ der Bischof die Mönche.

Zur festgesetzten Stunde erschien Friedrich in der Kirche mit seinem Weihbischof Johannes Kerer, welcher mit Stab und Mitra die Trauerhandlungen vollzog. Nach der Wandlung verließ Bischof Friedrich, der im Chorgestühl bis dahin der Messe angewohnt hatte, die Kirche und verfügte sich zu seinen Gästen. Kerer aber vollendete die Beisetzung.

Sofort, nachdem Friedrich von seinen Gästen frei war, kam er desselben Tages in das Kloster zurück und bezog mit Zustimmung des Konvents die Wohnung des Abtes. Er scherzte darüber und sprach: "Jetzt bin ich euer Abt, aber wie ich hoffe, nicht lange. Besorget nichts; ich will dem Kloster kein Recht verletzen, noch Zwang auflegen, seid einträchtig; sobald ihr den Abt gewählt habt, werde ich mich wieder in meine bischöfliche Wohnung begeben und diese dem Abte räumen." Dann sagte er dem Prior: "Ich habe an die Äbte von Donauwörth und Fultenbach geschrieben, sie mögen noch vor Samstag erscheinen." Darüber war nach Wittwer die Brüderschaft unzufrieden, denn sie hatten sofort nach dem Tode des Abtes sich dahin geeint, daß man diese Herren nicht brauche. Sodann rief Friedrich, indem er den Kerer zum Zeugen nahm, die Mönche jeden besonders in die große Stube und untersuchte die Stimmung, indem er jeden fragte: "Lieber Bruder, wer scheint dir der Stelle des Abtes würdig?" Sie sagten, dieser und jener. Der Bischof aber erklärte, wenn er keine Einstimmigkeit erziele, werde er sie immer wieder so antreten lassen. Doch hielt er dieses nicht, und es folgte eine Wahl durch Kompromiß, aus welcher der Günstling Friedrichs, der bisherige Prior Konrad Mörlin, als Abt hervorging. Unter den Wahlmännern waren Bischof Friedrich, der Weihbischof Johannes, die

---

[1]) Bene, quia hodie invitavi hospites ad mensam, sc. oratores regum et principum, et bene possum interesse officio, et usque corpus defuncti juxta consuetudinem vestram portatur ad ecclesiam cum Placebo et aliis ceremoniis vestris.

beiden berufenen Äbte. Friedrich konsekrierte den neuen Abt am Feste Mariä Lichtmeß.

Mörlin war ein geborner Augsburger; zwar war er nicht Patriziersohn, doch durfte sein Vater die Bürgerstube besuchen. Er hatte einzig zu St. Ulrich studiert, hier aber sich ausgezeichnet. Als Mönch hospitierte er eine Zeit lang zu Tegernsee, welches schon nach Bursfeld reformiert war. Er fand die Disziplin zu St. Ulrich aber ebenso gut. Dann versuchte er es in einem Karthäuserkloster, wo er die Strenge nicht aushalten konnte. So kehrte er nach St. Ulrich zurück. Wittwer, welcher selbst hatte Abt werden wollen,[1]) stellt diesem seinem Rivalen ein glänzendes Zeugnis aus. Mörlin zeigte sich besonders tüchtig auf der Kanzel, wo er, wie man soll, Altes und Neues vorbrachte. Derselbe baute das Chor zu St. Ulrich und setzte die Ausschmückung dieser Kirche fort, bis er 1510 starb.

Dem Range nach das zweite Kloster in der Augsburger Diözese war Ottobeuren. Die Bemühungen Friedrichs um dasselbe haben wir zum Tagebuch erörtert. Als das drittbedeutendste kann wohl Füssen bezeichnet werden. Da Friedrich im Schlosse daselbst gewöhnlich seinen Sommeraufenthalt nahm, so stand dieses Kloster unter beständiger Aufsicht. Mit dem Abte Benedikt Furtenbach (1480—1524) stand der Bischof lange Zeit gut. Er nahm sowohl an den Andachtsübungen als an den Mahlzeiten des Klosters teil.[2]) Im Jahre 1498 änderte sich dieses Einvernehmen und stellte sich nicht mehr wieder her. Der Augsburger Patrizier Georg Gossen-

---

[1]) Tunc forte unusquisque cogitavit: Utinam ego fierem abbas. De quorum numero, ut timeo, ego primus fui.

[2]) Gallus Köringer, Mönch zu Füssen, erzählt vom Aufenthalte Friedrichs daselbst: „Wann so er hye zu Füssen hoff' hielt, so celebriert er gewonlich offentlich vor allem volk all Sontag vnd anber gekommen tag vnder dem hohen ampt. Vnd wenn in ain hochs fest betraff, die weyl er hye lag, so sang er selbs das hochampt et communicabat juniores fratres et monachos sub sacerdocio, inter quos etiam ego unus fui, qui sacrosanctam Eucharistiam in die pasce ex eius manu suscepi."

„Er ist auch ettliche mal die karwochen hye gewesen. So ist er selbs personlich auß dem Schloß herabgegangen per totum triduum zu der Metten, vnd da gewest, vnd sein gebet verpracht vom anfang bis an das end. Er ist auch in Cena Domini her abgegangen in das manbatt, vnd hatt im lassen

brot, welcher sich zu Füssen niedergelassen hatte, verdächtigte den Wandel des Abtes. Die durch Friedrich angestellte Untersuchung ergab die Schuldlosigkeit Benedikts, allein Gossenbrot ruhte nicht, und sein Schwiegersohn Ludwig von Freiberg, Pfleger zu Füssen, stiftete auch die Mönche gegen den Abt auf, während Kaiser Maximilian ihn als seinen Freund und Hofkaplan in Schutz nahm. Die Visitationen und Tagsatzungen setzten sich über Friedrichs Tod hinaus fort.[1])

Das Kloster **Thierhaupten** ließ Friedrich 1491 durch den Weihbischof Kerer ordnen. Vier Mönche aus St. Ulrich, welche in dasselbe versetzt wurden, sollten dieses Gotteshaus wieder emporbringen.[2])

1493 den 7. April macht Friedrich dem **Karmeliterkloster St. Anna** in Augsburg einen Besuch, nimmt Einsicht von dem Chore, der Sakristei, dem Kirchenbau, dem Kreuzgang, Refectorium, Garten, Gartenhaus (domus estivalis), den Zellen der Brüder, dem Lektorat, der Bibliothek und wird im Priorat bewirtet. Er erteilt dem Konvent die Erlaubnis, in der ganzen Augsburger Diözese für den Kirchenbau zu sammeln und fügt einen Ablaß hinzu.[3])

Im Jahre 1496 bewogen **Bischof Friedrich** und der Graf von Öttingen den Abt Mörlin, das Benediktinerkloster **Neresheim** durch die Versetzung einiger Mönche aus St. Ulrich in dasselbe zu reformieren. Auch im Kloster **Deggingen** wurde von Friedrich eine Reform angebahnt, welche aus Lorch bezogene Brüder bewirken sollten. Es wurde wenig erreicht. Der zu hebende Fehler war, wie die Akten ausweisen, Eigenmächtigkeit im religiösen Leben und im Wirken nach außen.[4])

Auch den **Nonnen** Augsburgs wendete Friedrich seine Fürsorge zu. Zu St. Stephan entfernte er 1497 die Äbtissin Anna von Wertenstein als eine Verschwenderin von ihrer Stelle und er-

---

sein fues weschen, vnd bey vns in der Collacion geweft, vnd gutten wein herablassen tragen." Dreher, Zollerisches aus Füssen. Festschrift. Sigmaringen 1884. S. 8. 9.

[1]) Steichele, das Bistum Augsburg. Artikel Füssen.
[2]) Welser.
[3]) Zeitschr. des Histor. Vereins für Schwaben u Neuburg, 9. Jahrg. 3. Heft S. 246 f. [4]) Wittwer.

setzte sie mit der Nonne Ursula von Bernstett, welche zwanzig Jahre
ersprießlich regierte.

Im folgenden Jahre entleerte der Bischof das Kloster St.
Ursula am Lech von seinen regellosen Betschwestern und übergab
es den verschleierten Dominikanerinnen. Auch St. Katharinen
gleichen Ordens erneuerte sich als Bau und Anstalt. Schon 1488
hatte Friedrich, wie uns das Tagbuch erzählte, dieses Kloster, wie
auch die Benediktinerinnen zu St. Nikolaus visitiert.

Von dem Brigitten-Orden hatte Friedrich ein Kloster, genannt Mariamai, in seiner Diözese. Als er dasselbe 1492 visitierte, fand er „alle Ehrbarkeit, geistlich Zucht und fleißigen, gestrengen Gottesdienst." Er ist darum dem Orden geneigt und empfiehlt dem Herzog Georg von Bayern, das Kloster Altenmünster
mit Brigittinerinnen zu bevölkern, wozu er mit Klosterfrauen aus
Mariamai aushelfen will.[1]

## 21. Kapitel.

**Friedrichs Verhältnis zu Kaiser und Reich.
Regierung des Hochstiftes in weltlichen Angelegenheiten.**

War Friedrich auch nicht, wie sein nächster kirchlicher Vorgesetzter der Erzbischof Berthold von Mainz, ein Politiker von Fach,
so nahm er, wie sich das auf dem Reichstag von Nürnberg zeigte,[2])
unter den Reichsfürsten doch eine ansehnliche Stellung ein.

Den Reichstagen wohnte er, wenn es anging, in Person bei.
Dies ist nachgewiesen für die Reichstage zu Nürnberg 1487, zu
Frankfurt 1489,[3]) ebendaselbst 1496,[4]) zu Lindau 1496,[5])
zu Freiburg 1498,[6]) zu Augsburg 1501, ebendaselbst 1503.

Die Beschlüsse der Reichstage führte er seines Teils
mit Eifer aus. Er trat dem schwäbischen Bunde bei, trieb den ge-

---

[1]) Brief Friedrichs an Herzog Georg von Bayern, Donnerstag nach
St. Gallen Tag. Reichsarchiv zu München. Fürstensachen. Litt. B. 203.
[2]) Siehe oben S. 108. Nr. 86.
[3]) Janssen, Reichstagskorrespondenz, II, 520.
[4]) Wittwer Catal. abbat. a. hunc. ann.
[5]) Müller, Reichstagstheater. II. Teil, 3. Vorstellg., c. 5.
[6]) Ebenda IV. Vorstellg. o. 9.

meinen Pfennig mit Strenge ein. Das Ordinariatsarchiv zu Augsburg bewahrt einen Erlaß unseres Bischofs vom 16. Juli 1496 auf, worin er vom Stifte St. Ulrich die vom Reichstag auf 4 Jahre festgesetzte Steuer verlangt. Es liege ihm ob, heißt es darin, im Namen des Königs von seinem Klerus die Gelder zu erheben. Der Konvent möge sie von seinen Leuten, geistlich und weltlich, sammeln, buchen und einstweilen verwahren, für jeden Kopf, der 500 fl. rhein: im Besitze hat, ¹/₂ fl., von 1000 fl. Wert == 1 fl. Alle über 15 Jahre alten Personen, welche unter 500 fl. besitzen, haben ¹/₂₄ fl. zu bezahlen.

Das Vertrauen des Kaisers brachte unserm Bischof eine Menge von Kommissariaten ein, von welchen oben eine Reihe erwähnt ist.¹) Einige davon sind besonders beehrend, wie die Friedensverhandlung zu Senlis, der Empfang der Braut Maximilians Maria Blanka. Im Mai 1492 erscheint Bischof Friedrich mit Maximilian im Lager des schwäbischen Bundes, welcher unter dem Kommando des Markgrafen Friedrich von Brandenburg gegen den Herzog Albrecht von Bayern, der sich Regensburg angeeignet hatte, aufgeboten war, und vermittelt den Frieden.²) 1504 sitzt er zu Augsburg als Mitglied einem Schiedsgericht bei, welches den bayerischen Erbfolgekrieg verhüten wollte.³)

Bischof Friedrich genoß nicht nur das Vertrauen der beiden Kaiser, er erfreute sich der Freundschaft derselben. Im Jahre 1488 geht Kaiser Friedrich III. Arm in Arm mit unserm Bischof in das Ulmer Münster. Maximilian wohnte, so oft er nach Augsburg kam, in der bischöflichen Pfalz. So im Jahre 1496, wo er den Abt Mörlin, welcher ein Geschenk von lebenden Hechten und Karpfen überreicht,⁴) in Gegenwart des Bischofs empfängt. Friedrich reiste mit Kaiser Maximilian. So erscheint er Samstag vor Himmelfahrt 1498 in dessen Gesellschaft zu Reutlingen,⁵) wahrscheinlich auf der Reise nach Freiburg zum Reichstage. Im folgenden Jahre verweilt unser Bischof bei seinem kaiserlichen Freunde zu Innsbruck, wo er die Hoffeste mitmacht, welche zu Ehren einer türkischen

---

¹) S. 93. ²) v. Stetten 2, 234. ³) Sender fol. 306, b.
⁴) Wittwer Kat. abb. ad h. ann.
⁵) Krufius.

Gesandtschaft gegeben werden.¹) 1502 tagt das Reichskammergericht, welchem Maximilian präsidierte, in der bischöflichen Pfalz zu Augsburg.²)

Bei aller Ergebenheit verlor Bischof Friedrich eine berechtigte Selbständigkeit nie. Was ihm nicht gefiel, wagt er zu sagen und unbillige Zumutung lehnt er ab. Es ist uns ein wahrscheinlich eigenhändiger Brief von ihm erhalten, in welchem er sich vor Kaiser Friedrich darüber empfindlich zeigt, daß er vom Abte zu St. Ulrich, seinem Untergebenen, einen kaiserlichen Befehl entgegennehmen müsse, und eine Maßregel Kaiser Friedrichs in einer Sache, betreffend Abensberg, ablehnt. Der merkwürdige Brief lautet:

Allerdurchluchtigister und grosmechtigister kayser, allergnebigister herre, mein anbechtigs gebete, untertenig und willig dienst sein eweren kayserlichen gnaden zůvoran beray:.

Allergnebigister herre, als ich uf hewt, datum diß briefs, hergen Augspurg kommen bin, hat mir mein abbt sant Ulrichs gotzhawses daselbst fürbracht ein mandat von ewern kayserlichen gnaden usgangen, hunnbert gulbin meinem herrn, marggraf Fridrichen, zů Brandenburg ꝛc. zů entschittung der Newenstat³) zů senden. Füg ich ewern gnaden zu unbertenikait zů wissen, daß berselb abbt zů sant Ulrich, auch der zum heiligen Creutz zů Werbe und ettlich ander gotzhewser, mir und dem stift Augspurg zůgehörend und in des reichs darlegen und notburft, so sich das hat gepurt, zůgegeben, als bie dann an allen enden, wa sich das begeben hat, mit dem stift gewesen, des ewer kaiserlichen gnaden, der curfürsten und fürsten räte, zů bem anschlag yetz zů Nüremberg verordnet bericht und die clöster wie von

---

¹) Ein Augenzeuge, Mönch zu Stams, besingt die Sache in folgenden
Reimen:      Zu Stams sah man die große Welt
             An St. Jakobsabend auf dem Feld.
             Waren aufgeschlagen schöne Gezelt·
             Es fand sich ein wohlgeboren
             Bischof von Augsburg, Graf von Zoren,..
             Der türkischen Botschaft zu Ehren,
             Damit sie sich desto eher bekehren ꝛc.
                              Tiroler Almanach III, 229.
²) v. Stetten, 2, 256.
³) Entsetzung von Wienerneustadt.

alter herkomen unns und unserm stift aber zůgelassen sint. Deshalb ich mich versich, das die bing nit bedacht, dadurch dem abbt das mandat möcht geschickt sein. Sölichen abschid zů Nüremberg han ich dem abbt endeckt und das mandat von im genommen. Das wölt ich ewern kayserlichen gnaden unverkundt nit lassen, ob die bing anderst an ewern gnaden gelangt, das dan ewer gnad wißte, wie die sach gestalt were.

Ferrer, allergnedigister herr, schreibt mir ewer kayserlich maiestat, ich solle allen meinen pfarrern und vicariern gebieten, die mandat der herrschaft Abensperg lehenmann antreffend uf den cantzlen zů verkunden; nun wayst ewer gnad, wie mein auch meins stifts und capitels sach an den enden, die das möcht berüren, stat, deshalb mir das zů tün gar unfüglich were und zu merklichem schaden komen möcht. Ich han auch nach meinem erkomen noch nit mögen erfaren, das yemand in dem stift sey, den das antreffe, und so ewrer kayserlichen gnaden bott das mandat an der thumbkirchen zů Augspurg hat angeschlagen, versich ich mich, das ewern gnaden an dem verkünden nit groß lige, und bitt gar underteniglich, ewer kayserlich gnad wolle mich und meinen stift bey den clöstern und unserm alten herkomen bleiben lassen und des verkundens ditzmals vertragen. Das beger ich umb ewer kayserlich gnad mit aller undertenikait williglich zů verdienen. Geben zů Augspurg an sant Jacobs anno etc. lxxxvII.

(E. k. maiestat
underteniger caplan Fridrich,
von gottes gnaden bischof zu Augspurg.

Adresse: Dem allerdurchluchtigisten und grosmachtigisten fursten und herren, herren Fridrichen, Römischen kayser, merer des reychs, zů Hungern, Dalmacien, Croacien etc. kunig, hertzogen zů Osterrich, zů Steyr, zů Kernden und zů Crayn, graven zů Tyrol etc., meinem allergnedigisten herrn.[1]

Einmal leistet Friedrich seinem Bruder Eitel=Friedrich Widerstand, da dieser als kaiserlicher Kommissär im Auftrage Maxi-

---

[1] Orig.-Pap. im Statthalterei=Arch. zu Innsbruck, Sigm. XIV a Miscellanea 1487. Das Siegel, als Verschluß außen aufgedrückt, ist abgefallen.

milians die Ablaßgelder aus dem Opferkasten holen wollte, welche bei dem Jubeljahr 1500 gefallen waren. Eitel-Friedrich nahm den verschlossenen Opferstock aus der Kirche und erbrach ihn mit der Axt.[1])

Noch ist hier davon zu handeln, wie Bischof Friedrich das Hochstift als Fürst regierte.

Vor allem suchte Friedrich die Rechtspflege zu verbessern. Im Jahre 1487 erwirkt er vom Kaiser eine Urkunde, wonach in den Dörfern Sunthofen und Röttenberg das **kriminelle Verfahren** vereinfacht wird. Die sieben Eide, welche bei Mißhandlungen zum Beweise oft nicht aufgebracht werden konnten, werden abgeschafft und wird statuiert, „daß dann die Person auf eines jeden Richters gichtigen Mund ohn weitere Beweisung oder der sieben geschworen Eid, wie dann in anderen seinen Gerichten Recht und Herkommen ist, zu strafen." Der Mißstand hatte darin bestanden, „daß die übelthätigen Leute, die um ihrer ganz offenbaren Verhandlungen (Vergehen) willen ergriffen worden waren, nicht hatten verurteilt werden können."[2])

Unter dem 6. März 1490 erließ Friedrich eine **neue Appellationsordnung**, deren Original im Reichsarchiv zu München aufbewahrt wird. Dieselbe sollte verhüten, „daß der gemein unverständig Mann mannigfaltig zu Kosten und Schaden geführt werde. Auch sollte durch sie „viel ander Beschwerung und Verhinderung der Gerechtigkeit abgestellt werden." Dieser Ordnung gemäß kann jeder künftig ohne Notar binnen 10 Tagen nach gesprochenem Urteil vor dem Richter, der ihn verurteilte, mündlich appellieren, wobei 30 Schilling Heller zu hinterlegen sind, welche, im Falle der Prozeß gewonnen wird, wieder zurückbezahlt werden. Wird derselbe nicht ge-

---

[1]) Soliche gesamlets gelbt von der gnad ist nit zu bissem gepraucht worden, wie man es beschlossen hat, sunder nach außgang des Jubilierjars ist Graff Eitelfritz von Zoren und Hans Jakob von Landen kommen und haben in Kinig Maximilians Namen die schlissel zu den stecken und truchen begert, darin das gelt, von der gnab gefallen, gelegen ist. Da hat man es nit wellen thon. Da sind sye zugefaren und haben auß eygem gewalt die truchen und steck auß der kirchen genommen, auff einen karren geladen und hinwegt gefiert an ire gefellige ort. Da haben sye darnach Axten für schlissel gepraucht, steck und truchen geoffnet. Sender, Chronik fol. 303.

[2]) Gegeben zu Nürnberg 7. Juni 1487. **Innsbrucker Schazarchiv**, Lade 187.

wonnen, so verfallen von den 30 Schilling ²/₃ der Herrschaft, ¹/₃ dem Gerichte, vor dem appelliert wurde. Der Appellierende muß an Eidesstatt geloben, daß er nicht Verschleppung, sondern lediglich den Austrag des Rechts bei seiner Appellation im Auge habe.

1495 verleiht Maximilian dem Bischof Friedrich die Freiheit, in seinem Dorfe Obersdorf im Allgäu einen Stock und Galgen aufzurichten, auch Jahr- und Wochenmarkt allda zu halten und den Bann, über das Blut zu richten.[1]

Im allgemeinen ließ Bischof Friedrich die Leute bezahlen, was sie schuldig waren. Sämtliche Chronisten merken dieses an. „Er hat diesen einzigen Tadel", sagt einer von ihnen, „daß er in Kriegsläufen gegen seine Unterthanen mit Steuern etwas zu unmild war."[2] Doch lesen wir auch von Milderungen in diesem Fache. So milderte er im 1. Jahre seiner Regierung das Mortuarrecht für die zu Füssen in der Weise, daß nach dem Tode eines jeden Bürgers oder ansässigen Inwohners statt des besten Pferdes 2 rhein. Gulden und bei dessen Mangel für das beste Rindstück 1 rhein. Gulden und im Abgange des Pferdes und des Rindstücks nichts dürfe überreicht werden.[3] Auch schuf Friedrich bleibende Werke der Wohlthätigkeit. Er gründete, wie wir oben hörten, ein Spital zu Nesselwang, und schenkte dem Spital zu Dillingen (1492) die Pfarrei Rommelsried und den Zehnten zu Winbach.[4]

Auch die Leibeigenschaft milderte Friedrich einigermaßen. Bei seiner Anwesenheit zu Innsbruck 1489 schloß er mit Erzherzog Sigmund den 5. Juni einen Vertrag, vermöge dessen ihren beiderseitigen Unterthanen freier Zug aus der österreichischen Herrschaft und aus den hochstiftischen Örtern im Allgäu gestattet wurde, und sie jener Herrschaft, bei der sie sich niedergelassen, bis auf wieder sich ergebenden Abzug angehören sollten.[5]

Durch weise Sparsamkeit besserte Friedrich die Finanzen des

---

[1] Urkunde im Reichsarchiv zu München. Augsb. Hochstift F 124. II. 3. 5.
[2] Chronik der Bischöfe von Augsburg auf der Münchener Staatsbibliothek, Deutsche Hbff. 1714. fol. 107.
[3] Die Urkde. vom 28. August 1486 im k. bayr. Reichsarchiv.
[4] Weiß, Chronik von Dillingen S. 210.
[5] Braun Bischöfe III, 138.

Hochstifts. Das Reichsarchiv zu München enthält eine Zusammen=
stellung der Finanzen, wie sie Friedrich von seinem Onkel Werden=
berg übernommen und nach seinem Tode hinterlassen. Die Rechnung
hat folgendes Resultat: „Summa, so Friedrich den Stift gebessert
hat, thut 85628 Gulden, restat, so Friedrich über die Zins bei ihm
aufgebracht gebessert hat, thut 20740 Glb., 18 Groschen, 4 Heller."[1])
Manche Erwerbungen hat Friedrichs Hoskaplan oben am Schlusse
seines Tagebuchs aufgeführt.

Friedrich war ein Freund des Bauens. Von seinen Bauten
zu Dillingen und Füssen ist oben gesprochen. Bei seiner Anwesen=
heit zu Kaufbeuren 1497 kaufte er in dieser Stadt unsern dem
Spitalthor eine Behausung und baute sie zu einem Kornkasten
um, worüber er durch seinen Vogt zu Obernborf Hans Vierer einen
Revers gegen gemeine Stadt ausstellen ließ.[2]) Indessen baute Fried=
rich, um seinen Unterthanen Verdienst zu schaffen, wie ein Zeitgenosse,
der unsern Bischof persönlich kannte, dies ausdrücklich bezeugt.[3])

Auf das Baden wurde im Mittelalter ein großer Wert gelegt.
Friedrich ließ 1490 zu Weringen ein Bad zu jedermanns Gebrauch
einrichten; dasselbe stand mit einer Ziegelbrennerei in Verbindung.
Auch im Lust zu Dillingen richtete er, wie uns der Kaplan oben
erzählte, eine Badestube ein.

Als Fürst des Hochstifts hatte Bischof Friedrich nach auswärts
einige Rechte zu schützen. Es gehörte zu den Gerechtsamen des
Bischofs von Augsburg, einen Kapitular zur Propstei Wiesen=
steig zu ernennen. An diesem Rechte war von den Grafen von
Helfenstein, in deren Gebiet Wiesensteig lag, gerüttelt worden. Bi=
schof Friedrich ordnete die Sache mit Graf Eberhart von Württem=
berg, als dem Vormünder des jungen Helfensteiners, durch einen
Vergleich. Demselben gemäß soll der Bischof von Augsburg das
hergebrachte Recht behalten, einen Kapitular zu benannter Propstei
zu ernennen; aber der Ernannte soll von dem jeweiligen Grafen von

---

[1]) Unterschiedliche Geschäfte des Hochstifts Augsburg Nr. 152.
[2]) Hörmann, Chronik von Kaufbeuren, Mst. 1. Teil S. 306.
[3]) Item er hat auch großen lust und naygung gehabt zu bwen, allain aus der ursachen, das sein unterthan ir narung besser das haben möchten." Gallus Knöringer. Siehe Zollerisches aus Füssen" S. 9 f.

Helfenstein die Bestätigung einholen, und dieses solange, als der
Fürstenbund (compactata principum) dauert. Sobald der Bund
aufgelöst sein wird, soll dieser Vergleich dem Bischof an seiner Lehenschaft unpräjubizierlich sein. Geschehen zu Tübingen am Samstag
vor dem Sonntag **Laetare** den 28. März 1495.[1])

Wegen der **Jagdgerechtigkeit** hatte Friedrich mit der Stadt
**Kaufbeuren** einen Handel, welchen der Chronist dieser Stadt also
erzählt: Sonst wurde gemeiner Bürgerschaft der Gebrauch des
Waidwerks in gemeiner Stadt Waldungen und deren Dorfschaften
jenseits der Wertach von dem Bischof von Augsburg ansprüchig gemacht, inmaßen dessen Forstmeister Herr Egloff von Rietheim den
Peter Honold von hier, da er bei Germaringen nach altem Gebrauch
mit Hunden Füchse und Hasen gehetzt hatte, gefänglich annahm und
ihn nach Angelberg führte. Es nahm sich aber die Stadt alsbald
seiner an und brachte bei Bischof Friedrich von Augsburg durch die
Vermittlung Herrn Ulrichen von Freundsberg, Ritters, es dahin, daß
der Honold, auf Anlobung einer gemeinen Urfehde und ohne daß er
mit dem Forstmeister hätte abkommen dürfen, wieder entlassen worden. Bei dieser Gelegenheit nun wollte der Bischof von der Stadt
Abgeordneten wissen, ob man hiesigen Orts der Enden das Jagen
aus Gerechtigkeit oder von Vergunst und Gnaden wegen hergebracht
hätte? und als sie hierauf weder mit Ja noch mit Nein zu antworten
wußten, jedoch dieses zu hinterbringen und Antwort zu haben ver-
sprachen, wurden sie nach Hause entlassen. Bald darauf aber an
den Bischof der Bürgermeister Jörg Splyß, Ulrich Swythart, Lorenz
Honold des Rats, Hans Mayr von der Gemeind und der Stadt-
schreiber mit der Instruktion abgeordnet, daß man sich hier des
Waidwerks halber auf den alten ungehinderten Gebrauch und Gewohnheit beziehe; und wenn je der Bischof auf eine nähere Antwort
dränget, sie sagen sollten: man hätte es aus Gerechtigkeit und nicht
aus Vergunst. Die Abgeordneten besorgten ihre Anweisung vollkommen gut, und statt daß der Bischof auf eine **cathegoricam**
drang, gab er ihnen zur Antwort, daß der Gebrauch, wenn er auch
1000 Jahre alt wäre, der Stadt darum kein Recht gebe. Er hätte
vielmehr über diesen Forst Brief und Siegel und könnte dem Stift

---

[1]) **Neugart Cod. diplom. N. 1175.**

nichts vergeben; wenn die Reichsstädt eines Fingers breit guten Willen sähen, wollten sie gleich den ganzen Arm. Doch wenn sie aus Gnaden das Waidwerk suchten, wollte er sich gebührlich erweisen, überhaupt aber mit seinem Kapitel sich weiter berathen und auf der Stadt Begehren weitere Antwort geben, mit welchem die hiesigen Rats-Boten abgeschieden. Actum Mittwochs vor Valentini 1495.[1]

Im Jahre 1500 und 1503 verglich sich Friedrich mit dem Herzog Albrecht von Bayern wegen der Jurisdiktion in Burken und des Wildbanns in der Gegend von Schongau.[2] Von dem Verhältnisse Friedrichs zur Bischofstadt Augsburg ist noch besonders zu handeln.

## 22. Kapitel.

### Friedrichs Stellung zur Stadt Augsburg.

Mit der Stadt Augsburg lebte Bischof Friedrich nicht im besten Einvernehmen. Der Bischof hatte mit dieser Stadt fast zeitlebens zwei Prozesse, den wegen der Vogtei beim Kaiser und den wegen der Domkapitelsperre bei Kaiser und Papst.

Schon im ersten Jahre seiner Regierung wurde Bischof Friedrich von der Stadt Augsburg wegen der Vogtei über Menchingen, welche die Stadt gleichfalls beanspruchte, weil Kaiser Sigismund ihr dieselbe verpfändet hatte, verklagt,[3] Friedrich verfügte sich in dieser Sache nach Innsbruck und legte dem Kaiser ein älteres Recht über dieses Dorf und seine Umgebung dar. Er erhielt die Weisung, dem Stadtvogt über seine Rechte Auskunft zu geben. Dies scheint er ungenügend gethan zu haben, denn den 13. Februar, den 9. und 14. April 1489 hat er vom Kaiser abermals ernstliche Inhibitionen entgegenzunehmen.[4]

Den 23. Juni 1490 beklagt sich der Rat der Stadt Augsburg vor den Bürgermeistern Gossenbrot und Hoser "wegen der Eingriffe des Bischofs in die Rechte der Stadt und gegen den Landfrieden durch Zusammenberufung der Gemeinden Erringen, Menchingen und Bobingen, Weringen, Inningen und Göggingen zu einem Versamm-

---

[1] Hörmann, Chronik, Mst. Bd. I. S. 295—98.
[2] Braun, Bischöfe III, 148.
[3] Siehe oben 136.
[4] Gasser ad h. ann.

lungstag nach Bobingen, woselbst benselben Wolf von Knöringen, Pfleger zu Helmshofen, als Hauptmann gesetzt und die Herrschaft des Bischofs anerkannt werden soll."¹) Die Bürgermeister scheinen diese Versammlung vereitelt zu haben, denn den 10. Juli darauf teilt der bischöfliche Hofmarschall Wilhelm von Palbeck dem Rat der Stadt Augsburg eine Strafankündigung an die Unterthanen zu Menchingen wegen Ungehorsams gegen den Bischof mit.²)

Den 20. Juli 1490 erhält der Bischof ein kaiserliches Reskript, worin ihm unter Strafe von 20 Mark lötigen Goldes befohlen wird, „ohne Verzug alle wider ihn angebrachten Beschwerden abzustellen und die Unterthanen der Augsburger zu Menchingen, Bobingen, Weringen, so den Augsburgern vogtbar und in ihrem Landfrieden sind und sie mit Thür und Thor schließen, wider altes Herkommen und Gewohnheit ferner nicht anzuziehen und zu beschweren, noch jemanden von den Seinigen es zu gestatten."³) Eine Verhandlung zwischen der Stadt und dem Bischof, welche den 9. Aug. 1490 stattfand, hatte kein Ergebnis. Den 28. Septbr. klagt der Rat zu Augsburg vor Wilhelm von Besserer, Hauptmann des schwäbischen Bundes, wegen Wegnahme einiger Rosse zu Inningen durch den Bischof.⁴)

Im Jahre 1492 greifen beide Parteien sogar zu den Waffen. Der sogen. Menchinger Krieg wird von Gasser mit einem Kolorit erzählt, das für unsern Bischof ungünstig ist. Wir geben den Verlauf desselben aus der Quelle, welche auch Gasser benützt hat, nemlich aus der Senderschen Chronik. Dieselbe schreibt:

„Bischof Friedrich zu Augsburg hat der Bürger von Augsburg Bauren in dem Dorf Menchingen wollen steuren, wie seine eigenen Hintersaßen. Das hat hie ein Rat nit wollen han. Da ist der Bischof mit einer großen Anzahl Volks aus dem Allgäu, seinen eigenen Leuten wohlgerüst, gen Menchingen in das Dorf gezogen. Da solches die Bauren der Bürger von Augsburg haben vernommen, sind sie daselbst in den Kirchhof geflohen, darin haben sie sich beschirmt."

„Da solches hie ein Rat hat vernommen, hat er beschlossen im

---

¹) Aktenstück im Stadtarchiv zu Augsburg. ²) Augsb. Stadtarchiv.
³) Braun, Bischöfe III, 141. ⁴) Stadtarchiv.

Rat durch die Umfrag, daß die halb Stadt soll ausziehen und den Bauren zu Hilf kommen, wen das Los trifft, er sei alt oder jung, reich oder arm, der soll ohne alle Einred ausziehen und soll keine Person für die andere gehalten werden."

„Also sind hie an Sankt Maria Magdalena Tag achtzehn Fähnlein mit ihren Zunftmeistern, 4060 Mann, um Mittag auszogen ohne eine Ordnung, recht wie das Vieh. Unter ihnen waren die zwei Bürgermeister, Herr Hans Langenmantel und Hilprandt Ribler und andere mehr des Rats. Etlich waren wohl mit Harnisch angelegt, etlich waren bloß ohne allen Harnisch, etlich zogen hinaus, hatten lange Badhemden an, als wollten sie in das Bad gan. Nun war aber dieser Tag über alle Maßen hitzig und heiß, daß sie nit wollten zu Durst sterben, darum mußt man ihnen etlich Wasser mit Wein nachführen. Da die von Augsburg bis gen Inningen kamen, kam Botschaft „daß durch Mittelpersonen wäre ein Aufschub gemacht dieses Kriegs."

Diese Mittelpersonen waren der Ritter Egloff von Rietheim und Abgeordnete von Kaufbeuren, später legte sich auch Hugo von Montfort ins Mittel.[1]) Sender fährt fort:

„Wann der Bischof mit seinen Bauren mit denen von Augsburg eine Schlacht hätte than, so wären die von Augsburg all erschlagen worden, von wegen daß sie in keiner Ordnung zogen und viel untauglicher Leute unter ihnen waren. Der Bischof aber hat starke Männer und Kriegsvolk. Die hätten ihre Schlachtordnung schon nach allem Vorteil gemacht, als wollten sie im Fußtapfen die Feind angreifen."

„Auf solches sind sie alle desselben Tags wiederum zu dem roten Thor hereingezogen und Wilhelm Arzt ist unter dem roten Thor in das Portstüblein geführt worden, daselben ist er gestorben von wegen der großen Hitz und Schwere des Harnisch, den er an hat gehabt."[2])

Unter Maximilian verschaffte sich Friedrich aufs Neue die Bestätigung der Vogtei über Menchingen, Mittelstetten, Weringen, Bobingen, Inningen, Geggingen, Oberhausen, Byberg, auch

---

1) Gasser. v. Stetten 2, 231.
2) Sender Fol. 250. 251.

der Maierhöfe, die freien Leut an der Straß und das Kloster Jultenbach, "gewaltsam daselbst zu richten mit allen anderen **Ehren und Gerechtigkeiten**"; und zwar wird die Vogtei, welche den früheren Bischöfen von Augsburg um 4000 Pfd. Heller verpfändet war, mit Rücksicht auf seine Verdienste um den Kaiser bei ihm belassen, und kann eine Einlösung nur zu Gunsten des österreichischen Hauses geschehen.[1]) Doch ergreift im Jahre 1502 die Stadt wieder Repressalien gegen den Bischof, dessen Leute zu Gershofen einen Bauern gefangen gesetzt hatten.[2])

Auch die **Stadtpolizei**, die zur Vogtei gehörte, entzog der Rat dem Hochstift allmählich. 1488 begehrte der Bischof und das Kapitel, daß ihnen die Stadttore des Nachts jederzeit geöffnet werden. Dem Begehren wurde nicht entsprochen. Der Bischof klagte bei dem Papste, die Stadt bei dem Kaiser, welcher den 23. Novbr. 1489 ein scharfes Striptum an die Geistlichkeit zu Unsrer Lieben Frauen schickte, worin er in dieser Sache sein Forum allein kompetent erklärt.[3]) Den 14. April 1491 senden die zu Nürnberg versammelten Hauptleute des schwäbischen Bundes an Bischof Friedrich den Auftrag, die unter dem Schutze der Stadt stehenden Klöster und armen Leute unbekümmert zu lassen und alle gegenseitigen Feindseligkeiten abzustellen.[4]) Nach dem Menchinger Kriege verlangen die Kanoniker auf einer Versammlung zu Ulm von der Stadt ein sicheres Geleit, worauf die Stadt antwortet, solch heilige Leute stünden in Gottes Schutz und brauchten nicht Roß noch Reisige, übrigens wollten sie sich in dieser Sache einem Erkenntnisse des schwäbischen Bundes unterwerfen.[5])

Der **Domkapitelstreit** wurde mit nicht geringerer Heftigkeit geführt, als der Streit über die Vogtei. Die Sache war diese. Die Domherren zu Augsburg hatten mit Zustimmung Werdenbergs ao. 1475 bei Papst Sixtus V. ein Statut zuwege gebracht, welches die Augsburger Bürgersöhne für immer kapitelsunfähig

---

[1]) Die von Berthold von Mainz ausgestellte Urkunde vom 1. Novbr. 1494 in Kopie im Reichsarchiv zu München. Augsb. Domkapitel II, H. 5. Nr. 152.

[2]) Welsers Chronik. v. Stetten 2, 255.

[3]) v. Stetten 2, 230 und Gasser.

[4]) Brief im Stadtarchiv zu Augsburg.   [5]) Gasser ad h. ann.

machte.¹) Die Ursache war, weil sie besorgten, die Augsburger möchten mit der Zeit die meisten Domherrnstellen an sich ziehen und sodann durch die Majorität der Wahlstimmen einen Augsburger zum Bischof machen. So wären nicht nur die Domherrnpfründen, sondern sogar das Hochstift, d. h. das Fürstentum, in die Hände der Bürger gekommen.

Die Neuerung wurde geheim gehalten. Als aber 1481 zwei Bürgersöhne, ein Fugger und ein Bernhard Arzt, sich jeder eine Domherrnstelle zu Rom ausgebeten, legte das Kapitel das neue Statut dem Rate vor. Dieser wandte sich an den Kaiser, welcher dem Kapitel zu verstehen gab, „wie daß der guten ehrlichen alten Geschlechter zu Augsburg dem Stift erwiesene Gutthaten einen besseren Dank verdienet und nicht billig sie auszuschließen, da man doch oft nachgiltigen Personen den Zugang nicht versage."²) Als das Kapitel bei seiner Sache beharrte, riefen die Augsburger Innocenz VIII. an, der mittlerweile auf den päpstlichen Stuhl gelangt war. Derselbe entschied dahin, daß aus den Augsburger Geschlechtern höchstens fünf Personen gleichzeitig Kapitularen sein dürften. Da sich der Stadtrat auch mit diesem Entscheid nicht abfinden ließ, so wurde der Handel ein langer.

Bischof Friedrich erneuerte das Statut des Onkels. Um sich aber doch den Schein einiger Willfährigkeit zu geben, machte er die Distinktion zwischen einem Canonicus und einem Kapitularen, und bestimmte, daß die Augsburger zwar Canonici, nicht aber capitulares werden könnten. Wie es scheint, wollte der Bischof hiebei unter einem canonicus einen Dompräbendaten verstehen, der aber nicht Sitz und Stimme im Kapitel hätte. Daß sich die Stadt damit nicht begnügte, ist begreiflich; sie brachte die Sache auf dem Reichstag zu Nürnberg vor. Das Schreiben, welches dieser an Innocenz VIII. absandte, empfiehlt, den Modus des Bischof Friedrich zu bestätigen.³)

---

1) Birk, Spiegel der Ehren 2c. 5. Buch c. 25. pag. 825 b.
2) Müller, Reichstagstheater. II, VI. Vorstellg. c. 28.
3) Der Grund des Ausschlusses wird darin so angegeben: Est enim civitas populosa et ecclesia in ea insignis, habens amplissimum clerum, bonaque et iura eorum permixta, in tantaque hominum diversarum conversationum frequentia continuo oriuntur novitates et controversiae, quas

Den 12. Febr. 1490 erschienen die beiden Bürgermeister samt sechs Stadträten und dem Stadtvogt Georg Ott in der „Pfaffen vollsitzendem Consistorio", und that einer aus dieser Gesandtschaft, Gossenbrot, eine ziemlich lange Rede, worin er dem Domkapitel Undank und Ungerechtigkeit vorwarf und eine feierliche Protestation gegen das Statut in Gegenwart zweier kaiserlicher Notare aussprach. Der Dombechant antwortete, daß er und seine Kollegen vor kaiserl. Majestät, den Fürsten des Reichs und anderen ehrlichen Leuten, leichtlich die genügende Rechenschaft geben könnten. So verließ die Gesandtschaft unter dem Gelächter der abeligen Herrn den Kapitelssaal.[1]

Nunmehr wurde der Prozeß in aller Form, d. h. mit den Weitschweifigkeiten und Intriguen der damaligen Justiz, geführt und verlangte viel Geld und Papier. Zahlreiche Akten haben sich im städtischen Archiv zu Augsburg darüber erhalten, Instruktionen, Briefe, Verhandlungen, Förderungen, Werbungen bei Kaiser und Papst und den Ratgebern beider. Im Jahre 1491 wurde Konrad Peutinger mit einer Menge Papiere nach Rom geschickt.[2] Der Kaiser Friedrich war auf Seite der Stadt, der Papst dagegen wegen der Bullen seiner Vorgänger, dem Kapitel verpflichtet. In einem

in Capitulo pro defensione iurium et libertatis ecclesiasticae tractari oportet, ubi fratrum capitularium prudentia et maxime concordia et diligentia opus est et summe necessarium, ne quaevis alia causa personas capitulares in sinistrum moveri possit. Das städtische Interesse konnte nun den gebornen Augsburgern leicht über das kirchliche gehen. Accederet etiam, quod cives canonici suis nominationibus solos cives immitterent tandemque ecclesiam sibi vindicarent. Es wird nun verlangt, der hl. Vater möge es genügend finden, civem dictae civitatis a Canonicatibus et praebendis in dicta ecclesia non excludi, und die Augsburger möchten darin keine Zurücksetzung sehen, si capitulari labore exponerentur (wenn sie der Mühe Kapitularen zu sein, überhoben würden, und das nicht bekämen, was sie ohnehin nicht wollen dürfen), velle enim id debent et talem molestiam minime ambire. Müller l. c. o. 28. Das Schreiben ist vom letzten Juni 1487.

[1] Gasser ad ann. 1490.
[2] Nebst der Instruktion, deren Konzept im Augsburger Stadtarchiv ist, gab man ihm mit ein Schreiben des Kaisers an den Papst, fünf andere an Kardinäle, eines an Raimund Peraudi, B. von Gurk ic. Vgl. Herberger, Konrad Peutinger in seinem Verhältnisse zu Kaiser Maximilian. Augsb. 1851. S. 5.

Briefe an seinen Sohn Maximilian vom Samstag vor Trinitatis 1491 äußert Kaiser Friedrich, man müsse den Agitationen des Kapitels zu Rom entgegenarbeiten, weil „dieses mutwillige Fürnehmen aus keiner Notdurft, sondern aus Hoffart geschehe." Der Dechant und das Kapitel dagegen nannten, wie im selben Bericht gesagt ist, die Augsburger „Verdrucker" der Kirche. Kaiser Friedrich äußert auch, er habe dem Kapitel den Vorschlag gemacht, bis zu päpstlicher Entscheidung vier Personen aus Augsburg zuzulassen, dasselbe habe aber seinen Rat verächtlich abgeschlagen.[1])

Unter Papst Julius II. wurde der Streit beendigt. Das Kapitel und Friedrich machten ein neues Statut, welches der Papst 26. Novbr. 1503 bestätigte. In demselben ist kapitelfähig erklärt: 1) jeder Adelige, 2) alle Doktoren und Lizentiaten der Theologie oder der Rechte, welche vor ihrem Examen vier oder fünf Jahre lang an einer Universität eines dieser Fächer studiert haben. Nur vom Chorvikar sollte man nicht unmittelbar Kapitular werden. So war der Aristokratie des Blutes die der Wissenschaft gleichgestellt. Durch eine zweite Bulle bestätigte Papst Julius das Statut, daß keiner, als nur ein Kapitular, zu den Dignitäten des Kapitels kommen könne, durch eine dritte, die Freiheit, einen Dekan zu wählen.[2])

Noch während des Streites, im Jahre 1500, war das Statut der Kapitelsperre durch eine vollendete Thatsache durchbrochen worden. Kaiser Maximilian und die übrigen damals zu Augsburg versammelten Reichstagsmitglieder hatten am Palmsonntag dieses Jahres, während die Domherrn in der Kathedrale ihres Dienstes warteten, den Augsburger Bürgersohn Matthäus Lang, welcher sich zum Geheimen Rat des Kaisers emporgeschwungen hatte und dessen bedeutendster Diplomat war, mit Gewalt in die Dompropstei eingeführt, auf welche der Kardinal Sabelli zu dessen Gunsten verzichtet hatte. Die Proteste des Kapitels vor dem Papste blieben erfolglos. Lang behielt die Probstei bei, aus welcher er eigentlich, wie von vielen andern Kirchenstellen, nur eine bestimmte Summe bezog. Er verwendete sich aber bei Kaiser und Papst, daß das Kapitel wenigstens

---

[1]) K. k. Statthalterei-Archiv zu Innsbruck, Maximiliana IX, 57.
[2]) Domkapitelarchiv. Braun, Bischöfe III, 146.

in künftigen Fällen das Recht der freien Besetzung nach dem eben=
genannten Statut bekam.¹)

Daß sich während dieses Doppelstreites die beiden Parteien zu
gegenseitigen Gefälligkeiten wenig aufgelegt fühlten, ist begreiflich.
Ein Gesuch des Bischofs, das Wasser der Stadt in die bischöfliche
Pfalz leiten zu dürfen, schlug der Magistrat „rundweg" ab. Später
(1502) gewährte er die Bitte.²)

Zuweilen verlangte es freilich das Interesse der Stadt, mit
dem Bischof Hand in Hand zu gehen. So schließt der Rat 1492
mit demselben einen Bund, gemäß welchem dem Treiben des Jakob
von Landau, kaiserlichem Vogte zu Burgau, welcher beiden Teilen
ein böser Nachbar war, begegnet werden sollte.³) Im Jahre 1494
ferner erkannte man bei einer großen Sterblichkeit die Notwendigkeit
eines neuen Friedhofs. Der Bischof und das Kapitel einerseits und
der Magistrat anderseits unterhandelten lange,⁴) bis endlich die An=
gelegenheit mit folgenden Artikeln abschloß.⁵) 1. Wollen Bürgermeister
und Rat am Ende der Stadt einen gemeinen Gottesacker anlegen
lassen, auf welchem die Ehehalten der Geistlichen und Weltlichen,
Pilgrime, Gäste, auch Bürger und Inwohner auf ihr Verlangen
oder Notburft halber, und besonders 2. die während einer epidemischen
Krankheit Verstorbenen ohne einiges Präjudiz der pfarrlichen Rechte
und Gewohnheit sollen begraben werden; hingegen soll derselbe ohne
ihre Kosten und Nachteil zu diesem Zweck eingeweihet werden. 3.
Wurde von dem Bischof den Bürgermeistern und Rat erlaubt, einen
Priester bei den Krankenhäusern anzustellen, der den Kranken die
Sterbsakramente reichen, und wöchentlich für die Verstorbenen eine
Seelmesse halten soll. 4. Sollen jedem Pfarrer seine in dem Kranken=
hause verstorbenen Eingepfarrten jede Woche schriftlich notifiziert
werden. 5. Wird in dem Gottesacker und in den Krankenhäusern
ein Opferstock gestattet. Die fallenden Gaben oder die Vermächtnisse

---
¹) Der Vertrag mit Lang bei Braun, Bischöfe III, 143.
²) v. Stetten, 2, 256.
³) Gasser ad h. ann.
⁴) De illo agro sive Acheldama aut sepultura mortuorum praecipue
tempore pestilencie pluries tractatum est, praecipue 1494 ab episcopo Augustensi Friderico de Zolren et dominis de capitulo. Wittwer.
⁵) Braun, Bischöfe III, 142.

sollen einer von dem Kapitel und einer von dem Rat empfangen, und diese Opfer zur Notdurft des Gottesackers, zur Unterhaltung eines Priesters, oder zur Erbauung einer Kapelle verwendet werden. 6. Soll der Friedhof an der Domkirche abgestochen und an einen gebührlichen Platz versetzt werden. Dieser Vergleich wurde von unserm Bischofe am Mittwoch nach St. Katharinen den 26. Novbr. 1494 genehmigt. Der Weihbischof Johannes Kerer segnete das neue „Hakelbama", welches beim Thurme Luginsland ausgesteckt war, den 15. Juni 1495 ein.[1])

Die Bischöfe von Augsburg waren Herren der Münze daselbst, doch hatten sie das Münzrecht mit der Stadt zu teilen. Friedrich verschaffte ein besseres Geld. Zum Jahre 1494 enthält das Ratsprotokoll, daß der Bischof den Hieronymus Müller, welchen er hatte vom Papste bestätigen lassen, dem Rate als Münzmeister vorgestellt habe. Mit demselben schlossen der Bischof und der Rat dann zwei Verträge ab, den einen Martini 1497, den andern Lichtmeß 1499, die beide noch vorhanden sind. Nach dem ersteren hat Hieronymus für 1000 fl. oder, wenn es ihm beliebt, auch für 2000 fl. Heller auszumünzen. „Jede Mark Häller soll an Silber haben 3 Lot und derselben Haller sollen zwen oder britthalben und fünfzig an ein Lot Gewichts gehn, und sollen weinsteinweiß gesotten, ordentlich gequetscht und in einer Größe, Dicke, Breite, Schwere gemünzt werden." Diese Häller sollen von dem Goldschmid Narziß Herlinger im Beisein der Münzherrn oder ihrer Abgeordneten geprüft werden. Das gering gefundene Geld soll nicht unter schwereres gemischt, sondern wiederum „verbrennt" werden. Sollte an der Mark ein halb Quint fehlen, so soll das für ein Zufall gelten und die Pfennige für Währung gehalten werden, das Fehlende aber in der nächsten Probe durch ein 16tel Lot ersetzt werden. Die Prägekosten mußte der Münzmeister tragen. Die Mark Silber wurde ihm für 8 fl. rhein. angeschlagen. Er hatte dabei dem Bischof 4 Pfennige, der Stadt aber 2 Pfennige als Schlagschatz zu erlegen. Zwei hundert Pfennige machten 1 fl. rhein.[2])

Dr. Beischlag gibt in seinen Beiträgen zur Münzgeschichte

---

[1]) Wittwer ad h. ann.
[2]) Gasser Annalen ad h. ann.

Augsburgs ¹) die Abbildungen zweier Pfennige aus dieser Zeit. Sie zeigen in einem sehr deutlich geprägten Quadrat das Kopfbild Friedrichs, daneben links den befahnten Krummstab und rechts den Stadtpyhr.

Zuweilen macht sich der Bischof mit geistlichen Waffen den Städtern fühlbar. Als im Jahre 1491 am achten Tag nach Dreikönig das Spiel, „wie die hl. Jungfrau, da sie eine Kindbetterin gewesen, nach Ägypten geflohen", in der Domkirche nach altem Gebrauche gehalten wurde und darüber zwei Weiber so hinter einander kamen, daß sie sich mit Messern verwundeten, wurde der Dom sofort geschlossen, und blieb es, bis er durch den Weihbischof Kerer rekonziliiert war. Im Jahre 1498 spricht Friedrich über die Stadt ein Interdikt von drei Tagen aus, weil ein an der Pfarrei St. Moriz angestellter Priester erstochen worden war. In der Fastnacht 1503 trugen vermummte Bürger eine Gaiß auf einem Kissen zum Brunnen, woselbst ein in priesterlichen Kleidern Maskierter über dieselbe die Taufzeremonien nachahmte.²) Sie wurden durch Johannes Kerer von Beicht und Kommunion ausgeschlossen, bis sie, nachdem sie 3 Tage im Stadtgefängnisse gesessen, öffentliche Kirchenbuße gethan hatten.³) Ein Narrenfest im Dome am Pfingstmontag, von den Meßnern ausgeführt, fristete sich fort.⁴)

Die Fasten waren sehr streng, und bei Übertretungen pflegte der weltliche Arm zur Bestrafung auszuhelfen. Ein Weber, welcher an Mitfastensonntag sich durch Fleischgenuß verfehlt hatte, wurde vor dem Rathaus an den Pranger gestellt und durch den Waibel ausgerufen. Im Jahre 1487 hatte Innocenz VIII. der Stadt die Nachsicht erteilt, in der Fasten Butter, Käse, Eier und Milch zu genießen. Derselbe Papst verbietet den Augsburgern in einem Apostolikum, das in allen Zunftstuben vorgelesen wurde, das leichtsinnige Schwören. ⁵)

---

¹) Stuttg. 1835. S. 61. 65.
²) Welser.
³) Die Wiederaufnahme eines Exkommunizierten beschreibt Friedrichs Ritual also: Denudatis humeris excommunicati confessor cum virga percutiat absolvendum ante fores ecclesiae humiliatum dicendo psalmum Miserere, dando ad quemlibet versum unam plagam. fol. 73.
⁴) Khamm und Wittwer.   ⁵) Welser.

## 23. Kapitel.

**Friedrich als Glied der Zollerischen Familie. Stiftungen in der Heimat.**

Noch haben wir den Bischof Friedrich als Mitglied der Zollerischen Familie zu betrachten. Schon das Tagebuch hat uns denselben in den mannigfachsten Beziehungen zu seinen Verwandten gezeigt.

Friedrich reist 1488 nach Hechingen zum Grabe seines Vaters, er unterzeichnet daselbst auf der Burg Zollern den Erbvertrag mit den Markgrafen von Brandenburg; er steuert Beiträge zum Ausbau dieser Burg, verwaltet nach dem Tode des Vaters die Grafschaft Zollern, bis sein Bruder Eitelfriedrich, welcher im Dienste des Markgrafen Albrecht Achilles zu Krossen Statthalter war, in die Heimat übersiedelte. Dies alles wurde im Tagebuch berichtet. Wir ergänzen diese Thatsachen noch mit folgenden Regesten.

Ein Freund der Jagd, baute der Bischof für sich und die Seinigen zu Burladingen ein Schloß, von wo aus das Waidwerk geübt werden sollte, und auch die Stadt Hechingen soll ihm nach altem Berichte einige Verschönerungen verdanken.[1]) Ohne Zweifel fand er sich zuweilen an diesen Orten ein. So erwähnt ein nach dem Tode seines Bruders (1512) aufgenommenes Inventar zwei Bischofszimmer im Schloß zu Burladingen und beschreibt deren Einrichtung.[2]) Nachweisen aber können wir nur noch einen Besuch des Bischofs bei seiner Familie, denjenigen nemlich, welchen er ihr zu Rottenburg machte, woselbst Eitelfriedrich als Statthalter der Grafschaft Hohenberg Hof hielt. Der Bischof war in Gesellschaft Kaiser Maximilians und beide auf der Reise zum Reichstag nach Freiburg.

Mehrfach tritt Bischof Friedrich als Anwalt seines dritten Bruders Friedrich Eitel Friedrich auf. Eine Urkunde vom 3. Juli 1488, worin die beiden Brüder Eitelfriedrich und Friedrich Eitel Friedrich beim Spital zu Horb 1200 fl. entlehnen, ist vom Bischof im Namen des letzteren, der bei König Maximilian war, mit ausgestellt.[3]) Eine spätere von 1490, in welcher die Herr-

---

1) Stengel.
2) Vgl. Mitteilungen des Vereins für Geschichte und Altertumskunde in Hohenzollern. Jahrg. 1888. 3) Spitalarchiv Horb.

schaft Räzünz gegen die Herrschaft Haigerloch an Österreich überlassen wird, nennt gleichfalls den Bischof Friedrich in dieser Eigen-
schaft. ¹)

Den Kindern seiner Geschwister war der Bischof, wie es scheint,
ein liebevoller Oheim. Einmal hat er im Jahre 1494 zu Füssen
die junge Zollerische Familie nebst seinem Schwestersohn um sich.
Die Kinder hatten einen Präzeptor bei sich, welcher sie in primi-
tivis scienciis unterrichtete ²) und welchen der bischöfliche Oheim dem
Erstgebornen der Zollerischen Familie Wolfgang Franz in dessen 9.
Jahre gesetzt hatte. Dieser Lehrer, Gregor Reusch, ein sehr frommer Geistlicher, wurde später Karthäusermönch und als solcher
Beichtvater Kaiser Maximilians. ³) Da Wolfgang im Jahre 1492 zu
Augsburg bei der Simpertusfeier die Prozession ohne den Vater mit-
macht, so ist zu schließen, daß Bischof Friedrich den 10jährigen
Neffen bei sich erzogen habe. Im folgenden Jahre verlobte er ihn
mit der 4 Jahre jüngern Rosina, Tochter des Markgrafen Christoph
von Baden. Die Heirat wurde 1503 vollzogen. ⁴)

Der obenerwähnte Schwestersohn Friedrichs, Georg Truchseß von Walbburg, der Sohn des Truchseß Johann von Wald-
burg und der einzigen Schwester Friedrichs Helene von Zollern,
wurde später als Generalissimus im Bauernkriege berühmt. Von
ihm schreibt Pappenheim ausdrücklich: "Er ist gottesfürchtig mit
guter Zucht und Unterweisung bei Bischof Friedrich von Augsburg

---

¹) Die Urkunde beginnt: "Wir Friedrich von Gottes Gnaden, Bischof
zu Augsburg anstat, von wegen und als vollmächtiger Anwalb des wolgebornen unsers lb. Brubers Fribrichs Ytel Fribrichs, Grafen zu Zoller ꝛc.,
wir Ytel Fritz Graf daselbs, der Herrschaft Hohenberg Hauptmann ꝛc. ge-
bruber bekhennen ꝛc." Vgl. Vieli, die Herrschaft Räzünz unter den Hohenzollern, Mst. in Chur.

²) Gallus Knöringer bei Dreher, Zollerisches aus Füssen,
Festschrift ꝛc. S. 14. Knöringer hat diesen Besuch unrichtig auf 1503 batiert,
denn in diesem Jahre lebte die "Hausfrau" Magdalena, welche er doch als
anwesend bezeichnet, nicht mehr. Sie starb 17. Juni 1494.

³) Pappenheim in seinen Truchsessen von Walbburg nennt ihn einen
"heiligen Mann".

⁴) Dr. Zingeler, Karl Anton von Hohenzollern und die Beziehungen
des fürstl. Hauses Hohenzollern zu dem Hause Zähringen-Baden. Sigmaringen 1884. S. 10.

am Hofe auferzogen worden, was ihm dann in Zeit seines Lebens zu allem Glück und Wohlfahrt wohl erschossen."

Die gute Zucht, welche der Bischof diesem Neffen durch den Magister Paul, Chorherrn zu St. Moriz, angedeihen ließ, reichte nicht hin, ihn vor einem Streiche zu bewahren. Im Jahre 1499, als der Schwabenkrieg ausbrach, ging der eilfjährige Georg mit einem Herrn von Stöffeln durch und bot sich einem Ritter als Speerträger an. Zurückgebracht, verblieb er in der Schule Pauls bis zu seinem 13. Lebensjahre, von wo an Friedrich ihn stets bei sich in Dillingen behielt. Bei dem strengen Onkel lernte Georg gehorchen, was er später dankbar anerkannte. Im Jahre 1502 begleitete er den Bischof nach Nürnberg. Diese Reise hatte einen besonderen Zweck. Georg sollte dadurch einem Ehebündnisse mit Ursula von Montfort, welches die beiderseitigen Eltern gegen seine Neigung verabredet hatten, entgehen.[1]) Er hatte darüber dem Oheim seine Not geklagt. Auch im Jahre 1503 ließ ihm der Oheim seine Reise nach Baden=Baden und von da nach Heidelberg in gleicher Sache zu statten kommen. Georg benützte die Muße dieser Reisen vorzüglich dazu, sich bei den Reisigen und Landsknechten über das Kriegswesen zu unterrichten. So war er 16 Jahre alt geworden, als der bayerische Krieg anfing. Sein Onkel, der die Neigung des Jünglings zum Kriegshandwerk kannte, übergab ihn nun einem gewissen Wolf von Asch, der sich an seinem Hofe aufhielt und den Feldzug mitmachen wollte. Diesem trug der junge Truchseß die Lanze nach. Er benahm sich während dieses Zuges so gut, daß er noch vor Ende desselben Harnisch, Pickelhaube und Spieß erhielt und fortan als sogenannter Einspänniger den Feldzug mitmachte. Da er zu Ende desselben vom Fieber befallen wurde, so ging er nach Zeil zu seiner Mutter, pflegte seiner Gesundheit und kehrte, als er genesen war, wieder nach Dillingen zum Bischof zurück, wo er sich bis zu dessen Tode aufhielt.[2])

Seinem Schwager erzeigte sich Friedrich gefällig. Johannes

---

[1]) Wolchner a. a. O.

[2]) Georg, welcher den Krieg im Felde liebte, fürchtete den Krieg im Hause. Denn seine künftige Schwiegermutter, eine von Öttingen, hatte geäußert, „sie woll ihm ein Weib erziehen, die müßt ihm das Kraut von den Ohren blasen." Damals wurde der Zunder auf der Zündpfanne Kraut genannt. Über all dieses Wolchner, Truchseß Georg III., Konstanz 1832.

Truchseß zu Walbburg der Jüngere, bittet Mittwoch vor Oculi (25. März) 1495 seinen Schwager Bischof Friedrich, er wolle sich zu gütlichem Vergleiche eines Spans belaben, welcher zwischen ihm und dem Abte zu Ochsenhausen obschwebte. Der Bischof nahm es an[1]) und bestimmte den 1. April als Rechtstag. Friedrich war auch Vormund „seines lieben Oheims Heinrich von Stöffels, Freiherrn", und übergibt als solcher 1498 nach Othmari den Hof Kresbach an der Steinach „bem Truchsessen Ludwig von Höfingen, Doktoren, zu rechten Lehen."[2])

Friedrich verewigte seinen Namen auch in der Heimat durch fromme Stiftungen. Im Jahre 1488, als er die neugebaute Pfarrkirche zu Hechingen konsekrierte,[3]) stiftete er in dieselbe eine St. Johannes-Altar-Pfründe.[4]) Bedeutender war die Errichtung eines Kollegiatstiftes an dieser Kirche, welche der Bischof gemeinsam mit seinem Bruder Eitelfriedrich und mit dessen Frau, der Markgräfin Magdalena vollzog. Friedrich hatte schon 1484, als er noch Dombechant in Straßburg war, zu diesem Zwecke den sogenannten Laienzehnten d. h. Großzehnten zu Steinhofen, Bisingen und Thanheim, von Thomas von Wehingen gekauft und an die Kirche zu Hechingen geschenkt. Magdalena aber hatte 1000 fl. zugelegt. Die eigentliche Stiftungsurkunde ist unter dem 7. Januar 1495 ausgestellt. Friedrich sagt darin, es sei des Bischofs Pflicht, für die Würde des Gottesdienstes und die Glaubensfrömmigkeit zu sorgen. Das müsse auch in der Heimat geschehen, wie denn der erste Dienst Gott, der zweite dem Vaterland gebühre.[5]) So habe er denn mit Eitelfriedrich seinem Bruder unter dem Einverständnisse seines Freundes, Hugo von Laubenberg, Bischofs von Konstanz, in dessen Diözese Hechingen liege, diese Stiftung zum Seelenheile seines seligen Vaters Jost

---

[1]) Von Dr. v. Steichele mitgeteilte Regeste.

[2]) Denn in einem zweiten Briefe, Montag nach Laetare (30. März) 1495, bittet ebenderselbe um Verlegung des Termins „vom nächsten Mittwoch" auf später. Beide Briefe im bischöfl. Archiv zu Augsburg.

[3]) Tagebuch Nr. 123.

[4]) Hechinger Stiftslagerbuch vom Jahre 1598. Friedrich verwendete zu dieser Pfründe aus der Pfarrei Steinhofen, die er gekauft, jährlich 30 Pfd. Heller.

[5]) Prima Deo, proxima vero deberi officia patriae, quae nos aluit, nos educavit nosque in sede et statu locavit.

Niklaus, des Gründers dieser Kirche und seiner Schwägerin Magdalena,[1]) sowie aller Zollerischen Familienglieder zu machen beschlossen. Die Stiftung soll aber darin bestehen: 1) Die 10 Kaplaneien an der Kirche zu Hechingen, welche seine Ahnen gegründet, werden in Kanonikate verwandelt. 2) Die Kanoniker erhalten aus dem Geld, das der Bischof in Straßburg als Dombechant und Kleriker der niederen Weihen erspart hat, Präsenzgelder für die Feier des Gottesdienstes. 3) Die Kanoniker sollen dabei durch zwei Kooperatoren, welche gleichfalls Präsenzen beziehen, unterstützt sein und alle den Pfarrer als Stiftsbechanten zum Vorsteher haben. 4) Das so errichtete Kapitel soll die kirchlichen Tagzeiten in der Kirche beten und beim täglichen feierlichen Gottesdienst singen. 5) Das Kollegiatstift bezieht den Großzehnten von Steinhofen und den Filialen dieser Pfarrei, Bisingen und Thanheim, und zwar mit der Bestimmung, daß der jeweilige Dechant oder Vorsteher des Kapitels diesen Zehnten nicht veräußern kann. 6) Das Patronat und Präsentationsrecht auf Steinhofen und alle genannten Benefizien, geht auf den Bruder Eitelfriedrich über und bleibt bei seinen Erben, den Herren von Hechingen, welche des Kollegiatstifts Schutzherrn sind, unbeschadet der Rechte des Bischofs von Konstanz. 7) Jeder Präsentiar erhält dieselbe Portion, der Dechant aber die boppelte, damit er umso aufmerksamer im Chore sei. Der Dechant und der Austeiler der Präsenzen haben sich aber eiblich zu verpflichten, nur den Anwesenden die Präsenzen auszuteilen und jeden, der nicht da ist, für diesmal auszuschließen, auch wenn er in Geschäften für den Landesherrn oder aus was immer für einem Grunde abwesend ist. Ausgenommen sind die, welche im Schlosse zu Hechingen vor den Zollerischen Familiengliedern Messe lesen, und die Kranken. 8) Wenn Streitigkeiten über die Verteilung entstehen, so entscheidet das Kapitel durch Majo-

---

[1]) Die Markgräfin Magdalena wird in der Urkunde mit dem Beisatz illustris quondam et felicis recordationis aufgeführt. Dieselbe war also den 7. Januar 1495, dem Datum der Urkunde, schon tot. Sie war aber nach Gallus Knöringer mit Blanka Maria, der Gemahlin Maximilians, bei Bischof Friedrich zu Füßen. Blanka heiratete Maximilian aber den 16. März 1494, also starb Magdalena noch in diesem selbigen Jahre. Darnach ist die Zahl 17. Juni 1496 im Stillfrieb'schen Stammbaum, welche auf der Lesung eines nicht mehr vorhandenen Grabsteines beruhen soll, zu berichtigen.

rität. Wer von dieser Entscheidung an den Bischof appellieren will, hat beim Dechant des Kapitels 10 fl. rh. zu hinterlegen, welche er wieder zurückerhält, wenn er daselbst Recht bekommt, aber zu Gunsten der Präsentiarier verliert, wenn es sich herausstellt, daß er nur frivoler Weise den Streit verlängerte; die vom Gericht zuerkannte Strafe ist besonders. 9) Der Dechant und Präsentiar versprechen durch denselben Eid, die übergebenen Gelder zum Ankauf von Einkünften unverzüglich zu verwenden, niemanden, auch nicht dem Landesherrn, davon zu leihen, noch zu anderem als zu Präsenzen zu verwenden. Hat das Kapitel Prozeßkosten, das Subsidium charitativum, Steuern ꝛc. zu bezahlen, so muß dies aus den Benefizien oder aus eigener Tasche geschehen. 10) Der Dechant ist befugt, mit Entziehung der Präsenzen bis zu einem Monat zu strafen. Mit Zustimmung des Kapitels kann er auch weiter gehen. Ist das Kapitel lässig in der Beihilfe zur Ahndung, so hat er die Hilfe des Ordinarius anzurufen. — Zum Schlusse spricht auch Eitelfriedrich sein Einverständnis mit allem und die Genehmigung der Stiftung aus.[1])

Den 11. Oktober 1499 bestätigt Hugo von Landenberg, Bischof von Konstanz, die neue Stiftung. Nur mit den zu hinterlegenden 10 fl. in § 8, sowie mit dem ganzen § 10 ist Bischof Hugo nicht einverstanden und versagt diesen Bestimmungen ausdrücklich seine Bestätigung, in dem § 10 sei dem Dechanten ein Recht eingeräumt, das der Ordinarius selbst zu üben habe. Schon früher hatte der päpstliche Legat Peraudi durch ein auf Bitten Friedrichs ausgestelltes Breve d. d. Ulm 15. Mai 1498 dem Kapitel Pelzkapuzen zu tragen erlaubt, und zwar dem Dechanten cappam varii, den Kanonikern asperiolas cappas.[2])

## 24. Kapitel.
Bischof Friedrichs Tod und Begräbnis. Urteile der Zeitgenossen über ihn. Ein Gedicht von ihm.
### Friedrichs Gestalt.
Bischof Friedrich erreichte kein hohes Alter. In der Woche vor Judica des Jahres 1505 überfiel ihn im Schlosse zu Dillingen eine tötliche Krankheit. Er berief seinen Generalvikar Heinrich von

---
[1]) u. [2]) Die Urkunden im Archiv der Stadtpfarrei Hechingen.

Liechtenau und Wilhelm Güßen zu sich. Als sie am Freitage mit einem Arzte kamen, wurde er so schwach, daß er sich mit allen Sterbsakramenten versehen ließ. Gegen die anwesenden Kapitulare äußerte er, daß er dem Kapitel und seinem Stift durch sein Testament 25 000 fl. an barem Gelde und beiläufig für 20 000 fl. Getreide zurücklasse. Am Sonnabend den 8. März, in der 9. Stunde Abends, im fünf und fünfzigsten Jahre seines Alters, nachdem er 19 Jahre das Bistum verwaltet hatte, hauchte Friedrich seinen Geist aus.

Der Leichnam des Bischofs wurde am Sonntag Judica von Dillingen nach Zußmarshausen und am Montag Nachmittags nach Augsburg gebracht, wo er von der ganzen Geistlichkeit empfangen und in die Domkirche übertragen wurde. Am Dienstage wurden von dem Weihbischof Johann Kerer die Exequien gehalten und nach denselben der Leichnam in der Kathedralkirche hinter dem Chor, in der Kapelle der heiligen Gertrudis, in die von Friedrich errichtete Grabstätte beigesetzt.[1]

Auf dem Grabstein Friedrichs wird folgende Inschrift gelesen:
**Fridericus De Zollern. Episcopus.**
**Augustanus.**
**Pietate. Insignis. Memoriae. Suae. P.**
**Obiit. Anno. Salutis. M. D. V.**
**Octava. Martii.**

Bischof Friedrich ließ sich zu seinen Lebzeiten ein Grabbenkmal verfertigen. Dasselbe befindet sich in der Gertrudenkapelle des Domes zu Augsburg und ist noch sehr gut erhalten. Die Platte, aus rotem Marmor, zeigt in Hochbildern den Gekreuzigten mit Maria, Johannes und Magdalena. Davor kniet der Bischof, die Mitra auf dem Haupte, aus welcher volle Haarlocken quellen. Das markige Antlitz ist zum Gekreuzigten erhoben, die Hände sind gefaltet. Der Mund, den ein sanftes Lächeln umspielt, öffnet sich zum Spruche: Per passionem tuam miserere mei! Hinter dem Bischof steht der hl. Andreas, das Haupt des Sterbenden sanft stützend.

Schon früher hatte Bischof Friedrich verordnet, daß nach seinem Ableben alle Freitage bei seiner Grabstätte in der St. Gertruden kapelle das Responsorium: Tenebrae factae sunt gesungen, und an

---

[1] Braun, Bischöfe III, 150.

eben diesem Tage an 42 Arme, welche die Messe zum Gedächtnis des Leidens und Todes des Herrn anhörten, je 1 Laib Brot 3 Pfd. schwer ausgeteilt werde.¹) Ebenso hatte er ein Fest der hl. Gertrud mit zwei Vespern, Mette und Amt nebst einem Präsenzgelbe von 11 fl. Ungar. oder Böhmisch²) gestiftet. Endlich verschaffte er durch seine Exekutoren zu dem Kapitel 86 ℔ 13 Sol. 4 Den., wofür das Kapitel aus Dankbarkeit einen ewigen, um das Fest des hl. Gregor zu haltenden Jahrtag angeordnet hat.³)

Führen wir die Urteile einiger Zeitgenossen über unsern Bischof an. Der Benediktiner Gallus Knöringer, welcher aus Friedrichs Hand im Kloster zu Füssen das hl. Abendmahl empfieng,⁴) trug folgenden Nekrolog über ihn in seine Annalen ein:

„1505. Desselbigen jars starb auch Bischoff Fridrich von Augspurg zu Dillingen in der fasten. Der selbig Bischoff hett Füssen vast lieb vnd hatt vil malen hoff da gehalten."

„Er was gar ain güttig barmhertzig man gegen armen lewtten, beß halben im alle mensche gunstig warend, vnd hett in yeber man lieb, das im wol zugelegt mag werden der spruch Eccl. 45,: Dilectus Deo et hominibus, cuius memoria in benedictione est."

„Er was auch ain vast gaistlicher, priesterlicher man."

„Ist also ain gutter, nutzlicher hirt vnd vorgenger gewest, vnd dem Bistumb vast wol gehawst newnzehen jar."

Die Chronik der Bischöfe von Augsburg schreibt: „Er war ein reiner, keuscher, jungfräulicher, frommer Herr, in dem gar kein Hoffart oder Stolz war, sondern bei männiglichen wohl geehrt und lieb gehalten, und braucht die Zeit seiner Regierung in all seinem Thun und Lassen so viel Sorg und Fürsichtigkeit, daß er das Bistum dadurch großlich bescheert und zunehmen thät."⁵)

---

¹) „Bischoff Fridrich hat gstiftet zu ewig Zeiten alle Freytag das Responß Tenebrae in der Gedächtnis Leidens Christi 30 arme Schüler zu singen bei seinem Grab vnd einem jeblichen Knaben 1 ₰ geben werden, wann man im Chor da mit dem Gesang krecht ist. Und das alle Freytag aus 4 Metzen Roggen laib bach, daß einer 4 ₰ wert sei, die soll man auch armen Leuten geben." Sender 313 b. Khamm.

²) Liber Ordinat.

³) München. Reichsarchiv, Augsb. Litteralien Nr. 139.

⁴) oben S. 222. ⁵) Hdschr. der Münchner Reichs- u. Staatsbibliothek Nr. 1714. fol. 106 b.

Die Chronik der Herren von Zimmern erwähnt unsern Bischof mit folgenden Worten: „Diser bischof hat, die zeit er den stift regirt, loblichen zugepracht und wol haus gehalten. Man sagt auch gleublichen von ime, das er ganz keuschlich und rain gelept biß an sein ende."[1])

Bischof Friedrich verfaßte 'sich ein Sterbelied. In demselben wird durch die Anfangsworte der Strophen sein Name ausgesprochen. Zum Verständnisse muß man sich erinnern, daß Zollern auch „Zören" gesprochen wurde, und daß der hl. Ulrich und die hl. Afra die Patrone der Stadt und des Bistums Augsburg sind. Das Gedicht lautet:

**Frid** gip mir, herr, auf erben
durch deinen bittern tot!
laß mich nit siglos werden
in meiner letzten not,
daß mir der feint kein schmahe
beweis durch seinen list,
und ich zu dir mich nahe,
den lon und freud empfahe,
als mir versprochen ist.

**Rich** herr mich nit zu schulden,
ob ich durch todes schmerz
verfiel in ungedulden,
so gat es nit von herz.
in festem glauben sterben
sol sein mein jungster will,
herr, laß mich nit verderben,
die sacrament erwerben,
dein gnad an mir erfüll!

**Herr, von zoren** nit felle
dein urteil über mich!

---

[1]) Jakob Wimpheling erzählt: Poculum argenteum pretii florenorum circiter viginti a pudicissimo Friderico de Hohenzorna Argent. decano (cuius in re divina praeceptor erat) dono sibi datum, Geilerus mox vendidit et pauperibus pecuniam dedit. Amoenitates litterariae Friburgenses, ed. Riegger, Ulmae 1775, fascic. I, p. 101.

sanctus Anbreas welle
mir gnab erbitten bich,
ber auch am kreuz erlitten
hat umb ben namen bein,
all zeitlich eer vermitten,
bie ewig freub erstritten,
zwölfbot unb fürsprech mein.

**Bischof** sant Ulrich wenbe
bein lieb von mir nit ab!
wann ich mein leben enbe
unb kein verstant mer hab,
auch baß nit kan mein munbe
umb hilf rufen zu bir,
so bitt ich bich jetzunbe
aus meines herzen grunbe,
kum ban zu troste mir!

**Zu Augsburg,** ba begraben
bie heilig Afra leit,
ber ich mich auch wil haben
befolhen hie in zeit,
unb ir gselschaft mit eine,
all mein patronen hie,
voran Maria reine,
baß sie uns ingemeine
genab erwerben tü. [1])

Ein Porträt Bischof Friedrichs wird zu Wien in der Ambraser Sammlung als Nr. 789 aufbewahrt. Der bemalte Holzschnitt in bem von ihm herausgegebenen Ritual stellt unsern Bischof in ben Pontifikalkleibern bar. Seine Statur ist schlank. Eine gotische Kasel legt sich in malerischen Falten über bie grüne Tunica. Das Gesicht des Bischofs, von ber niederen Inful überschattet, ist runblich, aber kummerhaft. Große Augen blicken ernst baraus hervor.

Als Anbenken an Bischof Friedrich bewahrt bie Fürstlich Hohenzollernsche Familie zu Sigmaringen eine Monstranz auf, welche im

---

[1]) **Aus Arnt** von **Aich,** Lieberb. um 1519. Nr. 77.

Katalog ihres Museums folgende Beschreibung erhielt: Monstranz, Kupfer, vergoldet, mit Glasflüssen, Perlen und Steinen. Fuß vierblättrig, länger als breit, der mehrfach erhöhte Rand mit Perlen und Glasflüssen besetzt. Auf der Fläche des Fußes freies Blätter- und Rankenwerk mit vier runden Figürchen. Schaft aus vier knorrigen, um einander gewundenen Zweigen gebildet. Darauf der Tabernakel von rautenförmigem Grundrisse mit vier oben rundbogig abschließenden Glaswänden. Links und rechts vom Tabernakel St. Ulrich und St. Afra nebst je einem Engelchen, das ein Leidenswerkzeug trägt; runde Figürchen. Über dem Tabernakel ein Balbachin aus gewundenen Zweigen mit freien Blättern und Knospen, aus welchen Postamentchen hervorwachsen, die runde Figürchen, die vier Kirchenlehrer, tragen und von welchen Kettchen mit schwebenden Engelchen herabhängen. Unter dem Balbachin die heilige Jungfrau mit dem Kinde. Auf der Spitze desselben die Passionsgruppe. Im ganzen zählt man 25 runde Figürchen von verschiedener Größe an dem Geräte. Unterhalb des Tabernakels, oben am Schaft, das zollernsche Wappenschild; silberemailliert. Das Kunstwerk ist ein interessantes Beispiel der Auflösung alles Architektonischen, wo es nur anging, in freie und reiche Gebilde aus der Pflanzenwelt.[1]

---

[1] Dr. v. Lehner, Fürstl. Hohenzoll. Museum, Verzeichnis der Metallarbeiten S. 41. Der genannte Gelehrte bestimmt die Entstehung dieses schönen Gerätes auf gegen das Jahr 1500.

www.ingramcontent.com/pod-product-compliance
Lightning Source LLC
Chambersburg PA
CBHW031352230426
43670CB00006B/511